应用型院校图解会计系列

企业出纳实务

闫云婷 / 主　编

张智锋　刘各南　李　旭 / 副主编

图书在版编目(CIP)数据

企业出纳实务 / 闫云婷主编. —上海：立信会计出版社，2018.7

应用型院校图解会计系列

ISBN 978-7-5429-5875-4

Ⅰ.①企… Ⅱ.①闫… Ⅲ.①企业管理-出纳-图解 Ⅳ.①F275.2-64

中国版本图书馆 CIP 数据核字(2018)第 152818 号

策划编辑	蔡伟莉
责任编辑	何颖颖
封面设计	南房间

企业出纳实务

出版发行	立信会计出版社
地　　址	上海市中山西路 2230 号　　邮政编码　200235
电　　话	(021)64411389　　传　真　(021)64411325
网　　址	www.lixinaph.com　　电子邮箱　lxaph@sh163.net
网上书店	www.shlx.net　　电　话　(021)64411071
经　　销	各地新华书店
印　　刷	上海天地海设计印刷有限公司
开　　本	787 毫米×1092 毫米　　1/16
印　　张	12
字　　数	272 千字
版　　次	2018 年 7 月第 1 版
印　　次	2018 年 7 月第 1 次
印　　数	1—3100
书　　号	ISBN 978-7-5429-5875-4/F
定　　价	36.00 元

如有印订差错，请与本社联系调换

前　　言

出纳岗位不仅是重要的会计工作岗位，也是会计类专业学生初次就业的岗位。其工作质量直接关系到各企事业单位货币资金的安全完整和会计业务的办理效率。出纳岗位是针对现金、银行存款及有价证券管理，现金收付、银行结算等货币资金办理并进行序时核算与监督而设置的专门岗位。根据这一需求，按照"高职教育以培养生产、建设、服务、管理第一线的高端技能型专门人才为主要任务"（教职成［2011］12号）和"以服务为宗旨，以就业为导向，推进教育教学改革"（《2010—2020年国家中长期教育改革和发展规划纲要》）等文件的要求，我们组织来自企事业单位的具有丰富实战经验的会计专家，及教学和科研一线的"双师型"教师，编写了这本融"教、学、做、用"于一体的教材。本书既可作为高职高专、应用型本科财经类会计、会计电算化专业的教学用书，也可作为企事业单位出纳人员的从业指导用书。

本书共分为六章。第一章"出纳岗位认知"和第二章"出纳岗位基本技能"介绍了出纳岗位基本情况及处于此岗位所必备的基本技能。第三章"现金业务的处理"介绍了现金存取、收支及清查等业务。第四章"银行账户种类与转账结算"和第五章"银行结算业务处理"介绍了银行账户管理、银行存款清查及各种银行结算业务。第六章"账簿登记与管理"介绍了会计资料如何保管及如何办理工作交接等相关事宜。

本书前两章内容主要讲解对出纳岗位的认知以及出纳岗位基本技能，让学生对出纳工作有个总体的了解。该部分内容由张智锋老师和湖南省商业技术学院的刘各南老师负责编写。第三章至第六章内容对现金及银行账户管理、转账结算以及账簿登记管理等几个方面进行深入讲解，将出纳各项知识点进行细化，本部分内容由李旭老师和天津农学院的闫云婷老师负责编写。

本书注重对学生综合素质、职业能力的培养，注重对工作任务和典型业务的设计，以仿真的账、证、表、票和工作流程来模拟真实的出纳岗位工作，使学生学着有兴趣，教师用着得心应手。

由于编者水平有限，书中难免有错漏之处，恳请广大读者提出宝贵意见。

编者
2018年5月

目　　录

第一章　出纳岗位认知 ... 1
1.1　出纳 ... 1
1.2　出纳岗位设置与职责 ... 3
1.2.1　出纳机构 ... 3
1.2.2　出纳人员配备 ... 5
1.2.3　出纳岗位职责 ... 6
1.2.4　出纳工作的原则 ... 7
1.2.5　出纳基本职业素质 ... 8
1.3　出纳的工作内容 ... 9
1.4　出纳岗位交接 ... 12
实训演练1　小白接手出纳工作 ... 17
实训演练2　小白接手出纳后的第二天 ... 19
实训演练3　小白移交出纳工作 ... 21
1.5　出纳的职业规划 ... 22

第二章　出纳岗位基本技能 ... 25
2.1　识别人民币的真假 ... 25
2.2　残币的处置 ... 27
实训演练4　小白收到残币处理方案 ... 30
2.3　点钞技能 ... 31
实训演练5　手工点钞与机器点钞 ... 33
2.4　数字的书写技能 ... 33
2.4.1　阿拉伯数字的书写 ... 33
2.4.2　大写数字的书写 ... 35
2.5　辨别真假票据的方法 ... 37

第三章　现金业务的处理 ... 41
3.1　现金管理业务 ... 41
3.2　现金存取业务 ... 44

3.3 现金收支业务 ·· 47
　3.3.1 借款和报销业务 ·· 48
　实训演练6　销售部黄凯芸预借差旅费 ·· 50
　实训演练7　行政部林玲报销招聘费 ··· 53
　实训演练8　销售部黄凯芸报销差旅费，冲减借款 ····································· 56
　3.3.2 现金收入业务 ·· 57
　3.3.3 现金支出业务 ·· 61
3.4 现金管理制度 ·· 64
　3.4.1 现金收入管理的基本规定 ··· 64
　3.4.2 现金支付的原则 ·· 65
　实训演练9　小白收到零星货款 ··· 66
　实训演练10　小白把当天收到的现金存进银行 ··· 69
3.5 现金清查 ·· 71
　3.5.1 现金清查方法 ·· 71
　3.5.2 现金差错原因 ·· 72
　实训演练11　小白填写现金盘点表 ·· 72

第四章　银行账户种类与转账结算 ·· 75
4.1 银行存款账户 ·· 75
　4.1.1 基本存款账户 ·· 76
　4.1.2 一般存款账户 ·· 79
　实训演练12　公司办个一般户 ··· 80
　4.1.3 临时与专用存款账户 ··· 81
　4.1.4 银行账户的后续管理 ··· 83
　4.1.5 银行预留印鉴 ·· 84
4.2 银行结算与现金结算 ··· 86

第五章　银行转账结算 ·· 88
5.1 支票结算业务 ·· 88
　5.1.1 支票的种类 ··· 89
　5.1.2 支票结算的相关规定 ··· 89
　5.1.3 购买支票 ·· 89
　实训演练13　小白购买空白支票 ·· 90
　5.1.4 出纳提取现金 ·· 92
　实训演练14　库存现金不足——小白填写现金支票 ·································· 97
　5.1.5 支票付款业务 ·· 98
　实训演练15　小白填写转账支票 ··· 100

目 录

   实训演练 16　小白填错支票 ······················· 103
  5.1.6　支票收款业务 ···························· 104
   实训演练 17　小白收到一张转账支票 ················ 106
 5.2　银行汇票结算业务 ······························· 108
  5.2.1　银行汇票的概念与特点 ······················ 109
  5.2.2　银行汇票的内容 ·························· 112
  5.2.3　银行汇票结算流程 ························ 112
 5.3　商业汇票结算业务 ······························· 114
  5.3.1　商业汇票的概念与分类 ······················ 115
  5.3.2　商业汇票结算的相关规定 ····················· 115
  5.3.3　商业承兑汇票 ···························· 115
  5.3.4　银行承兑汇票 ···························· 118
  5.3.5　商业汇票贴现 ···························· 122
  5.3.6　汇票的背书 ····························· 126
 5.4　银行本票结算业务 ······························· 128
 5.5　委托收款结算 ································· 132
 5.6　互联网＋出纳 ································· 134
   实训演练 18　小白填写结算凭证 ···················· 136
   实训演练 19　小白进行网银转账 ···················· 137
   实训演练 20　小白登录网银查客户回款 ··············· 138
 5.7　发放工资 ···································· 140
   实训演练 21　小白发工资 ························ 145

第六章　账簿登记与管理 ································ 149
 6.1　编制流水明细账 ································ 149
 6.2　现金日记账的编写 ······························· 151
   实训演练 22　小白进行现金日记账登记 ··············· 155
   实训演练 23　小白发现账簿登错了 ·················· 158
   实训演练 24　小白账簿漏登了一行 ·················· 159
   实训演练 25　小白账簿漏登了一页 ·················· 160
   实训演练 26　小白的 EXCEL 日记账 ·················· 160
 6.3　银行存款日记账的编写 ···························· 161
   实训演练 27　小白进行银行日记账登记 ··············· 163
 6.4　出纳工作月末总结 ······························· 165
   实训演练 28　小白与会计对账 ····················· 166
   实训演练 29　月结，小白在账簿上划红线 ············· 167
   实训演练 30　年结，小白在账簿上划红线 ············· 167

6.5 银行对账单的意义和作用 …………………………………………… 168
　　实训演练 31　小白收到银行对账单 ………………………………… 172
　　实训演练 32　小白办理网上对账 …………………………………… 173
　　实训演练 33　小白进行网上对账 …………………………………… 174
6.6 出纳报告单的填写 …………………………………………………… 175
　　实训演练 34　小白做日报 …………………………………………… 176
　　实训演练 35　小白做周报 …………………………………………… 179
　　实训演练 36　小白做月报 …………………………………………… 180

第一章　出纳岗位认知

【情境导入】
　　"我不想做出纳,只做会计!"近日,一名应届毕业生在一场招聘会上这样对某报记者说。他身旁的几位同系同学也随声附和。尽管在目前形势下没有太多工作经验的应届毕业生找工作并不容易,但这几位同学还是选择放弃应聘出纳一职。为什么如此排斥出纳这个职业,同学们的理由不一而足。有人说:"这个职业地位较低,无非就是个'资金中转站',没有什么技术含量,主要就是管管现金、跑跑银行,工作比较琐碎。"
　　思考
　　1. 你对上述说法是否认同?你是怎样看待出纳这一岗位的?
　　2. 你认为作为一名合格的出纳人员应具备哪些素质?
　　3. 你认为作为一名出纳,未来有没有发展前途?

1.1　出纳

生活中我很前卫,工作中呢？我也是"钱"卫。无论是管现金,还是管银行存款,总之我就是管钱卫士,简称"钱"卫。

朋友们或许要问了,为什么叫我们"出纳"而不叫"纳出"呢？嗯,这就验证了那句——有付"出"才会有收("纳")获。

有时候我们也称呼出纳叫"跑银行"的。不是在去银行的路上,就是准备去银行。优秀新出纳标准是:数得过点钞机子,验得了钱币票据,办得了银行结算,跑得了工商税务,精通得办公软件,玩转得用友金蝶,敲得了算盘子,打得了键盘子,耐得住急性子,管得住嘴巴子。

出纳是按照有关规定和制度,办理本单位的现金收付、银行结算及有关账务,保管库存现金、有价证券、财务印章及有关票据等工作的总称。

我们可以拆开来看,"出"即支出的意思,"纳"则是收入的意思,这两个字合二为一则非常准确地表明了出纳业务的核心要义,那就是货币资金的收入与支出。我们平时说的出纳一般指出纳人员及其工作。现在一般指的出纳人员、出纳工作就是按图1-1中的"狭义"来讲了。

出纳分类		解　释
出纳: 出——支出、纳——收入, 货币资金的收入和支出		
	出纳人员 广义	会计部门的出纳工作人员及业务部门的各类收款员、收银员、专职或兼职的工资发放员
	出纳人员 狭义	仅指会计部门的出纳人员
	出纳工作	是企业、行政机关、事业等单位库存现金、银行存款的收付、核算管理,以及有价证券等的收付、保管、核算工作的总称
	出纳工作 广义	只要是票据、货币资金和有价证券的收付、保管、核算,都属于出纳工作,既包括单位会计部门专设出纳机构的各项票据、货币资金、有价证券收付业务的处理、整理和保管,货币资金、有价证券的核算等工作,也包括各单位业务部门的货币资金收付、保管等方面的工作
	出纳工作 狭义	仅指各单位会计部门专设的出纳岗位人员的各项工作
	出纳学	出纳人员的教育与培训

图1-1　出纳的具体内涵

国家机关　　国有企业　　事业单位

共同遵循:回避制度

《会计基础工作规范》第十六条 单位领导人的直系亲属不得担任本单位的会计机构负责人、会计主管人员。会计机构负责人、会计主管人员的直系亲属不得在本单位会计机构中担任出纳工作。

图1-2　财务共同回避制度

这项制度的制定是出于对国有资产的保护和监管。对于一些小的私营公司，用自己人做出纳，来管钱的事情也是较为普遍。有的时候出纳不仅仅是出纳，而且还可能是公司的老板娘哦！

1.2 出纳岗位设置与职责

1.2.1 出纳机构

出纳岗位设置在会计机构内部，如各企事业单位财会科、财会处、财务部等。《中华人民共和国会计法》第三十六条第一款规定："各单位应当根据会计业务的需要，设置会计机构，或者在有关机构中设置会计人员并指定会计主管人员；不具备条件的，应当委托经批准设立从事会计代理记账业务的中介机构代理记账。"《中华人民共和国会计法》对各单位会计、出纳机构与人员的设置没有作出硬性规定，只是要求各单位根据业务需要来设定。各单位可根据单位规模大小和货币资金管理的要求，结合出纳工作的繁简程度来设置出纳岗位及机构。比如，以工业企业为例，大型企业可在财务处下设出纳科，中型企业可在财务科下设出纳室，小型企业可只配备专职出纳员。有些主管公司，为了资金的有效管理和总体利用效益，把若干分公司的出纳业务（或部分出纳业务）集中办理，成立专门的内部"结算中心"，这种"结算中心"实际上也是出纳机构。

一般公司会有出纳室，防盗门、报警器、保险柜、监视器等一应俱全。足可见出纳室的重要性。可以说,出纳室可以比喻为公司范围内的"银行"。

在小企业,一般出纳的地位比会计高,不要看出纳的工作比会计简单,薪资也比会计的低,但实际上出纳的权限要比会计大,出纳是最后实际操作付款的岗位(见图1-3)。

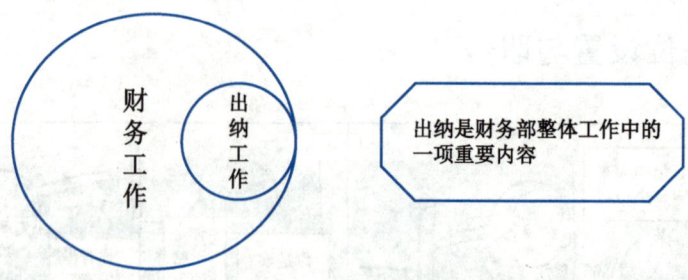

图1-3 财务工作与出纳工作的关系

因此,出纳工作重要性不可小觑。我们可以从财务部的岗位图上知悉,出纳在财务部中的位置,见图1-4。

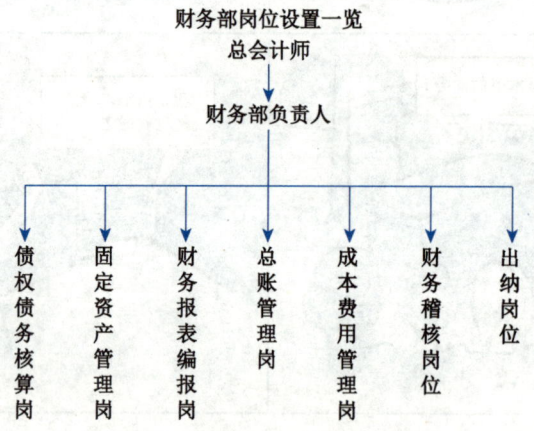

图1-4 财务部岗位设置一览

由此可见,出纳是财务部中的一员,而且是必不可少的一员。这是因为"钱账分管"的原则,必然促使一家公司要设立出纳岗。否则,记账与管钱均由一人担任,势必会给公司带来各种隐患,见图1-5。

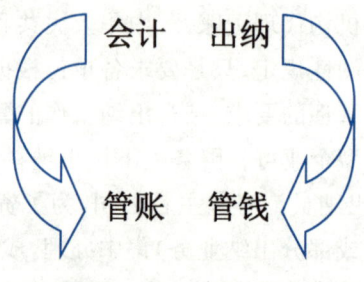

图1-5 会计与出纳区别

从广义上讲，会计包括了出纳和狭义上的会计，从狭义上讲，会计是相对出纳以外的会计核算人员。

会计和出纳其实只是习惯性的叫法。出纳与会计是一个统一体下的两个方面，既相互联系，又相互制约、相互监督，见图1-6。

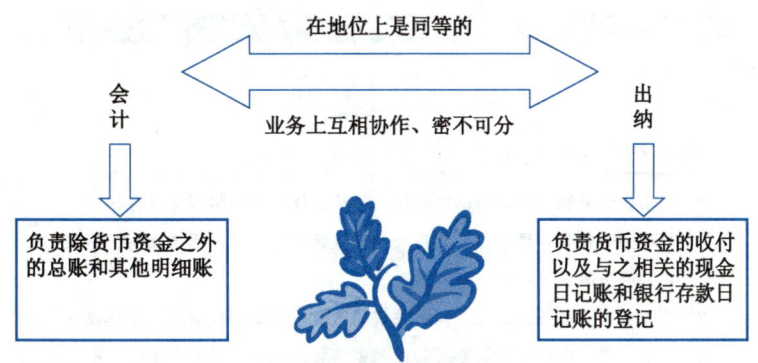

图1-6　会计与出纳的地位

《会计基础工作规范》第十二条规定："会计工作岗位，可以一人一岗、一人多岗或者一岗多人。但出纳人员不得兼管稽核、会计档案保管和收入、费用、债权债务账目的登记工作。"

1.2.2　出纳人员配备

一般来讲，实行独立核算的企业单位，在银行开户的行政机关、事业单位，有经常性现金收入和支出业务的企业、行政机关、事业单位都应配备专职或兼职出纳，担任本单位的出纳工作。出纳人员配备多少，主要取决于本单位出纳业务量的大小和繁简程度，要以业务需要为原则，既要满足出纳工作量的需要，又要避免徒具形式、人浮于事的现象。一般可采用一人一岗、一人多岗、一岗多人等几种形式。

① 一人一岗：规模不大的单位，出纳工作量不大，可设专职出纳员一名。

② 一人多岗：规模较小的单位，出纳工作量较小，可设兼职出纳员一名。如无条件单独设置会计机构的单位，至少要在有关机构中（如单位的办公室、后勤部门等）配备兼职出纳员一名。但兼职出纳不得兼管收入、费用、债权债务账目的登记工作及稽核工作和会计档案保管工作。

③ 一岗多人：规模较大的单位，出纳工作量较大，可设多名出纳员，如分设管理收付的出纳员和管账的出纳员，或分设现金出纳员和银行结算出纳员等。出纳人员的具体分工，要从管理的要求和工作便利等方面综合考虑。通常可按现金与银行存款、银行存款的不同户头、票据与有价证券的办理等工作性质上的差异进行分工。也可以按收入支出进行分工，比如，在设置两名出纳的情况下，一名负责银行业务，一名负责现金业务；或者一名负责现金银行存款的收入办理，另一名负责银行存款支出的办理。也可以将整个出纳工作划分为不同的阶段和步骤，按工作阶段和步骤进行分工。公司内部"结算中心"式的出纳机构中的人员分工，还可以按不同分公司定岗定人。

1.2.3 出纳岗位职责

出纳职责,就是为更好地完成出纳本"职"工作,以及完成这些工作所需承担的"责"任,图1-7为××有限公司出纳岗位职责。

图1-7 ××有限公司出纳岗位职责

这些职责会因公司的性质、业务特点以及时代的变化而悄然发生变化,但大体上出纳是围绕着这些工作来做,见图1-8。

如果再高度概括一下的话,出纳核心工作就是围绕着"钱"!

赤裸裸的提到钱,是不是觉得出纳是个很俗气的工作?实际上并非如此哦!出纳替公司管钱,管的是两处钱,见图1-9。

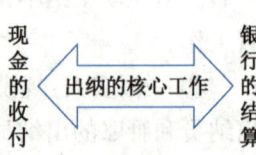

图1-8 出纳核心工作

出纳岗位的职责一般包括:

① 遵守会计职业道德,不断提高业务素质,按要求参加各种培训和继续教育。

② 贯彻执行国家有关现金管理制度,按照指定的用途和规定范围使用现金。

③ 认真执行公司各项规章制度和工作程序,服从上级指挥和有关人员的监督检查,保质保量按时完成工作任务。

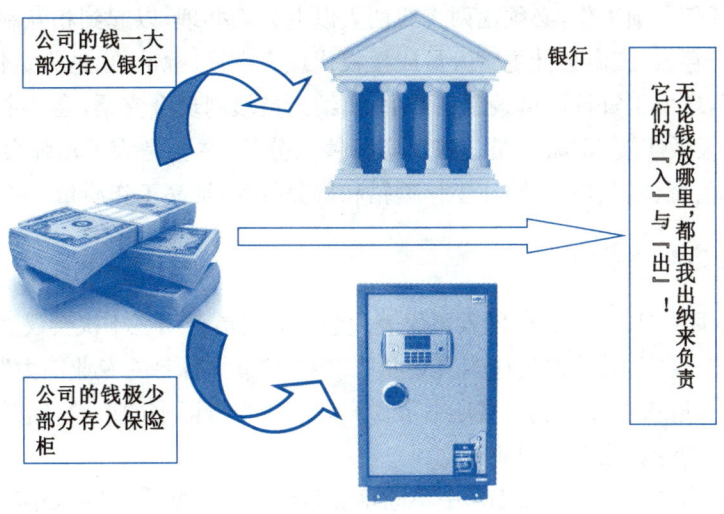

图1-9 公司资金的流转示意图

④ 严格审核各内部独立核算单位交来的缴款凭单,鉴别现金真伪无误,当面点清,准确收回各类营业款项。

⑤ 严格执行库存现金限额,超出部分必须及时送存银行,不坐支现金,不得以白条抵库或挪用。

⑥ 按规定管理公司本部备用金,办理下属单位备用金领用与报销事项。

⑦ 严格审核付款凭证和审批手续,及时准确无误地办理各种应付款项。

⑧ 建立健全出纳各种账目,及时有序的登记现金日记账。每日业务终了,必须结出现金日记账余额并与库存现金核对无误,做到日清月结。定期核对现金日记账与总账,保证账账、账款相符,如有短缺,责任自负。

⑨ 严格执行从银行提取现金的审批程序,金额较巨大或认为必要时有权请求加派人员办理,确保人身和财产安全。

⑩ 认真复核员工薪酬表,保证及时正确发放公司总部员工薪酬。

⑪ 认真编制记账凭证,正确运用会计科目,要做到原始凭证齐全有效,记账凭证与原始凭证事项一致且准确无误。

⑫ 掌管保险柜,保证库存现金及有价证券等的安全与完整无缺。

⑬ 妥善保管有关印章和空白收据。

⑭ 积极参加培训活动,努力钻研本职工作,主动提出合理化建议。

⑮ 定期向会计主管述职。

⑯ 保守公司秘密。

⑰ 做好业务内会计资料的保管,配合会计主管做好整理与定期归档工作。

⑱ 积极配合其他会计工作,完成会计主管交办的其他工作任务。

1.2.4 出纳工作的原则

出纳工作必须坚持钱账分管的基本原则。所谓钱账分管是指凡涉及款项和财物收付、结算及登记的任何一项工作,必须由两人或两人以上分工办理,以起到相互制约的作用。如支付现金或银行存款,应由会计主管人员或授权代理人审核、批准,出纳人员付款,记账人员记账;发放工资,应由工资核算员编制工资单,出纳人员填制现金支票,会计主管审核并加盖印鉴,出纳人员发放工资,记账人员记账。实行钱账分管,主要是为了加强会计人员之间的相互制约、相互监督、相互核对,防止工作差错和舞弊行为,提高工作质量。

1.2.5 出纳基本职业素质

2017年11月4日,十二届全国人民代表大会常务委员会第三十次会议表决通过关于修改会计法的决定,规定"会计人员应当具备从事会计工作所需要的专业能力",自此,从事会计工作,不再需要取得会计从业资格证书了。会计从业资格证书的取消,同时也说明更加注重会计从业人员的专业能力和职业道德。

一个合格的出纳人员需要在工作中不断培养自己的综合素质,具备必需的职业道德。

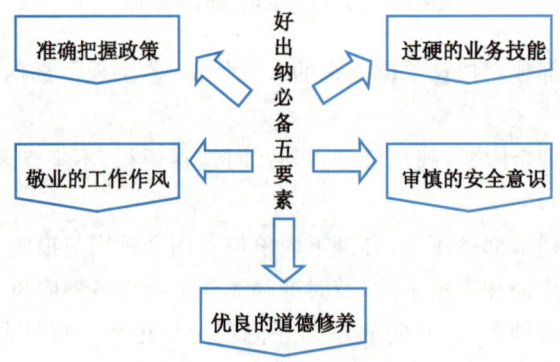

图 1-10 好出纳必备五要素

宋代周敦颐《爱莲说》中有这么一句"予独爱莲之出淤泥而不染,濯清涟而不妖"。虽说出纳工作中虽然做不了人见人爱的"莲",但也要像莲花一样"出"淤泥而不染,这是出纳必需具备的。

再说说"纳","海纳百川,有容乃大"这只是生活的态度,但是出纳还是得坚持自己的原则。不能像大海一样,什么都"纳"入。

除此之外,还应特别注意两点:胜过圣人、"冷酷到底"(见图 1-11)。

表 1-1 出纳职业道德

序号	项目	要求
1	爱岗敬业	出纳人员应当热爱本职工作,努力钻研业务,使自己的知识与技能适应工作的要求
2	熟悉法规	出纳人员应当熟悉法律、法规、规章和国家统一会计制度
3	依法办事	出纳人员应当按照会计规范规定的程序和要求进行会计工作,保证提供的会计信息合法、真实、准确、及时、完整
4	客观公正	出纳人员在办理会计事务中,应当实事求是、客观公正

第一章　出纳岗位认知

(续表)

序号	项目	要求
5	做好服务	出纳人员应当尽其所能,为改善单位的内部管理、提高经济效益服务
6	保守秘密	出纳人员应当保守本单位的商业秘密,除法律法规规定和单位领导同意外,不能私自向外界提供或泄露单位的会计信息
7	清正廉洁	出纳人员面对金钱的考验,保持拒腐蚀、永不沾的坚定意志
8	坚持原则	出纳人员应自觉维护法律、法规的尊严,正确处理国家、集体与个人利益
9	安全完整	出纳人员应保持清醒的安全意识,各负其责,相互牵制
10	严谨细致	出纳人员应当在工作中集中精力,有条不紊,耐心仔细,沉着冷静

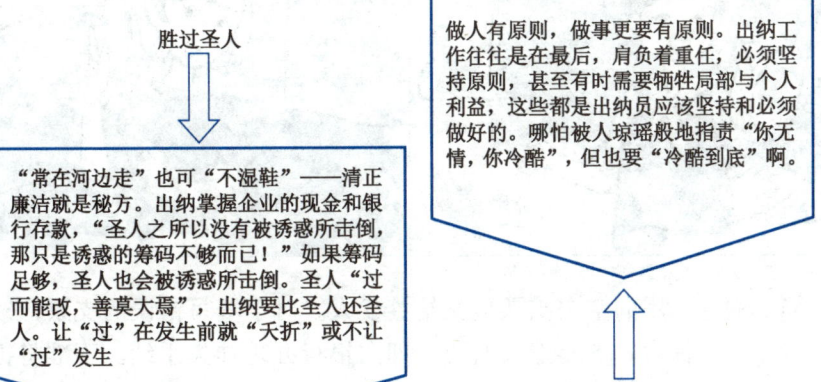

图1-11　出纳的必备素质

1.3　出纳的工作内容

出纳的日常工作主要包括货币资金核算、往来结算、工资核算三个方面的内容。

1. 货币资金核算

货币资金核算日常工作内容分以下六部分。

(1) 办理现金收付,审核审批有据

严格按照国家有关现金管理制度的规定,根据稽核人员审核签章的收付款凭证进行复核,办理款项收付。对于重大的开支,必须经过会计主管人员、总会计师或单位领导审核签章,方可办理。收付款后,要在收付款凭证上签章,并加盖"收讫""付讫"戳记。

(2) 办理银行结算,规范使用支票

严格控制签发空白支票。如因特殊情况确需签发不填写金额的转账支票时,必须在支票上写明收款单位名称、款项用途、签发日期、规定限额和报销期限,并由领用支票人在专设

登记簿上签章。逾期未用的空白支票应交给签发人。对于填写错误的支票,必须加盖"作废"戳记,与存根一并保存。支票遗失时要立即向银行办理挂失手续。不准将银行账户出租、出借给任何单位或个人办理结算。

(3) 认真登记日记账,保证日清月结

根据已经办理完毕的收付款凭证,逐笔顺序登记现金和银行存款日记账,并结出余额。现金的账面余额要及时与银行对账单核对。月末要编制银行存款余额调节表,使账面余额与对账单上余额调节相符。对于未达账款,要及时查询,要随时掌握银行存款余额,不准签发空头支票。

(4) 保管库存现金、有价证券

对于现金和各种有价证券,要确保其安全和完整无缺。库存现金不得超过银行核定的限额,超过部分要及时存入银行。不得以"白条"抵充现金,更不得任意挪用现金,如果发现库存现金有短缺或盈余,应查明原因,根据情况分别处理,不得私下取走或补足。如有短缺,要负赔偿责任。要保守保险柜密码的秘密,保管好钥匙,不得任意转交他人。

(5) 保管有关印章,登记注销支票

出纳人员所管的印章必须妥善保管,严格按照规定用途使用。但签发支票的各种印章,不得全部交由出纳一人保管。对于空白收据和空白支票,必须严格管理,专设登记簿登记,认真办理领用注销手续。

(6) 复核收入凭证,办理销售结算

认真审查销售业务的有关凭证,严格按照销售合同和银行结算制度及时办理销售款项的结算,催收销售货款。发生销售纠纷,货款被拒付时,要通知有关部门及时处理。

2. 往来结算

往来结算日常工作内容包括以下两大类。

(1) 办理往来结算,建立清算制度

现金结算业务的内容,主要包括:企业与内部核算单位和职工之间的款项结算,企业与外部单位不能办理转账手续和个人之间的款项结算,低于结算起点的小额款项结算,根据规定可以用于其他方面的结算。对购销业务以外的各种应收、暂付款项,要及时催收结算;应付、暂收款项,要抓紧清偿。对确实无法收回的应收账款和无法支付的应付账款,应查明原因,按照规定报经批准后处理。实行备用金制度的企业,要核定备用金定额,及时办理领用和报销手续加强管理。对预借的差旅费,要督促及时办理报销手续,收回余额,不得拖欠,不准挪用。建立其他往来款项清算手续制度。对购销业务以外的暂收、暂付、应收、应付、备用金等债权债务及往来款项,要建立清算手续制度,加强管理,及时清算。

(2) 核算其他往来款项,防止坏账损失

对购销业务以外的各项往来款项,要按照单位和个人分户设置明细账,根据审核后的记账凭证逐笔登记,并经常核对余额。年终要抄列清单,并向领导或有关部门报告。

3. 审核工资单据,发放工资奖金

根据实有职工人数、工资等级和工资标准,审核工资奖金计算表,办理代扣款项(包括计算个人所得税、住房公积金、养老保险金、医疗保险金、失业保险金等),计算实发工资。按照车间和部门归类,编制工资、奖金汇总表,填制记账凭证,经审核后,会同有关人员提取现金,组织发放。发放的工资和奖金,必须由领款人签名或盖章。发放完毕后,要及时将工资和奖金计算表附在记账凭证后或单独装订成册,并注明记账凭证编号,妥善保管。

一个好汉三个帮,出纳工作也需要很多设备来辅助(见图1-12)。这样可以提高我们的工作效率,更重要的是,可以提高我们工作的安全性。

对于密码支付器,应该是近几年被各大银行所采用的新设备。对于保障我们公司资金安全有很大帮助。该设备在银行开通相关业务后,出纳可以去领取。签发票据对票据上各要素综合进行加密运算产生支付密码,或者银行在票据发行时配套以密码信封方式打印的对应票据号的支付密码,企业在签发票据时将票据对应的支付密码填写在票据上,作为票据真伪的主要鉴定手段或印鉴的辅助鉴定手段。

除此之外,出纳接触的工具还包括计算器、碎纸机等。

至于出纳一天的工作,还是十分"充实",且十分忙碌的。主要包括八项内容。

① 第一时间盘点库存和贵重物品;
② 向会计主管请示资金安排计划;
③ 列出当天应当处理的事项;
④ 按顺序办理各项收、付款业务;
⑤ 根据收付、转账凭证登记现金、银行日记账,结出当日余额;
⑥ 下班前清点库存现金,将其与现金日记账余额进行核对;
⑦ 将对账单与银行存款日记账进行逐笔核对;

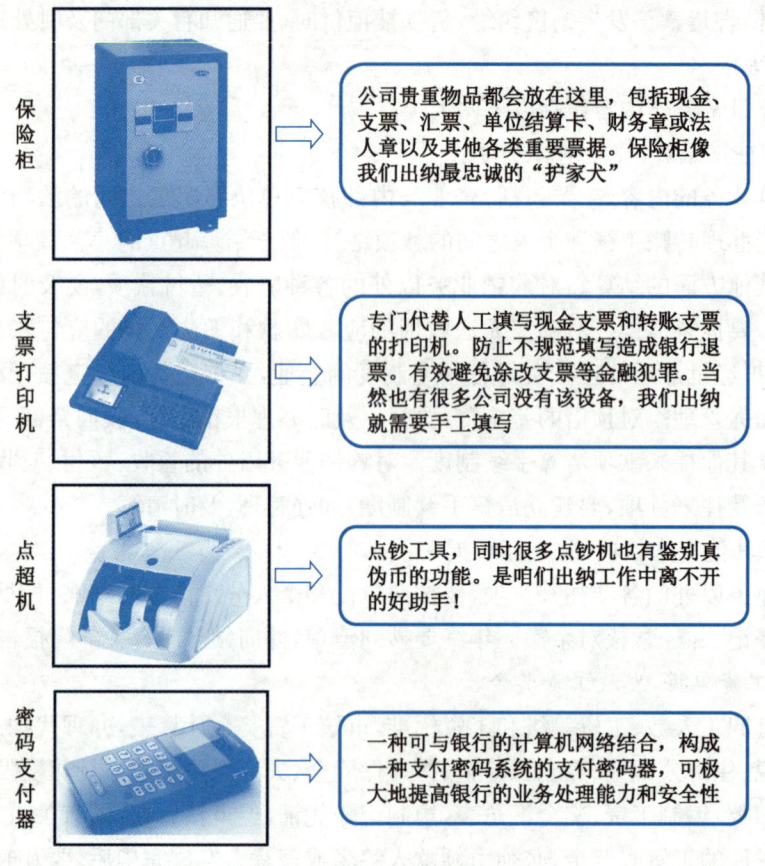

图 1-12 出纳工作的辅助设备

⑧ 将多余现金存入银行;

⑨ 编制当天的现金、银行存款日报表并报送主管。

当然这八项工作都是必要事项,还有很多诸如申请汇票、发放工资、办理备用金等工作。朋友们不必着急,这些内容在后面的章节都会涉及。我们逐一攻克!

1.4 出纳岗位交接

出纳岗位按照规定需要轮换,根据提供的资料,按照操作技术规范完成出纳岗位交接。出纳交接,是指出纳人员岗位在调动或离职时,由离任的出纳人员将有关工作资料和票证移交给继任出纳人员的工作过程。这是出纳人员对工作应尽的职责,也是分清移交人员和接管人员责任的重要措施。出纳人员凡因故调动、离职、请假时,均应向接替人员办理相关的交接手续;没有办理移交手续的,不得调动或离职。

1. 出纳交接的原因

出纳人员因为以下原因,需要办理如下交接手续。

① 出纳人员辞职或离开原单位。

② 企业内部工作变动不再担任出纳职务。

③ 出纳岗位轮岗调换到会计岗位。

④ 出纳岗位内部增加工作人员进行重新分工。

⑤ 因病假、事假或临时调用,不能继续从事出纳工作。

⑥ 因特殊情况如停职审查等按规定不宜继续从事出纳工作的。

⑦ 企业因其他情况按规定应办理出纳交接工作的,如企业解散、破产、兼并、合并、分立等情况发生时,出纳人员应向接收单位或清算组移交的。

2. 出纳移交范围

出纳交接的具体内容根据各单位的具体情况而定,情况不一样,移交的内容也不一样,但总体来看,出纳交接工作主要包括以下几个方面。

① 财产与物资,是指会计凭证(如原始凭证、记账凭证);会计账簿(如现金日记账、银行存款日记账等);相关报表(如出纳报告等);库存现金、银行存款、金银珠宝、有价证券和其他一切公有物品;用于银行结算的各种票据、票证、支票簿等;各种发票、收款收据(如空白发票、空白收据、已用或作废的发票或收据的存根联等);印章(如财务专用章、银行预留印鉴以及"现金收讫""现金付讫""银行收讫""银行付讫"等业务专用章);各种文件资料和其他业务资料(如银行对账单、保管的合同和协议等);办公室、办公桌与保险工具的钥匙,各种密码等;本部门保管的各种档案资料和公用会计工具、器具等;经办未了的事项。

② 电算化资料,是指会计软件及密码、磁盘、磁带等有关电算化的资料、实物等。

③ 业务介绍,是指原出纳人员工作职责和工作范围的介绍;每期固定办理的业务介绍

(如按期交纳电费、水费、电话费的时间等)；复杂业务的具体说明(如交纳电话费的号码、台数等,银行账户的开户地址、联系人等)；历史遗留问题的说明；其他需要说明的业务事项。

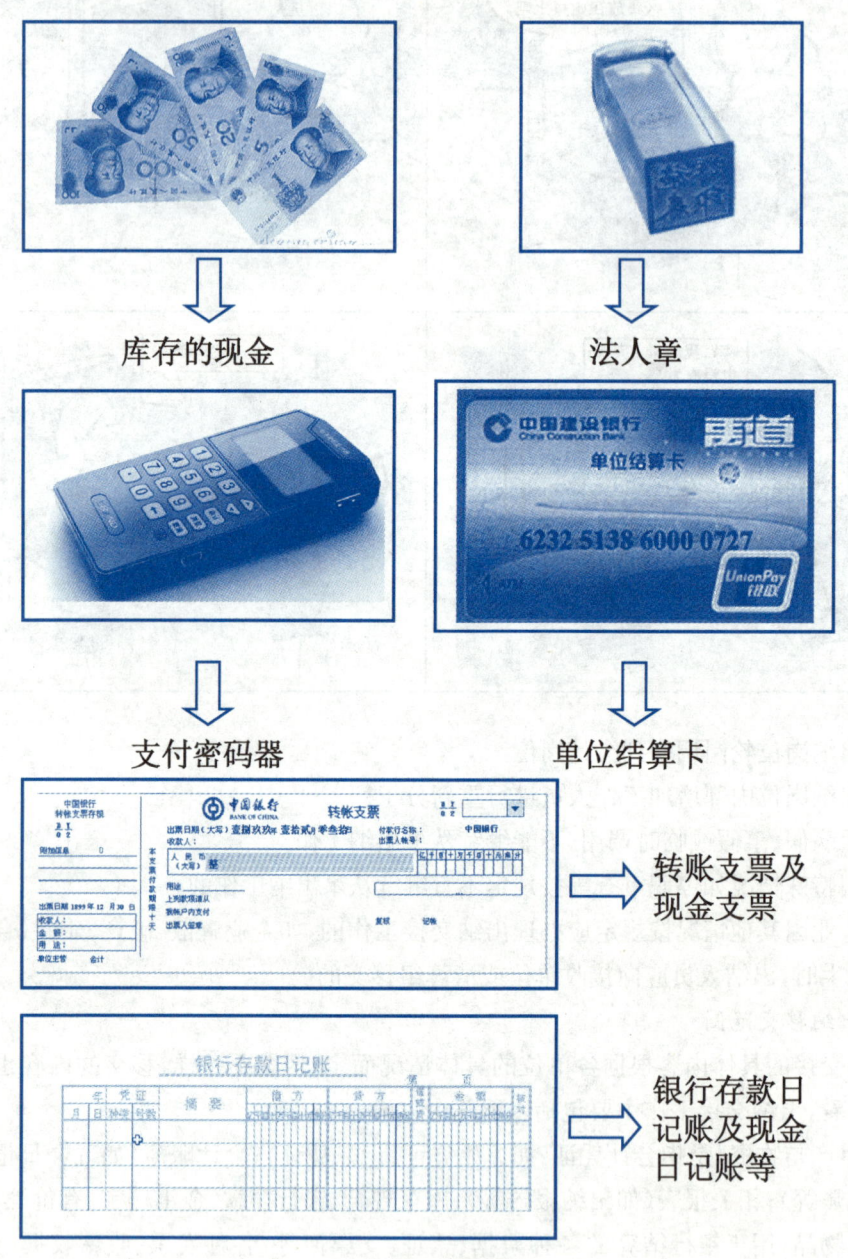

图1-13 出纳交接的财产与物资

3. 出纳工作的交接程序

出纳交接一般分为：移交前的准备阶段、办理交接阶段和交接结束三个阶段。

(1) 移交前的准备工作

① 将出纳账登记完毕,并签名盖章。

② 结账与对账。出纳账与现金和银行存款总账核对相符,现金账面余额与实际库存

现金一致,银行存款账面余额与银行对账单核对无误,切实做到账账相符、账证相符、账实相符。

③ 整理移交资料。整理应移交的各种资料,对未了事项要写出书面说明。移交人对该收回的款项要尽快催收。该支付的款项要及时支出;清理与核对各种借款,清查与整理各种现金、票据、有价证券、收据及借据等,归档文件资料。对于该收回未收回的,或该支出未支出的款项,或者其他未了事项,应做出书面说明。

④ 填写出纳账启用表。在出纳账启用表上填写移交日期,并签名盖章,如表1-2所示。

表1-2 出纳账启用表

账簿名称		全宗号		目录号	
账簿页数 自第 页起至第 页止 共 页				案宗号	
盒号					
使用日期 自 年 月 日至 年 月 日				保管期限	
单位领导签章			会计主管签章		
经管人员	姓名		接管日期		签章
	姓名		移交日期		签章

⑤ 编制"移交清册"。根据清理情况,编制"移交清册",写清楚移交的账簿、凭证、现金、有价证券、支票簿、文件资料、印鉴和其他物品的具体名称和数量。

移交清册一式三份,存档一份,交接双方各一份。移交清册由交接表和交接说明书两部分组成。交接说明书,主要是对交接表中无法列入或未列入的内容进行具体说明。交接说明书至少应包括以下几方面的内容:单位名称;交接双方和监交人员的职务、姓名;移交清册页数;需要说明的问题及意见。

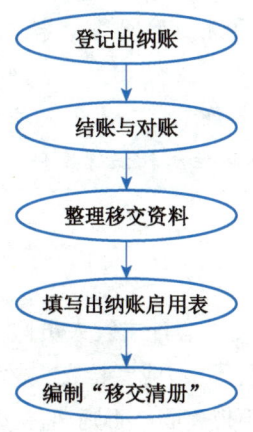

图1-14 出纳交接准备工作

> 《会计基础工作规范》第二十七条　会计人员办理移交手续前，必须及时做好以下工作：
> （一）已经受理的经济业务尚未填制会计凭证的，应当填制完毕。
> （二）尚未登记的账目，应当登记完毕，并在最后一笔余额后加盖经办人员印章。
> （三）整理应该移交的各项资料，对未了事项写出书面材料。
> （四）编制移交清册，列明应当移交的会计凭证、会计账簿、会计报表、印章、现金、有价证券、支票簿、发票文件、其他会计资料和物品等内容；实行会计电算化的单位，从事该项工作的移交人员还应当在移交清册中列明会计软件及密码、会计软件数据磁盘（磁带等）及有关资料、实物等内容。

（2）交接阶段

出纳人员的离职交接，必须在规定的期限内，向接交人员移交清楚。接交人员应认真按移交清册当面点收。

① 现金、有价证券要根据出纳账和备查账簿余额进行点收。接交人发现不一致时，移交人员要负责查清。

② 出纳账和其他会计资料必须完整无缺不得遗漏。如有短缺，由移交人员查明原因，在移交清册中注明，由移交人负责。

③ 接交人应核对出纳账与总账、出纳账与库存现金和银行对账单的余额是否相符。如有不符，应由移交人查明原因，在移交清册中注明，并负责处理。

④ 接交人按移交清册点收公章（主要包括财务专用章、支票专用章和领导人名章）和其他实物。

⑤ 实行电算化的单位，必须将账页打印出来，装订成册，书面移交。

⑥ 接交人办理接收后，应在出纳账启用表上填写接收时间，并签名盖章。

（3）交接结束

> 《会计基础工作规范》第三十一条　交接完毕后，交接双方和监交人员要在移交注册上签名或者盖章。并应当移交注册上注明：单位名称，交接日期，交接双方和监交人员的职务、姓名，移交清册页数以及需要说明的问题和意见等。移交清册一般应当填制一式三份，交接双方各执一份，存档一份。
>
> 《会计基础工作规范》第三十五条　移交人员对所移交的会计凭证、会计账簿、会计报表和其他有关资料的合法性、真实性承担法律责任。

4. 出纳交接应注意的事项

在进行出纳交接时，应注意以下内容。

① 出纳人员进行交接时，一般应由会计主管人员监交，必要时还可请上级领导监交。

② 监交过程中，如果移交人交代不清，或者接交人故意为难，监交人员应及时处理裁决。移交人不作交代，或者交代不清的，不得离职。否则，监交人和单位领导人均应负连带责任。

③ 移交时，交接双方人员一定要当面看清、点数、核对，不得由别人代替。

④ 交接后，接管的出纳人员应及时向开立账户的银行办理更换出纳人员印鉴的手续，检查保险柜的使用是否正常、妥善，保管现金、有价证券、贵重物品、公章等的条件和周围环境是否齐全。如不够完善、安全，要立即采取改善措施。

⑤ 接管的出纳人员应继续使用移交的账簿，不得自行另立新账，以保持会计记录的连续性。对于移交的银行存折和未经使用的支票，应继续使用，不要把它搁置、浪费，以免单位遭受损失。

⑥ 交接后，移交人员应对自己经办的已经移交资料的合法性、真实性承担法律责任，不能因为资料已经移交而推脱责任。

> 白岩松关于幸福有一句话，"不管什么样的世界，当你要离开的时候都要交给下一代人"，有点忧伤的味道。作为移交人，交出去的出纳资料及工作必须清清楚楚、明明白白、不拖泥带水。

实训演练 1　小白接手出纳工作

白小白的第一份工作就是出纳，回想起第一次面临出纳交接。当时原出纳把现金、日记账、银行资料、票据等交到她手上之后，附上一份《出纳移交清单》（见图 1-15）。小白按照清单内容开始逐一核对。

出纳移交清单

一、货币资金
库存现金：人民币捌佰捌拾捌元捌角捌分（￥888.88）
银行存款：人民币壹拾万零捌佰捌拾捌元捌角捌分（￥100 888.88）
经核实，所有实盘数与账面数相符。
二、资料
现金支票壹拾叁份，票号为：00000038—00000050
转账支票贰份，票号为：00000049—00000050
现金日记账贰本（2013 年、2014 年各壹本）
银行日记账贰本（2013 年、2014 年各壹本）
空白收据、进账单等空白票据
三、其他
网银 U 盾壹个、保险柜壹个、保险柜钥匙贰把、办公台钥匙壹把、办公室钥匙壹把。
本移交清单一式三份，移交双方各执一份，档案室留存一份。
移交人：　　　接收人：　　　监交人：

图 1-15　出纳移交清单

很简单，这里没有"白条抵库""小金库"现象，所以白小白核对的步骤如下。

① 盘点库存现金：移交人已经整理好了，清点了一下（很方便，有验钞机），888.88 元，与现金日记账最后登记的一笔数的余额是对得上的。

② 银行存款：登录了网银，密码也移交了，当然，这个密码是不写在《出纳移交清单》上的。因为《出纳移交清单》档案室还得留存。查询了一下余额，与账面数相符。

余下的资料也逐一进行了清点，包括现金支票（见图1-16）、转账支票（见图1-17）、收据（见图1-18）等。

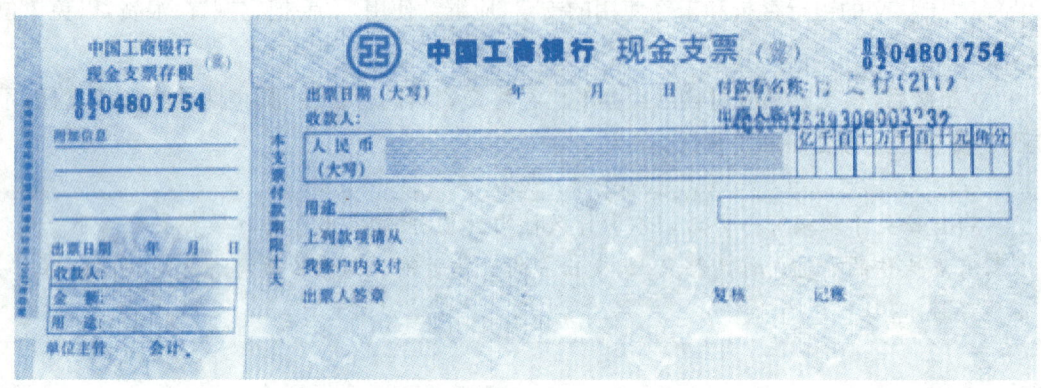

图1-16　现金支票

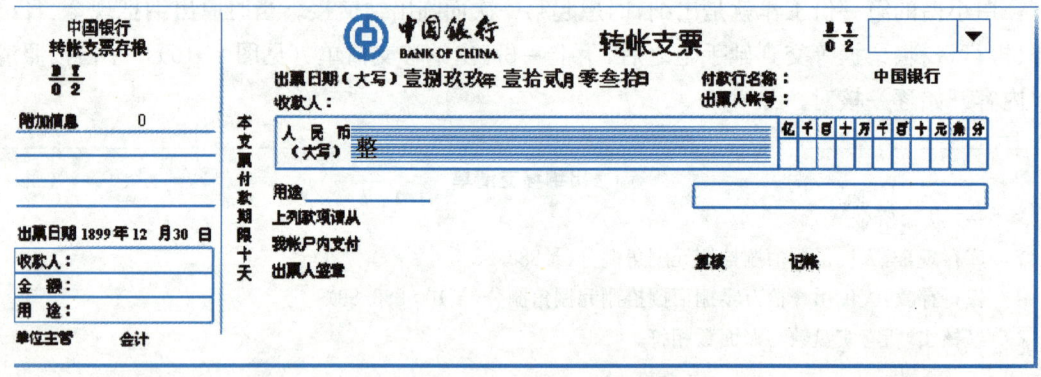

图1-17　转账支票

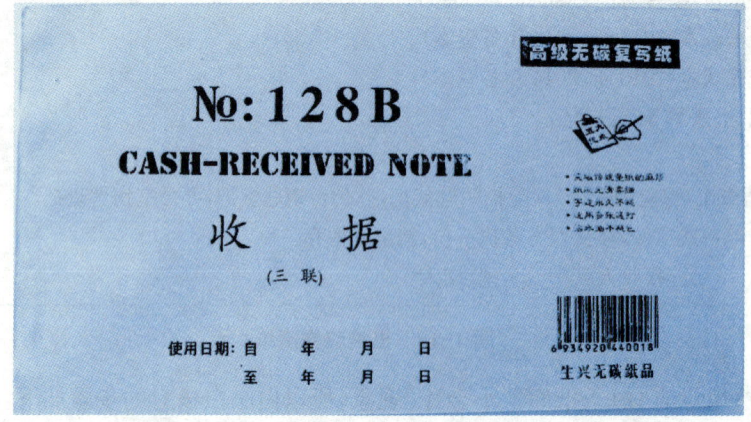

图1-18　收据

清点完毕后,出纳在原来的账本的最后一笔及在账簿的扉页签了章。

最后,移交、接手、监交三人都在移交清单上签了名(见图1-19)。

| 移交人:陈晨曦 | 接收人:白小白 | 监交人:程海锋 |

图 1-19　移交清单签名

实训演练 2　小白接手出纳后的第二天

接手第二天,白小白已经把前任出纳留下来的东西看了一遍。记录了些自己将要注意的地方。当务之急就是去银行更换出纳的信息。(当然,有些出纳还兼着办税员的工作,还得到税务局换呢。这个根据公司实际情况了。)

这个公司只是变更网银操作员(出纳为操作员),由于银行印鉴只是公司财务章和法人章,所以无须变更。因为有些公司银行留存印鉴还有出纳名章的。

变更网银操作员很简单,白小白直接在对公窗口跟柜员说要变更网银操作员,然后柜员给了张表——《中国农业银行网上银行企业客户登记表》(见图1-20)。

网上银行企业客户　　　登记表

网址:www.95599.cn

基本信息	企业全称		企业简称	
	工商登记号		法人代表姓名	
	企业类型		注册资本	
	联系电话		传真电话	
	电子邮件		邮　编	
操作员基本信息	姓　名	角色	证件类型	证件号码

图 1-20　网上银行企业客户登记表

填的都是些单位的基本信息,即使不会,表格的最后都有"填表说明"的(见图1-21)。

填表说明:
　　一、表头中登记表类型请填写:1.注册 2.信息变更 3.撤销注册 4.补办证书 5.作废证书
　　二、登记表中的证件名称、证件类型包括:身份证、军人证、警官证、户口簿、护照和临时证件
　　三、操作员基本信息设置栏中:操作员姓名不要重复;角色列填写:1.管理员;2.操作员
　　四、客户账户信息栏中请加盖你单位账户在开户行的预留印鉴
　　五、请持登记表、营业执照、法人代码证书、法人授权委托书、注册经办人的有效身份证件和表内所填操作员的有效身份证件到你单位的开户行办理注册手续
　　六、注册账户超过4个时请在第三页续填

图1-21　填表说明

填好表后,白小白在"账户预留印鉴"处盖上企业在银行预留的印鉴(见图1-22)。

户名	开户行	账号	币

账户预留印鉴:

图1-22　账户预留印鉴

公司资质——营业执照、组织机构代码证、税务登记证,经办人身份证,原件、复印件白小白都准备好了,当然,复印件上要写"复印件与原件相符"并盖了单位公章。还准备了一份《法人授权委托书》(见图1-23)。

对公业务的柜员详细核对了原件、复印件。退回了原件和一些复印件。每家银行不一样,这家只要正本的复印件。最后给了白小白一份空白的《法人授权委托书》,虽然意思都一样,但银行也有固定版本的。

法人授权委托书

中国农业银行北海分行:
　　兹授权我公司员工_____.(身份证号:_____)到贵行办理_____业务。
授权日期:_____

单位预留印鉴:

　　　　　　　　　　　　　　　　　　　授权人(单位盖章)
　　　　　　　　　　　　　　　　　　　日期:

图1-23　法人授权委托书

全部弄好后,银行工作人员收回了原出纳的《结算证》。"白小白,名字很特别哦",随即给换了一本新的《结算证》。"变更3个工作日内会办好,到时候拿着身份证、《结算证》、原操作员U盾到银行办理就可以了。"

......

几天后的办理很简单的,拿着证件、U盾到了银行,剩下的主要是银行操作,这时,白小白只需要"等"。

实训演练3　小白移交出纳工作

机遇是留给有经验的人,更是留给准备好了的人。何况白小白两者俱备。仅仅在这个出纳岗位两个来月时间,白小白就顺利地填补了销售会计的空缺,这下,白小白从两个月前的"接收人"变成了"移交人"。

由于是月底,正好跟会计核对好了最后的余额。银行的也对得上了。正好借交接的机会把网上银行的账给对了。接手两个来月时间,业务说多也不多,新开了个银行一般户、正好遇到跨年,所以账本多了些。

在账本的最后余额栏及账簿扉页的移交人那里盖上自己的名章。

整理好要移交的资料后,白小白列出了移交清单(见图1-24)。

《出纳移交清单》

一、货币资金

库存现金:人民币叁佰叁拾叁元叁角叁分(￥333.33)

银行存款:人民币壹拾万零叁佰叁拾叁元叁角叁分(100 333.33)

经核实,所有实盘数与账面数相符

二、资料

基本户农行现金支票贰拾叁份,票号为:00000228-00000250

基本户农行转账支票壹拾贰份,票号为:00000139-00000150

现金日记账叁本(2013年、2014年、2015年各壹本)【含电子版】

银行日记账肆本(基本户:2013年、2014年、2015年各壹本;一般户:2015年壹本)【含电子自版】

空白收据、进账单等空白票据【含打印模块】

三、其他

基本户农行网银U盾壹个、一般户工行网银U盾壹处、保险柜壹个,钥匙肆把

本移交清单一式三份,移交双方各执一份,档案室留存一份。

移交人:　　　接收人:　　　监交人:

图1-24　出纳移交清单

虽然出纳交接是最简单的,但知道新来的出纳刚从学校毕业,白小白放慢了交接的速度。

第一步,先交接现金。白小白打开了库存现金日记账,并把会计打印出来的库存现金明细账也放在了一起,金额是对得上的。而后拿出了333.33元的毛票给新出纳数。

第二步,核对银行余额。顺便交接了U盾及密码(见图1-25)。登录网银的步骤白小白都写在了她的出纳笔记上。查询了余额,跟银行存款日记账是相符的,顺即在网上银行上进行的电子对账。

第三步,就是资料的交接了,按照移交清单的顺序,白小白耐心的做了讲解。

最后交接的是白小白两个多月来的出纳笔记,上面有所有出纳业务的流程及联系人等。

白小白估计新出纳听得云里雾里的,因为她的第一次接手出纳也是糊里糊涂的。

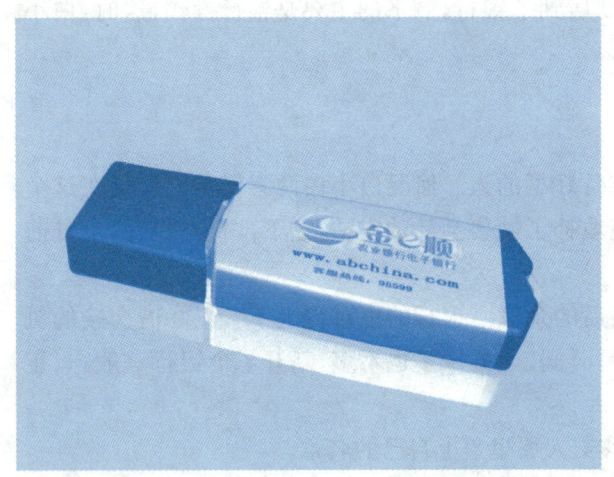
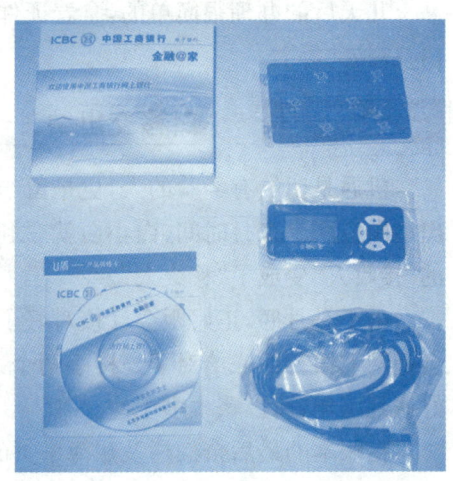

图 1-25　U盾

十来分钟的交接全在程主管的监控之下。

签字盖章完后,白小白轻松不起来,她似乎想象到了接下来的日子,"交"是结束了,但"教"还会继续,直到新出纳完全"接"上才能摆脱。

1.5　出纳的职业规划

好的开始就是成功了一半,开始之前,要做好自己的职业规划,也就是目标。

> **小白如是说:**
> "先就业,再择业",打开了出纳这扇门,就得看看自己能不能在这屋侍下去,就得看这个行业对于自己有什么发展,如果都说服了自己,就得做一行爱一行了,可以对自己的职业定一个目标、做一个规划——虽然往往我们计划赶不上变化,并且努力往这个方向发展。

大多数出纳都是这样子做的规划:矢志不渝地走财务路线(见图1-26)。

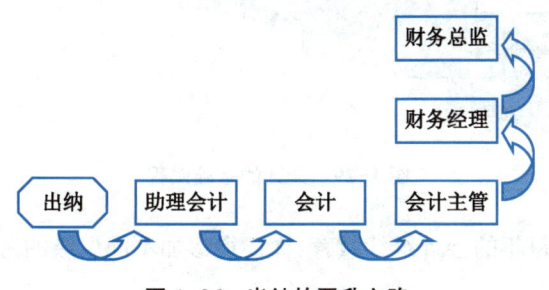

图1-26　出纳的晋升之路

还有出纳是走创业这类的路线(见图1-27)。

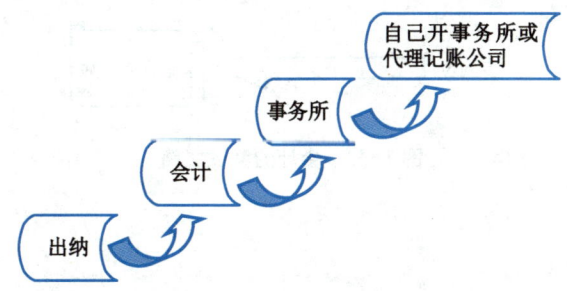

图1-27　出纳的创业之路

除此之外,出纳还可以在财务领域深耕细作,最终走向培训之路(见图1-28)。

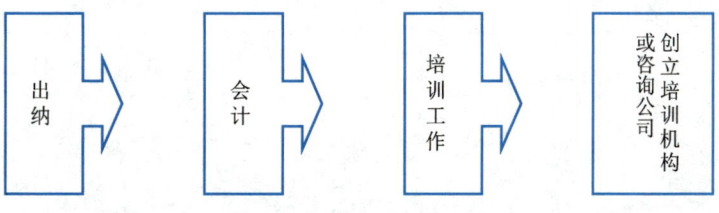

图1-28　出纳的培训之路

虽然,做出纳有很多"曾经是会计"的,也有"把出纳进行到底"的,但"不做会计"这四个字是不会出现在出纳的财务规划里的。

不管你如何规划了你的未来,做为出纳,首先得扎实自己的基本功。会计是门做到老学到老的职业,每年的继续教育就能看出来,如果你一直与财务有"瓜葛",你就必须不断学习新的财政法规,把考证进行到底。

不得不说,会计是门做到老学到老的职业,在学校,你必须学会相关课程(见图1-29)。

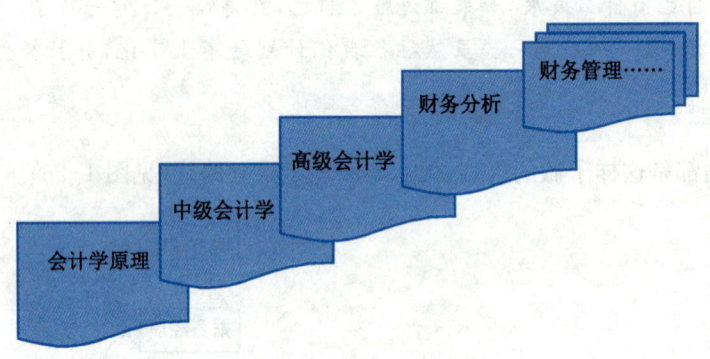

图1-29 会计的基础课程

走入职场后,除了每年的会计继续教育,你还得参加不同层级的考试(见图1-30)。

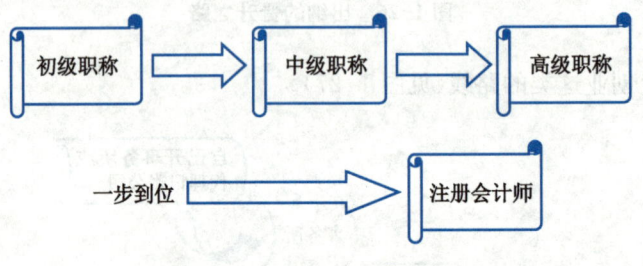

图1-30 会计的考试之路

第二章　出纳岗位基本技能

【情境导入】
　　小李是会计专业的应届毕业生,他在一家企业会计岗位实习。一天单位出纳老刘带小李去银行提现金,准备发放本月职工工资。老刘吩咐小李核实一下现金数量是否准确,这下可难坏了小李。小李从银行柜员手里接过大把现金,心里一点自信都没有,常常数错重新再来,费了好长一段时间才数完。还有一次,他在整理现金的时候发现有一张二十元面值的假币,他百思不得其解,"这是从哪里来的?我该怎么办?"小李在学校里会计课程都是全优的,没想到一个"简单的"出纳工作让他在实习单位栽了跟头。他在实习日记中写道:"会计工作不是书本上知识的再现,而是实践对知识的考验,我要从零做起……"
　　思考
　　1. 小李的专业知识是不够全面还是不够扎实呢?
　　2. 小李是哪项技能没有充分练习而出现的失误?
　　3. 作为一名合格的出纳人员,都应具备哪些基本技能?

2.1　识别人民币的真假

出纳是经常要与钱打交道的,因此识别假币是必备技能。即使不通过验钞机,对于假币也要能够有较为精确的辨识。

1. 什么是假人民币

假人民币是指仿照真人民币纸张、图案、水印、安全线等原样,利用各种技术手段非法制作的伪币。假币按照其制作方法和手段,大体可分为两种类型,即伪造币和变造币。

伪造币是依照人民币真钞的用纸、图案、水印、安全线等的原样,运用各种材料、器具、设备、技术手段模仿制造的人民币假钞,伪造币由于其伪造的手段不同,又可分为手工的、机制的、拓印的、复印的等类别。

变造币是利用各种形式、技术、方法等,对人民币真钞进行加工处理,改变其原有形态,并使其升值的人民币假钞,变造币按其加工方法的不同,又可分为涂改的、挖补剪贴的、剥离揭页的等类别。

2. 识别假人民币的基本方法

2015年版第五套人民币100元纸币鉴别方法如下。

一看光变镂空开窗安全线。这条宽4 mm的安全线位于钞票正面右侧,相当显眼,当观察角度由直视变为斜视时,安全线颜色由品红色变为绿色;透光观察时,可见安全线中正反交替排列的镂空文字"Y100"。

二看光彩光变数字。在钞票正面中部印有光彩光变数字"100",垂直观察票面,数字"100"以金色为主;平视观察,数字"100"以绿色为主。随着观察角度的改变,数字"100"的颜色在金色和绿色之间交替变化,并可见到一条亮光带在数字上下滚动。

三看人像水印。人像水印位于钞票正面左侧空白处。透光观察,可见毛泽东头像。

四看胶印对印图案。在钞票正面左下方和背面右下方,两面都有数字"100"的局部图案,透光观察,正背面图案就可以组成一个完整的面额数字"100"。

五看横竖双号码。钞票正面左下方采用横号码,其冠字和前两位数字为暗红色,后六位数字为黑色;右侧竖号码为蓝色。

六看白水印。位于钞票正面横号码下方。透光观察,可以看到透光性很强的水印面额数字"100"。

七摸雕刻凹印。钞票正面毛泽东头像、国徽、"中国人民银行"行名、右上角面额数字、盲文及背面人民大会堂等均采用雕刻凹印印刷,用手指触摸有明显的凹凸感。

人们通常采用"一看、二摸、三听、四测"的方法(见图2-1)。

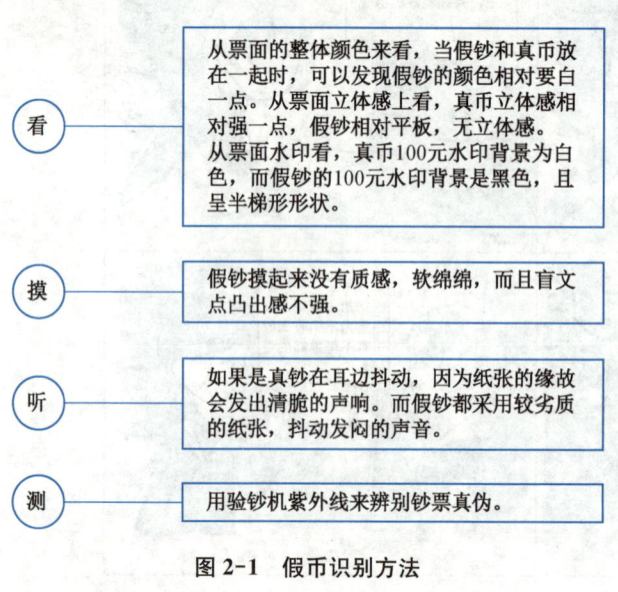

图 2-1 假币识别方法

3. 发现假币的处理

单位财会出纳人员在收付现金时发现假币,应立即送交附近的银行鉴别。

① 单位发现可疑币不能断定其真假时,发现单位不得随意加盖假币戳记和没收,应向持币人说明情况,开具临时收据,连同可疑币及时报送中国人民银行当地分支鉴定。经人民银行鉴定,确属假币时,按发现假币后的处理方法处理。如果确定不是假币,应及时将钞票退还持币人。

② 广大群众在日常生活中发现假币,应立即就近送交银行鉴定,并向公安机关和银行举报及提供有关详情,协助破案。

③ 银行收到假币时,应按规定予以没收,并当着顾客的面在假币上加盖假币戳记印章,同时开具统一格式的"假人民币没收收据"给顾客,并将所收假币登记造册,妥善保管,定期上缴中国人民银行当地分支行。

④ 假币没收权属银行、公安和司法部门。其他单位和个人如果发现假币,按上述办法处理或按当地反假币法规所规定的办法办理。

出纳没有没收假币的权利。只有中国人民银行、公安机关和经中国人民银行授权的银行的业务机构才具有没收假币的权力。

2.2 残币的处置

善良的小白觉得自己因为工作原因,经常去银行,所以接收了这张褶皱的十元钱。但是到了银行并没有像她想象的那样简单。残币过于褶皱,而且图案不清楚,破损面积超过五分之一,这使得银行无法对该残币进行全额兑换。小白损失五元钱,只能说明她对业务掌握的还不够精通。

那么残币分几种情况呢(见图 2-2)?

出纳在实际工作中如果遇到残币,最稳妥的方式是去银行鉴别,来进行全额或半额的兑换。

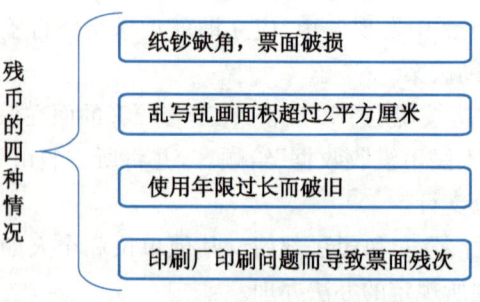

图 2-2 残币的四种情况

1. 银行可全额兑换情况

图 2-3 残币可全额兑换的情况

2. 银行可半额兑换情况

对于票面毁损面积达到1/4以上至1/2以下,票面其余部分的图案、文字等都可以连接在一起,这种情况下,银行可以按照票面一半的面值进行兑换。

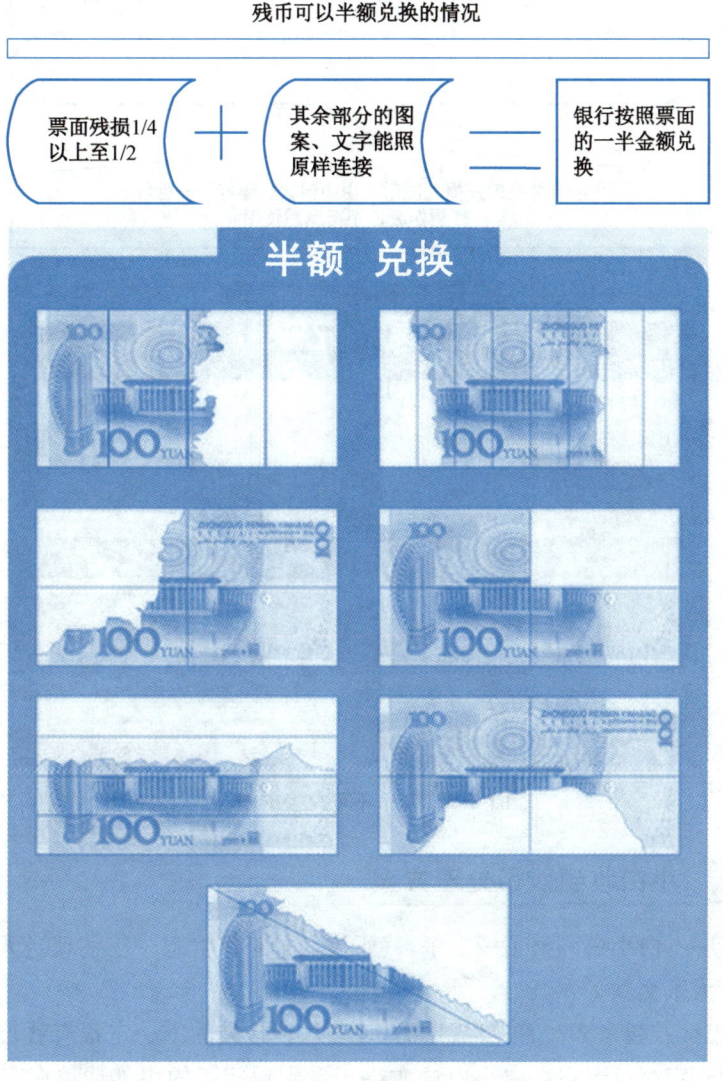

图 2-4　残币可半额兑换的情况

3. 银行不予兑换情况

有的时候,票面破损较为严重,票面毁损面积达到一半以上,或者是票面污损、熏焦、水湿、油浸、变色,不能辨别真假,或者是人为故意挖补、涂改、剪贴拼凑、揭去一面,这些情况银行是绝对不给以兑换的。

企业出纳实务

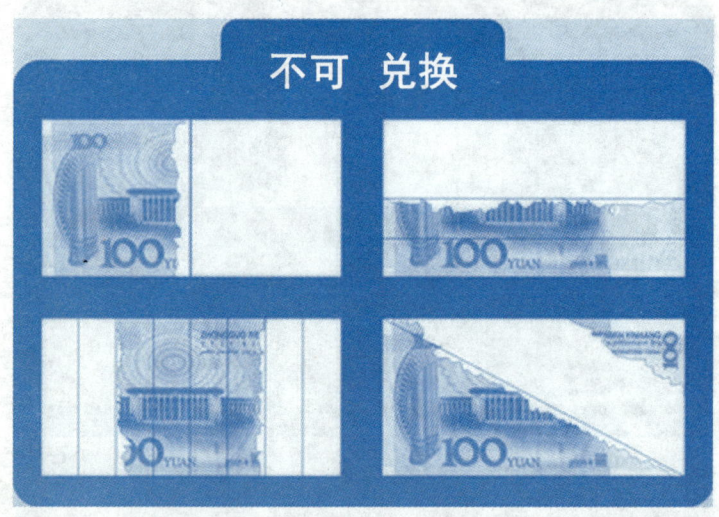

图2-5 残币不可兑换的情况

实训演练4 小白收到残币处理方案

蓝色的星期一,白小白调整了一上午,终于进入了工作状态。正整理当天收到的现金准备去银行时,有人来交款了。

知道钱包怎么鼓起来么?答:换成零的。所以,钱包鼓的不一定很有钱,当然,钱包瘪的不一定没钱,说不定都是卡呢。白小白这次终于看到现实版的用零钱填充起来的鼓鼓的钱包了。

白小白像是醉了。这个买主像是来用掉残币的,交了三千元货款,完好的只是一千九百块而已,大部分都是零钱,剩下的全是残的,有拦腰截断的,有藕断丝连的。白小白终于理解了"残币"——残忍的货币。还好,这些残币不算残,去银行也可全额兑换的。于是,白小白试着粘了起来。

银行柜员整理残币,把用透明胶布贴补的重新用纸贴了。专业的就专业的,整理起来看得顺眼多了。并嘱咐了小白:"以后这些残币不能用透明胶布贴哦。还有这张,如果再少一点的话只能半额兑换了。"

业务完毕后,大堂经理跟白小白讲起了一些收残币时要注意的事,白小白赶紧拿出本子:人民币属于我国法定货币,任何单位和个人都不能拒收。但因为用透明胶带粘人民币容易造成银行验钞、清分和销毁设备的损坏,损伤较大的残币应将其用薄纸和胶水粘贴后作为损伤券缴存人民银行,不得继续对外支付。如果收到透明胶粘贴的人民币,可小心地把透明胶撕掉,改用薄纸和胶水重新粘贴。粘贴的时候,最好不要贴在纸币号码、防伪特征等关键部位上。如果不慎将人民币损伤,最好不要急于进行粘贴修补,可以直接拿着破损的人民币到各银行的营业窗口进行兑换。

白小白似乎也想起来,原来工作的超市对收银员也有规定,不让收取用透明胶带修补过的人民币。

> 白小白的分享:
> 1. 出纳一定要熟悉残币兑换标准。免得收到不合格的残币,损失的只能是自己。
> 2. 残币不能用透明胶布粘贴。

2.3 点钞技能

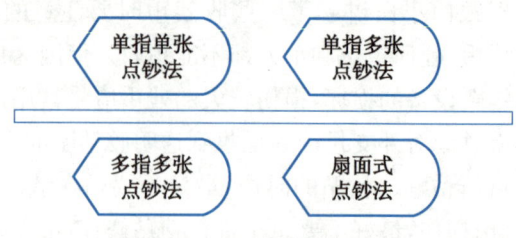

图 2-6 点钞的四种方法

单指单张点钞法是点钞中最基本也是最常用的一种方法,使用范围较广,频率较高。该方法顾名思义,用一个手指一次点一张。适用于收款、付款和整点各种新旧大小钞票。该方法由于持票面小,能看到票面的四分之三,容易发现假钞票及残破票。不过也存在一些缺点,这是因为点钞过程中点一张记一个数比较费力。但对于出纳工作而言,因为金额有限还是较为适用的,见图 2-7。

图 2-7 单指单张点钞示意图

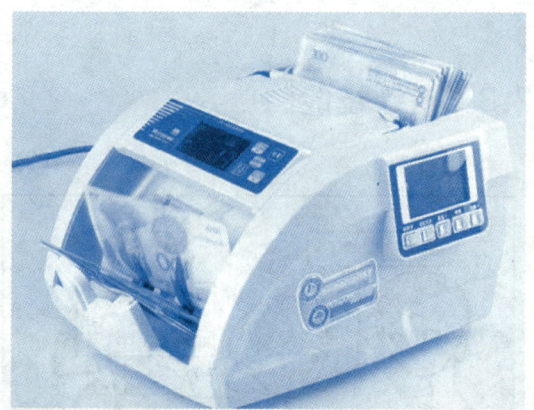

图 2-8 点钞机

当然除了人工点钞之外,机器点钞为我们出纳带来了福音,减轻了很大工作量。同时机器点钞还可以辨别真伪,可谓一举两得。

使用机器点钞的时候一些细节要注意,要做到"五个二",见图 2-9。

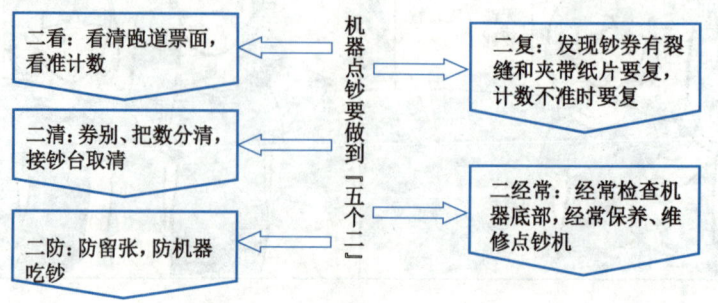

图 2-9 机器点钞要做到"五个二"

第二章　出纳岗位基本技能

实训演练 5　手工点钞与机器点钞

白小白偶尔会怀念当时公司没买点钞机的日子,毕竟"数钱数到手抽筋"的日子一去不复还了。

故事一　手工点钞

梦想会照进现实,怀念也会变成现实的。因为,机子不是万能的。这天,线路检修,停电,机器罢工了。财务部偶尔的"哗啦啦"的声音也没有了。一时半会还真的不太适应呢。

所以今天每收一笔钱,白小白都使出浑身解数点钞,除了第一遍边数边验的单指单张、第二次点钞时直接用的是三指三张,最后还是信不过再返回了第一种方法单指单张。当然,效率自然是降到了冰点。

脑子里两个小人对话了——

"如果收到个十万八万的现金,还不得来个财务总动员?"

"笨啊,金额大的可以让对方转账啊?"

"那金额小的对方可以直接存到银行呀,何必那么老远跑来这旮旯来交?还不够油费。"

"你傻啊,人家是来交钱拿货的,反正也是要跑的。"

白小白是无法摆脱收现金这一工作了。白小白突然很佩服程部长,听说上个世纪,程部长也是从出纳干起的,当时没有验钞机。

故事二　机器点钞

白小白又开始写打油诗了:"机器点钞也不好,手工点钞不灵巧,但它也是一个宝,没它效率提不了。"程部长就闪回复了"人无完人,机无完机吧"。

原来,白小白刚从银行取回了 2 万块现金,取钱的时候,银行的柜员是会把这钱打开,在点钞机上点给白小白看了后,再扎起来,白小白也就不数了。这会有人来借钱,按理说一扎一万的,可是拆开过机子点钱的时候怎么老是 99 张?白小白心跳有点加速了。

白小白手点了一次,还是 100 张后,舒了一口气,但重新用机器点,还是 99 张。过程中白小白也怀疑过钞票时被卡住了。鼓弄了一会,终于把业务办完了。

白小白只能说今天运气不好了。业务结束了,白小白悉心地护理起了点钞机子,正所谓"工欲善其事,必先利其器"。

> **白小白的分享:**
> 　　再好的点钞机也会有出错的时候,所以出纳要养成机子点完验完也要经过手工这一关的习惯。道高一尺,魔高一丈,手工点钞也可以辅助识别钞票的真伪。

2.4　数字的书写技能

2.4.1　阿拉伯数字的书写

1. 阿拉伯数字的书写规范

在世界各国的会计记录中,通常采用的数字是阿拉伯数字。阿拉伯数字的书写要符合

手写体的规范要求,如图 2-10 所示。小写的数码字有 0、1、2、3、4、5、6、7、8、9。

① "0"字书写时,紧贴底线,圆要闭合,不宜过小,否则易改为"9"字;几个"0"连写时不要连笔写。

② "1"书写时,要斜直,不能比其他数字短,且要合乎斜度要求,否则易改成"4""6""7""9"等。

③ "2"书写时,不能写"Z",落笔应紧贴底线,收笔时笔锋上绕,否则易被改成"3"字。

④ "3"书写时,拐弯处光滑流畅,起笔处至拐弯处距离稍长,不宜过短,否则易被改成"5"、"8"。

⑤ "4"字书写时,"∠"角要死折,即竖要斜写,横要平直且长,折角不能加圆滑,否则易被改成"6"字。

⑥ "5"字书写时,横、钩必须明显,不可拖泥带水,否则易被改成或混淆成"8"字。

⑦ "6"字书写时,起笔处在上半格的 1/4 处,下圆要明显,否则易被改成"8"字。

⑧ "7"字书写时,横书写要平直(即稍长),落笔可下伸到底线外,竖稍斜,拐弯处不能圆滑,否则易与"1""9"相混淆。

⑨ "8"起笔于右上角,结束于右上角,写"8"时,上边要稍小,下边稍大,可以斜"S"起笔也可直笔起笔,终笔与起笔交接处应成菱角,并一定要封口,以防止将"3"改为"8"字。

⑩ "9"字书写时,上部的小圆要闭合,不留间隙,且一竖稍长,出下底线,否则易与"4"字混淆。

图 2-10 阿拉伯数字的书写

2. 阿拉伯数字书写要求

① 数字应当一个一个地写,不得连笔写;每个数字要紧靠凭证或账表行格底线书写,字体约占行格高度的 1/3,如果行格较低的可占 1/2。

② 数字要各自成形,大小匀称,排列整齐。有圆圈的数字如 6、8、9、0 等,圆圈必须封口。字体要自右上方斜向左下方书写,倾斜度为 45°。

③ 在未印有数位线的纸上书写时,整数部分要按"三位一节"的记数法,从个位起从右向左,每隔三位,点一个分节号","分开。

④ 若在账表上写错了数字,要采用正确的更正方法,即将错误数字全数用单红线注销,并在错误数字上盖章,以示负责;另在上方填写正确的数字,严禁用刮擦涂抹或用药水消除字迹的方法改错。

⑤ 书写的数字代表人民币时,应在所写数字前加上人民币符号"￥",即小写金额数字合计前,要填写人民币符号"￥",与金额数字之间也不得留有空白。凡阿拉伯数字前有币种符号的,数字后边不再写单位。以元为单位的阿拉伯数字,除表示单价外一律写到角分;无角分的,角分位写"00";有角无分的,分位应写"0"。

2.4.2 大写数字的书写

1. 大写数字的书写标准

① 大写数字,应该用汉字楷体或行楷书写。书写的文字以国务院公布的简化字为标准,力求工整、清晰,不要自造简化字,也不要滥用繁体字,禁止使用连笔字。

壹、贰、叁、肆、伍、陆、柒、捌、玖、拾、佰、仟、万、亿、圆(元)、角、分、零、整(正),不得用一、二、三、四、五、六、七、八、九、十、毛、仨、另(0)等字样代替。大写金额数字到元或角止的,在"元"或"角"字之后应写"整"或"正"字样,大写金额数字有分的,分字后面不写"整"或"正"字。

② 大写金额数字前未印有人民币字样的,应加填"人民币"三字,"人民币"三字与金额数字之间不得留有空白。

③ 阿拉伯金额数字之间有 0 时,汉字大写金额要写"零"字;阿拉伯金额数字中间有多个"0"时,汉字大写金额中可以只写一个零字。如:人民币壹万零伍元整。不连续的零则应照写。

④ 为防止涂改,"拾"字前必须写有"壹"字,如"拾元"必须写成"壹拾元整,"610 元"必须

写成"陆佰壹拾元整"。

表 2-1 大写数字的书写标准

楷体标准	零	壹	贰	叁	肆	伍	陆	柒	捌	玖
行楷标准	零	壹	贰	叁	肆	伍	陆	柒	捌	玖
楷体标准	拾	佰	仟	万	亿	元	角	分	整	正
行楷标准	拾	佰	仟	万	亿	元	角	分	整	正

2. 大写金额写法解析

会计人员在书写大小写金额时,必须做到大小写金额内容完全一致,书写熟练、流利,准确完成会计核算工作。下面列举在书写大写金额时,容易出现的问题并进行解析。

① 小写金额为¥4 500.00

正确写法:人民币肆仟伍佰元整。

错误写法:人民币:肆仟伍佰元整。

错误原因:"人民币"后面多一个冒号。

② 小写金额为¥850 001.00

正确写法:人民币捌拾伍万零壹元整。

错误写法:人民币捌拾伍万元另壹元整。

错误原因:将"零"写成"另",多出一个"元"字。

③ 小写金额为¥605 000.00

正确写法:人民币陆拾万零伍仟元整。

错误写法:人民币陆万伍仟元整。

错误原因:漏记"拾"和"零"字。

④ 小写金额为¥3 750.50

正确写法:人民币叁仟柒佰伍拾元零伍角整。

错误写法:人民币叁仟柒佰伍拾元伍角整。

错误原因:漏写一个"零"字。

⑥ 小写金额为¥35 000.96

正确写法:人民币叁万伍仟元零玖角陆分。

错误写法:人民币叁万伍仟零玖角陆分。

错误原因:漏写一个"元"字。

(6) 小写金额为¥60 036 000.00

正确写法:人民币陆仟零叁万陆仟元整。

错误写法:人民币陆仟万零叁万陆仟元整。

错误原因:多写一个"万"字。

下面我们举个例子,比如出纳要手工填写一张转账支票,金额是:1 248 570.93 元。那么在支票小写和大写金额的地方应这样填写:

¥1 248 570.93＝壹佰贰拾肆万捌仟伍佰柒拾元玖角叁分

> **关于"整"(正)的用法**
> 1. 中文大写金额数字到"元",在"元"之后应写"整"(正)字
> 2. 中文大写金额数字到"角",在"角"之后应写"整"(正)字
> 3. 中大写金额数字有"分","分"后面不写"整"(正)字
>
> 例:¥1 560 元＝壹仟伍佰陆拾元整
> 　　¥1 560.3 元＝壹仟伍佰陆拾元叁角整
> 　　¥1 560.32＝壹仟伍佰陆拾元叁角贰分

对于"0"这个数字,大家也务必注意。有的时候中间会连续两个零,或者更多。比如 100 200 元,或是 100 020 元。遇到这种情况,大家在写成大写的时候不可忽视"0",见图 2-11。

我们举几个例子,来展示一下"0"和"整"的用法。

¥1 409.50＝壹仟肆佰零玖元伍角整

¥6 007.14＝陆仟零柒元壹角肆分

不可小视的"零":
- 数字中间连续有几个"0"时中文大写金额中间可以只写一个"零"字
- 万位或元位是0或数字中间连续几个0,大写金额可只写一个"零"字,也可不写"零"
- 数字角位是0而分位不是0时,中文大写金额"元"后面应写"零"字
- 阿拉伯数字中间有"0"时,中文大写金额要写"零"字

图 2-11　不可小视的"零"

¥1 680.32＝壹仟陆佰捌拾元零叁角贰分＝壹仟陆佰捌拾元叁角贰分

¥107 000.53＝壹拾万柒仟元零伍角叁分＝壹拾万零柒仟元伍角叁分

¥16 409.02＝壹万陆仟肆佰零玖元零贰分

¥325.04＝叁佰贰拾伍元零肆分

2.5　辨别真假票据的方法

同事报销或者预支的款项回来冲账的时候,都会涉及到发票。而出纳会经手这些发票。如今很多不法分子铤而走险,用高科技手段制假贩假,并且十分猖獗。作为出纳而言,必须要为公司把好这道关,杜绝收到假发票。避免给公司惹来不必要的麻烦!

虽然审核是会计的职责,但是出纳付款前再复核一下更稳妥。当然,辨别普通发票有三种方法,见图2-12。

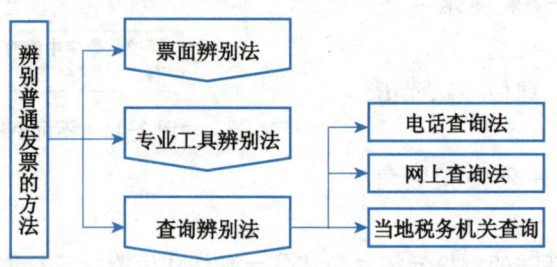

图2-12 辨别普通发票的方法

1. 票面辨别法

首先要看发票的纸张。新版普通发票现在都采用有防伪水印的纸张进行印制了,你在阳光下看,可以清晰的看到菱形的水印图案,菱形中间有"SW"的字样,见图2-13。

图2-13 "SW"字样

真的发票,正面上方中间"发票联"那个地方,有一椭圆形的红章,章的上方标有"全国统一发票监制章",章下方标有"地方税务局监制"或者"国家税务局监制"的字样。中间还有发票所在地的简称及名字,见图2-14。

图2-14 "国家税务局监制"字样

还有就是要有销售方的发票专用章,没有的话是无效的发票,见图2-15。

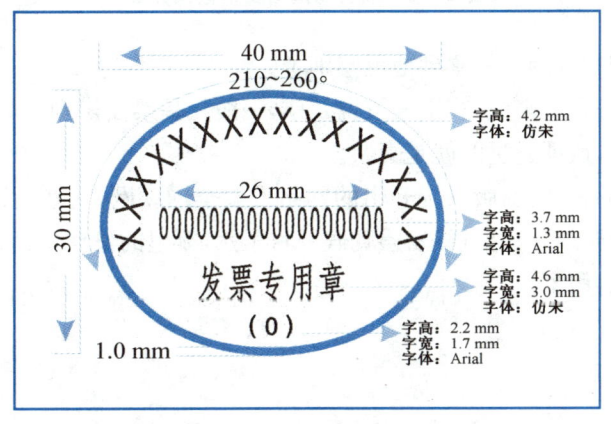

图2-15 发票专用章字样

2. 专业工具辨别法

很多小的单位都没有购置专业的鉴别工具,但是建议业务多、收票多的单位还是购买的好。这种专业的辨别工具就是——红外激光专用鉴别笔。发票上方的"全国统一发票监制章"在红外激光专用鉴别笔激发下,能够显示黄绿色亮点并发出"嘟"的一声。

3. 查询辨别法

① 电话查询法:拨打当地税务机关查询发票真伪的电话,输入"发票代码""发票号码""密码"进行查询。

② 网上查询法:登录当地税务机关的官方网站,找到"发票查询"一项,在其中输入"发票代码"和"发票号码",能很容易的看到这是什么时间、什么单位使用的发票,方便快捷。如果是假发票,自然在网上是查不到的,见图2-16。

③ 到当地税务机关查询:你也可以拿上你的发票,到当地的税务机关,给他们出示,请

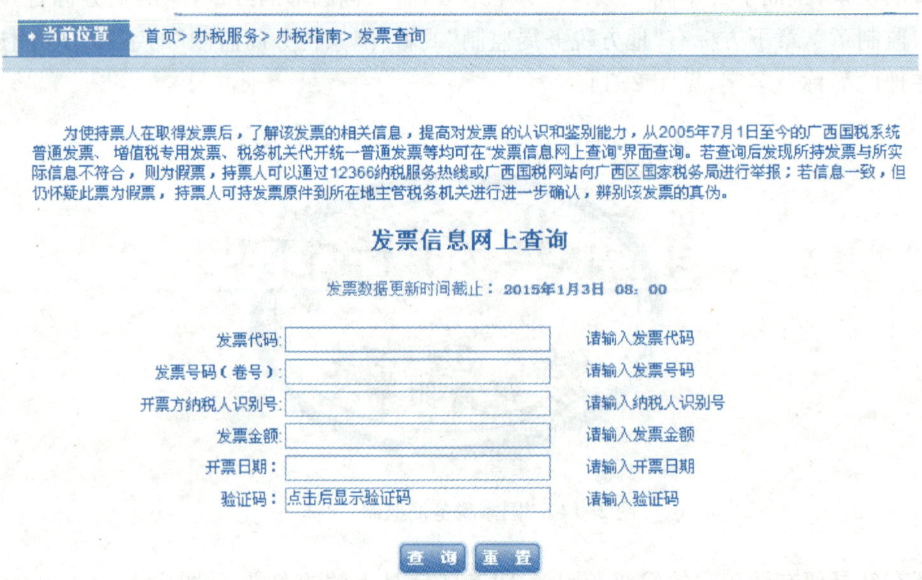

◆ 当前位置　首页 > 办税服务 > 办税指南 > 发票查询

为使持票人在取得发票后，了解该发票的相关信息，提高对发票的认识和鉴别能力，从2005年7月1日至今的广西国税系统普通发票、增值税专用发票、税务机关代开统一普通发票等均可在"发票信息网上查询"界面查询。若查询后发现所持发票与所实际信息不符合，则为假票，持票人可以通过12366纳税服务热线或广西国税网站向广西区国家税务局进行举报；若信息一致，但仍怀疑此票为假票，持票人可持发票原件到所在地主管税务机关进行进一步确认，辨别该发票的真伪。

发票信息网上查询

发票数据更新时间截止：2015年1月3日 08：00

发票代码：	请输入发票代码
发票号码（卷号）：	请输入发票号码
开票方纳税人识别号：	请输入纳税人识别号
发票金额：	请输入发票金额
开票日期：	请输入开票日期
验证码：点击后显示验证码	请输入验证码

[查询] [重置]

图 2-16　税务局网站发票查询界面

他们辨别，可不要把国税的发票拿到地税鉴别了。

对于单位的财务人员来说，辨别增值税发票，一般只是票面辨别。如果是增值税专用发票的话，就更简单了，认证通过的就是真票。

随着电子发票的普及，新版系统开出的网络发票全国联网，随票面还附有二维码，只要手机一扫，所有开票明细立马呈现，发票真假一目了然，哪里的发票信息都能查，我们再也不必担心收到的发票有假了。

第三章　现金业务的处理

【情境导入】

随着电子支付的发展,对于个人而言,支付宝、微信支付等第三方支付日益盛行。但这并不代表现金会被取代。出纳的一项重要职责就是对现金的管理,包括现金的支取、现金的管理以及现金日记账的编制。当然一些基础性工作,诸如点钞、辨别真伪币都是需要出纳熟练掌握的技能。

思考

1. 什么是取现补库存?
2. 现金业务对于出纳而言未来是否会消失?

3.1　现金管理业务

会计范畴的现金,是流动性最强的一种货币性资产,它是指存放在企业并由出纳人员保管的现钞。狭义的现金,是指企业的库存现金,它是企业所拥有的硬币、纸币,即由出纳人员保管的作为零星开支之用的库存现款,包括人民币现金和外币现金。

1. 现金管理"八不准"

正因为现金是流动性最强的资产,加强现金管理能保证货币发行权集中于中央,这对于保护企业资产安全和完整、维护社会经济秩序具有十分重要的意义,因此,国家对现金的使用管理有着较为严格的规定,并由国务院颁发了《中华人民共和国现金管理暂行条例》。按照现金管理暂行条例及其实施细则规定,企事业单位和机关团体、部队的现金管理应注意加强内部控制,遵循"八不准"。

(1) 不准用不符合财务制度的凭证顶替库存现金

出纳员应知道哪些单据是符合财务制度的,哪些单据是不符合财务制度的。比如,个人借款时,只随便用白纸撕下写几个字,就抵借款单,这样是不符合财务制度的。应根据空白"借款单"来填写完整,形成符合财务制度的"借款单",方可以作为原始凭证入账。

(2) 不准以"白条"抵库

白条抵库是单位库存现金管理工作中的一种典型违规行为。具体是指支出现金时没有发票或收据等正规付款凭证,只是用白纸写了一个收条或欠条作为现金库存。这种行为,如果规模较小,属于一般违法行为;如果情节严重,则属于犯罪行为。

白条抵库是财务用语,指的是以个人或单位名义开具的不符合财务制度和会计凭证手续的字条与单据,抵冲库存现金或实物的行为。一般包括不遵守有关现金及物资管理制度要求,用白条或其他凭证据以借出、挪用或暂付现金、原材料、商品、产品出库等。

用白条抵库,会使实际库存现金减少,日常开支所需现金不足,还会使账面现金余额超过库存现金限额,难以进行财务管理。严重一些的,还容易产生挥霍浪费、挪用公款等问题。因此,用白条抵库是一种违反财经纪律的行为,应坚决杜绝。出纳员在从事相关业务时,应严禁将白条作为记账的依据。

(3) 不准谎报用途套取现金

谎报用途套取现金是指在企业经济活动中,没有发生而谎称发生的报销事项。如:采购员张威 2016 年 9 月 22 日向泉州呈盛贸易公司采购了一批原材料,没有请供货方业务员吃饭,而把自己在外就餐的发票拿来公司报销,说是请泉州呈盛贸易公司业务员吃饭,这种行为就是谎报用途套取现金行为。

(4) 不准利用银行账户代其他单位和个人存入或支取现金

公司在银行或金融机构开设的账户,只为公司经济活动而需要的现金收付服务,任何个人或单位都不可以将与本公司经济业务无关的经济业务通过公司银行账户进行资金收支业务处理。

比如,出纳员在网上购买衣服,不得用公司的账户代为付款,即使是出纳员事先将相应数额现金存入公司的账户,然后才从公司的账户支付,也同样是不可以的。

(5) 不准将单位收入的现金以个人名义存入储蓄

将单位收入的现金以个人名义存入储蓄,视为公款私存。在现实工作中,许多老板是用自己或他人姓名开设银行卡来收付资金的,这种情形应将相关银行卡号当成银行存款二级科目进行核算,不得在总账系统外做体外记录。

(6) 不准设"账外账"

设立账外账目前已成为企业偷税的一种主要方法。它是纳税人在生产经营过程中购入材料不需或不能取得合法凭证,而销售产品又不需开具发票的情形下,在正常设置的账簿以外设立的一种账。由于具有较大的隐蔽性,在一些中小企业中较为流行。同时,账外账由于纳税人以不需供货方发票为由,压低购货成本,可能导致供货方不缴或少缴税款;而纳税人自身又由于销售的货物不开具发票,直接导致了国家税款的流失,因此危害很大。

(7) 不准设"小金库"

凡违反国家财经法规及其他有关规定,侵占、截留单位收入和应上缴收入,且未列入本单位财务部门账内或未纳入预算管理,私存私放的各项资金,均属小金库。

(8) 不准单位之间相互借用现金

另外,不准发行变相货币,不准以任何票券代替人民币在市场上流通。

2. 现金的支出范围

① 职工工资、津贴。

② 个人劳务报酬。

③ 根据国家规定颁发给个人的科学技术、文化艺术、体育等各种奖金。

④ 各种劳保、福利费用以及国家规定的对个人的其他支出。

⑤ 向个人收购农副产品和其他物资的价款。

⑥ 出差人员必须随身携带的差旅费。

⑦ 结算起点以下的零星支出。

⑧ 中国人民银行确定需要支付现金的其他支出。

3. 现金的收入范围

① 单位或职工交回的备用金借支剩余款。

② 单位或职工缴纳的赔偿款、罚款。

③ 单位或个人不能转账的销售收入。

④ 不足转账结算金额起点的小额收入。

4. 库存现金限额规定

库存现金的限额是指为了保证企业日常零星开支的需要,允许单位留存现金的最高数额。这一限额由开户银行根据单位的实际需要核定,一般按照单位3～5天日常零星开支所需确定。边远地区和交通不便地区的开户单位的库存现金限额,可按多于5天、但不得超过15天的日常零星开支的需要确定。经核定的库存现金限额,开户单位必须严格遵守,超过部分应于当日终了前存入银行。需要增加或者减少库存现金限额的,应当向开户银行提出申请,由开户银行核定。

5. 库存现金限额的核定

出纳人员根据月度或季度的平均现金支出总额,但不包括定期的大额现金支出和不定期的大额现金支出,计算每日的平均现金支出总额,并在此基础上计算库存现金的限额。具体计算公式如下:

库存现金＝每日平均现金支出×限定的天数

每日平均现金支出 ＝ (月(季)度的平均现金支出总额(不包括定期的大额现金支出和不定期的大额现金支出)) ÷ 月(季)平均天数

计算库存现金限额 ⟶ 填写现金限额批准书 ⟶ 递交开户银行审批

图 3-1 库存现金核定的业务流程

3.2 现金存取业务

1. 现金提取

"取现补库存"是财会人专用术语，顾名思义，取出存在银行的钱放入库存现金中，以补充保险库中的现金。

那么什么情况下到银行账户取现呢？

出纳需要对库存现金的金额做到心中有数，大体包括三种情况，见图 3-2。

接下来我们需要了解取现的流程，见图 3-3。

（1）支票登记簿

根据《内部会计控制规范——货币资金（试行）》的规定，单位应当加强与货币资金相关的票据的管理，明确各种票据的购买、保管、领用、背书转让、注销等环节的职责权限和程序，并专设登记簿进行记录，防止空白票据的遗失和被盗用。因此，为了加强支票的管理，领用

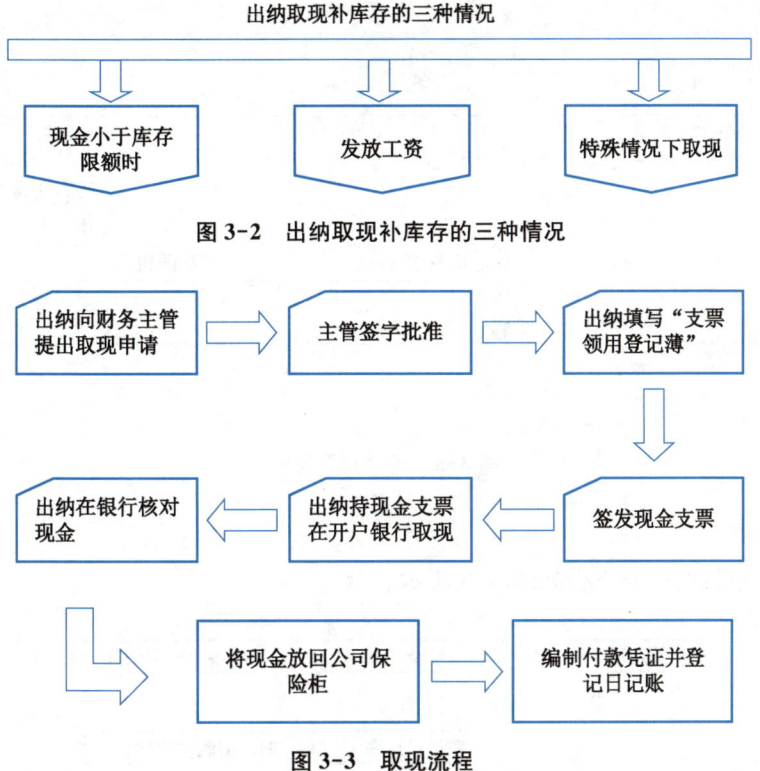

图 3-2　出纳取现补库存的三种情况

图 3-3　取现流程

支票时,应在"支票登记簿"中详细登记领用日期、领用部门、领用人、用途、批准人、支票类别、支票号码、限额、收款单位、金额等内容。

（2）现金支票

支票包括现金支票、转账支票和普通支票。现金支票专门用于支取现金,不能用于转账。这种支票在印制时,已在支票的上端印明了现金字样。现金支票正面（见图3-4）由正联和存根组成。正联加盖预留印鉴后作银行提现依据;存根撕下由制证人员作入账依据。现金支票背面（见图3-5）由提现人加盖预留印鉴后或填写身份证号后用于提现。

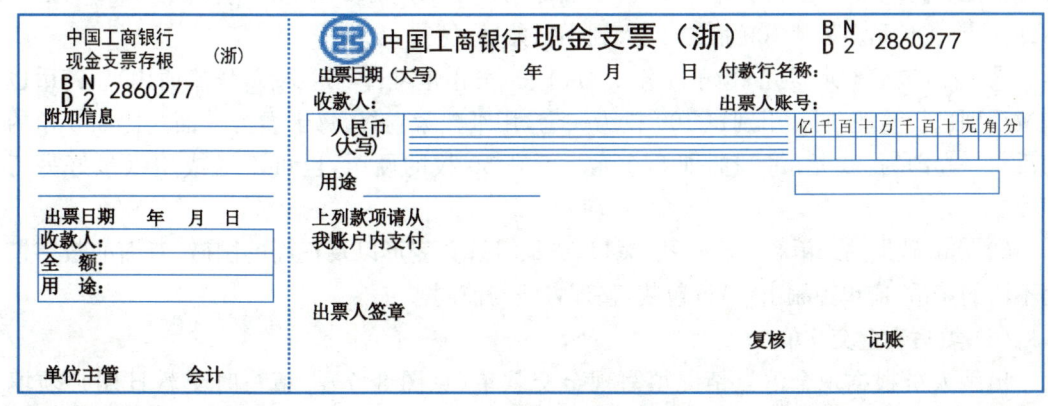

图 3-4　现金支票正面

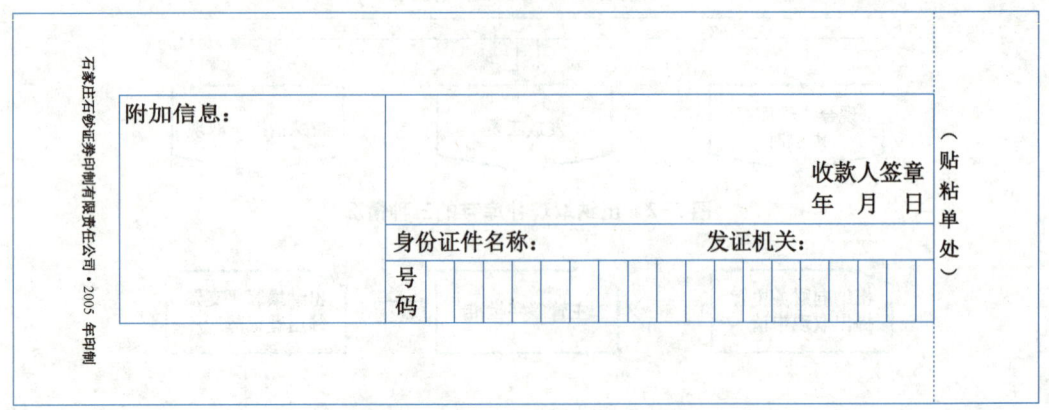

图 3-5　现金支票背面

2. 现金送存

现金送存银行的业务流程如图 3-6 所示。

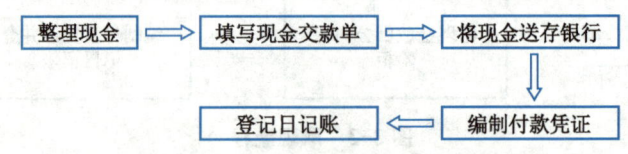

图 3-6　现金送存银行业务流程图

(1) 整理现金

各单位出纳人员在将现金送存银行之前，为了便于银行柜台清查现金，提高工作效率，应对送存现金进行分类整理。其整理方法如下。

① 纸币应按照票面金额(即币别)分类整理。纸币可分为主币和辅币，主币包括 100 元、50 元、10 元、5 元、2 元和 1 元，辅币包括 5 角、2 角、1 角、5 分、2 分、1 分。出纳员应将各种纸币打开铺平，然后按币别每 100 张为一把，用纸条和橡皮筋箍好，每 10 把扎成一捆。比如 100 元券的纸币一把即为 10 000 元，一捆即为 100 000 元；10 元券一把即为 1 000 元，一捆即为 10 000 元。不满 100 张的，从大到小平摊摆放。

② 铸币包括 1 元、5 角、1 角、5 分、2 分、1 分(分币也可暂不送银行，作流通用)。铸币也应按币别进行整理，同一币别每 100 枚为一卷，用纸包紧卷好，每十卷为一捆。比如 5 角的铸币每一卷即为 50 元，每一捆即 500 元。不满 50 枚的硬币，也可不送或用纸包好另行存放。

③ 残缺破损的纸币和已经穿孔、裂口、破缺、压薄、变形以及正面的国徽、背面的数字模糊不清的铸币，应单独剔出，另行包装，整理方法与前同。

(2) 填写现金交款单

出纳人员根据现金清点情况填写现金交款单(见图 3-7)。填写时交款日期必须填写为交款的当日，收款单位名称应填写全称，款项来源要如实填写，金额的大小写要书写标准。

第三章　现金业务的处理

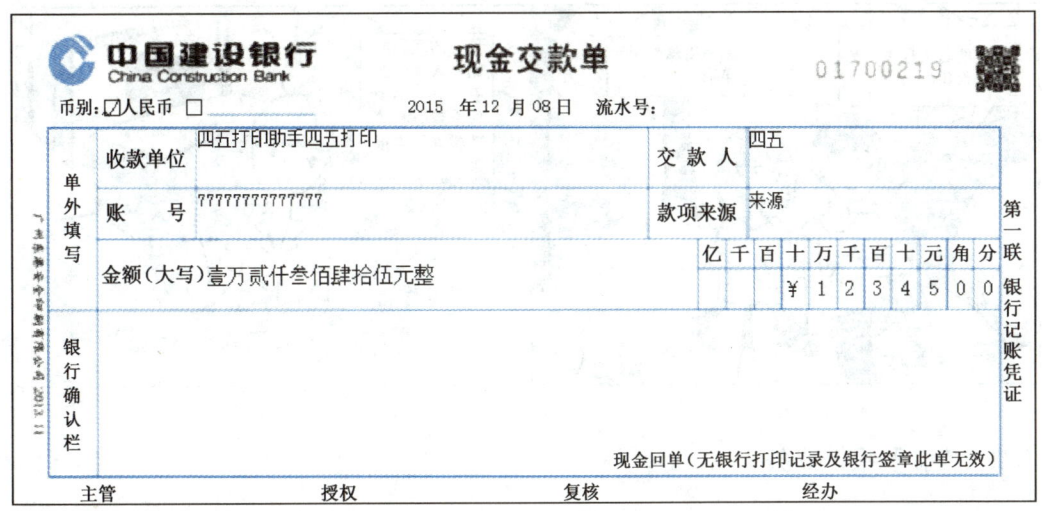

图 3-7　现金交款单

(3) 将现金送存银行

出纳人员按规定整理现金并填写现金交款单后,将现金连同现金交款单一起送存银行。经银行柜台业务人员当面清点无误后,将现金交款单第二联客户回单联加盖银行现金收讫章后退还给企业出纳人员。出纳人员接到客户回单联后应当立刻进行检查,待确认为本企业交款回单,且银行有关手续已经办妥后方可离开银行柜台。

若企业因交款数额较大,银行当面点清确有困难的,可事先与银行协商,双方规定有关条件,并签订协议书,采取"封包交款"的办法交款。封包交款是指交款企业把要交存银行的现金,按照有关要求进行整理,并按照银行的规定捆包好,在捆包上加贴封签,写明金额,加盖公章,连同填写好的"现金交款单"一并送交银行。

3.3　现金收支业务

3.3.1 借款和报销业务

1. 借款业务

公司经常会发生员工出差预借差旅费或其他形式的借款业务,以及报销的业务。每个公司的借款制度大体相同,填单——走流程——出纳付款。"走流程"说白了就是各级领导审批,见图3-8。

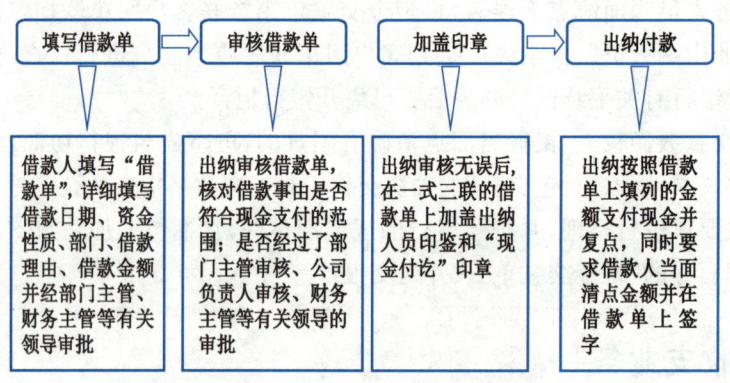

图3-8 借款操作流程

现在很多公司都注重流程管理,启动诸如OA办公自动化系统。借款单上的领导审批可能是通过办公系统来完成。但其道理是一样的。

作为出纳在付款前不仅要审核借款单是否合规,同时一定要查清该员工或部门是否有未清款现象,所有借款都应该遵循"前账不清,后账不借"的原则。

没有规矩,难成方圆。单位所有的业务管理都需要用规定来维持。每个单位都有自己的规定。我们出纳在处理借款业务的时候需要注意哪些呢(见图3-9)?

这些事项都是借款事项中的重点,出纳心里要有个数。诸如非业务人员能不能借款,部门备用金由谁来借,借款范围有哪些,借款的上限金额是多少,还有借款的时限,等等。这些问题在公司财务制度中都会有严格规定。

出纳在借款之前,重要的单据则是"借款单"(见图3-10)。

第三章 现金业务的处理

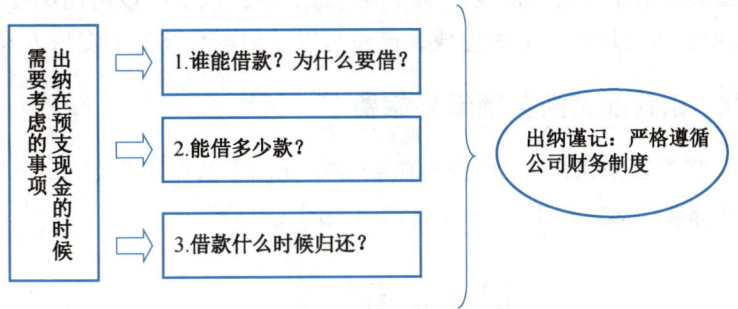

图 3-9 出纳处理预支现金业务的流程

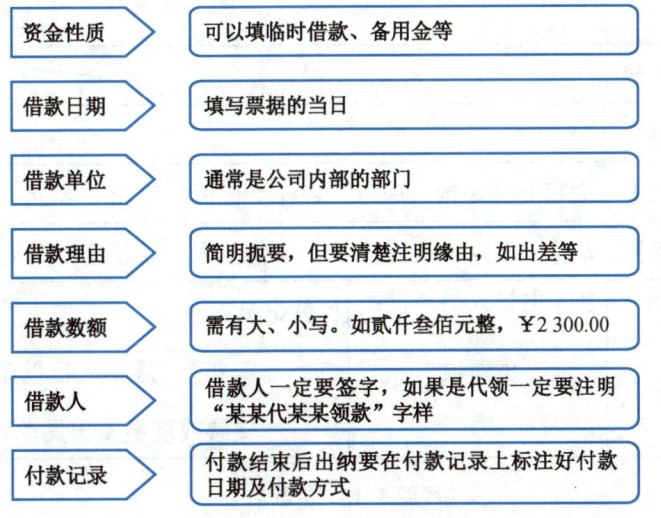

图 3-10 借款单

单据上具体填写方法和要求如下(见图 3-11)。

资金性质	可以填临时借款、备用金等
借款日期	填写票据的当日
借款单位	通常是公司内部的部门
借款理由	简明扼要,但要清楚注明缘由,如出差等
借款数额	需有大、小写。如贰仟叁佰元整、¥2 300.00
借款人	借款人一定要签字,如果是代领一定要注明"某某代某某领款"字样
付款记录	付款结束后出纳要在付款记录上标注好付款日期及付款方式

图 3-11 借款单填写注意事项

刚才我们在讲报销业务的时候也谈及"现金付讫"章。该章应该由出纳在借款单据或报销单据上盖，表明业务已用现金支付完成。该章可以让记账会计清楚支付方式，以便做账。

实训演练6　　销售部黄凯芸预借差旅费

销售部黄凯芸要到柳州出差，预借差旅费500元。手续已经办好了，单据在邹会计那里。出纳小白从邹会计那里拿来凭证（见图3-12、图3-13）。

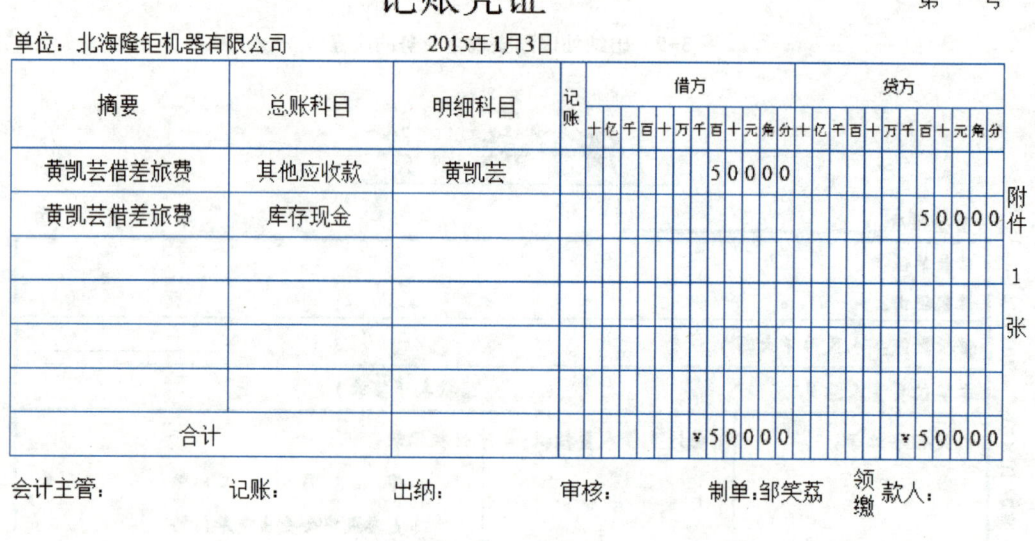

图3-12　记账凭证

图3-13　借款单

小白熟练地复核了一下夹好的凭证，包括记账凭证一张、原始凭证（借款单）一张，而且手续已经全部办理完备了。因为年底前已经把借款清了一遍,这天是 2015 年的第一个工作日,自然没有前款未清的现象。

黄凯芸接到通知,过来领款。她很熟练地在记账凭证右下角的"领/缴款人"处把"缴"划掉,并签了名。小白在借款单的"付款记录"那里写上了付款日期及方式,并盖上了"现金付讫"印章(见图 3-14)。

借 款 单

资金性质:_____				2015年 1月 3日	
借款部门:销售部					
借款理由:出差					
借款金额:人民币(大写) ⊗拾 ⊗万 ⊗仟 伍佰 零拾 零元 500.00					
本部门负责人意见:胡媛			借款人:(签章)黄凯芸		
公司负责人批示: 洪兵	会计主管人员核批: 程海枫		付款记录: 2015年 1月 3日以第　　号 支票或现金支出凭单付给		

(盖章:现金付讫)

图 3-14 已盖"现金付讫"字样的借款单

最后,白小白在《借款登记表》上登记了借款信息(见图 3-15)。

借款登记表(2015 年)

序号	日期	借款人	借款理由	借款金额	还款时间	备注
1	1月3日	黄凯芸	出差	500		
2						

图 3-15 借款登记表

> **白小白的分享:**
> 　　现金付款流程
> 　　先收到会计传递来的凭证——复核会计审核的借款单及记账凭证(主要核对签字是否完备)——支付现金——在借款单的"付款记录"处登记好——盖上"现金付讫"印章(所有报销单据,凡是已经现金付清的,都应该盖好"现金付讫"章)。

2. 报销业务

出纳人员办理现金支出业务时,其依据主要是发票、非经营性收据、往来收据以及内部结算使用的工资表、借款审批单等。出纳人员应当按照原始凭证的审查要求,仔细复核,并按规定程序办理支出事宜。具体程序见图 3-16 所示。

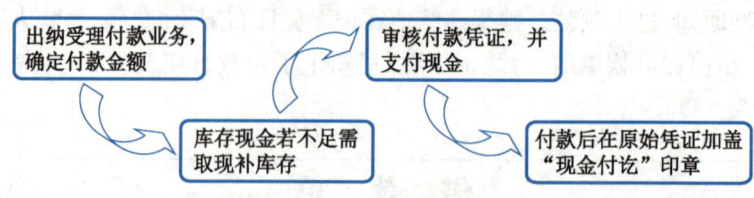

图 3-16　报销付款流程

此外,根据审核无误的原始单据办理现金支付时,出纳人员应进行复点,并要求收款人当面点清当面确认。如果是由收款人直接领取现金的,由其本人签收;如果是他人代为领款的,应在得到当事人的确认后,方可由代领人签收,并注明"某某代某某领款"字样,以明确双方责任。

那么符合什么要求的,出纳可以给报销?

作为现金支出业务的最后一关,出纳人员必须以严肃认真的态度进行处理,因为支出一旦发生失误,将会给单位造成难以追补的经济损失。出纳在给员工进行报销的时候,需要注意三个方面(见如图 3-17)。

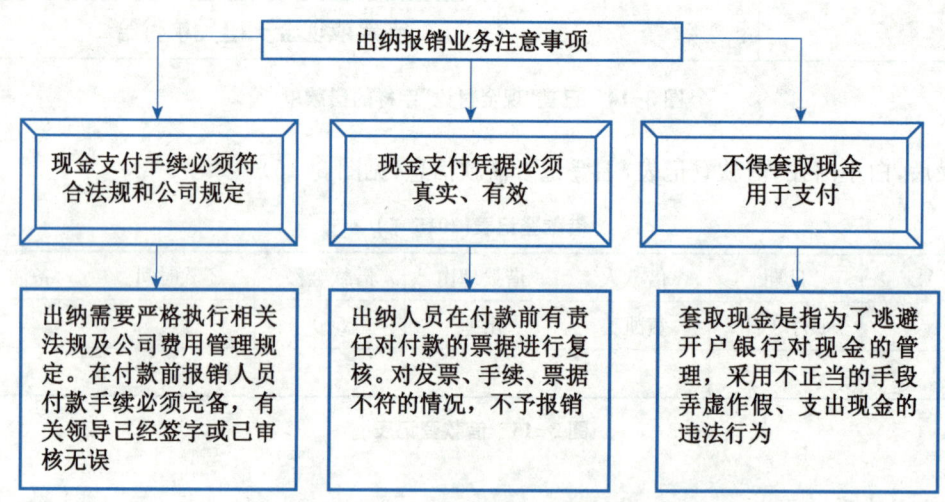

图 3-17　出纳处理报销业务注意事项

套取现金支付的情况出纳人员要特别注意,避免在工作中犯下这些错误。

- 编造合理用途(如差旅费、备用金的名义)超限额支取现金的行为。
- 利用私人或其他单位的账户支取现金的行为。
- 将公款转存个人储蓄的行为。
- 用转账方式通过银行或邮局汇兑、异地支取现金。
- 用转账凭证换取现金。
- 虚报冒领工资、奖金和津贴补助。

其实在报销业务中,报销的原始票据中发票是最常见的一种。目前我国常见发票分为五种(见图 3-18)。

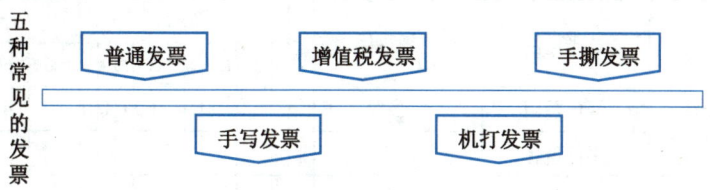

图 3-18　常见发票类型

发票是报销凭据中重要的原始凭证,作为出纳除了有一定辨识真伪的能力外,还要对发票的合规、有效性有充分掌握。例如,如果开具的发票连公司的全称都没有写正确,显然是无法给予报销,需要回原开票单位重新开票。报销单据的具体要求主要如图 3-19 所示。

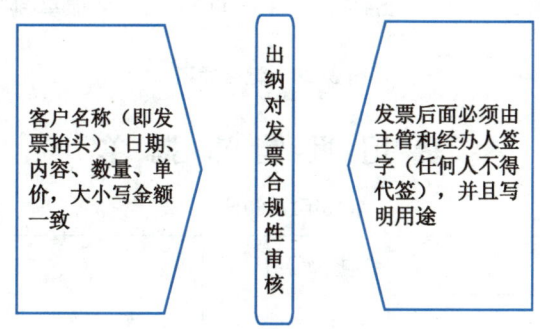

图 3-19　出纳对发票合规性审核内容

付款凭证上一定要有财务人员审核,相关部门负责人签字。出纳一定要对公司内部财务制度有充分解读。比如公司会规定,单笔报销金额超过一千,需要经公司总经理签字;单笔金额小于一千元,需要分管副总签字。

如果出纳对财务制度都不知悉,又如何要求报销的同事规范填写报销单据呢？所以一位称职的出纳要对公司的财务制度相当熟悉。

当然在实际工作中,也有负责人出差的原因未签字便先付款。这种情况出纳必须直接与负责人通话。不过,如果严格按照相关制度规定,这种情况是违规操作。对于公司治理规范的公司来说,这种情况是要杜绝的。

实训演练 7　行政部林玲报销招聘费

行政部新来的员工林玲来出纳室找小白办理报销业务了,小白熟练地开始审核凭证(包括:记账凭证、费用报销单、发票),如图 3-20 和图 3-21 所示。

白小白还疑虑了一下,怎么没拿去给领导签字呢？复核了才知道,有点先斩后奏,会计、分管副总是签字了,但是部门的领导还没签字呢。

"林玲,你们老大还没审批呢？"

"我们老大今天休假,明天才来上班。"

记账凭证

单位：北海隆钜机器有限公司　　　　　2015年1月20日　　　　　　　　　　　第　号

摘要	总账科目	明细科目	记账	借方 十亿千百十万千百十元角分	贷方 十亿千百十万千百十元角分	
林玲报销招聘费	管理费用	办公费		20000		附件1张
林玲报销招聘费	库存现金				20000	
合计				¥20000	¥20000	

会计主管：　　　记账：　　　出纳：　　　审核：　　　制单：邹笑荔　　　领/缴款人：

图 3-20　记账凭证

费用报销审批单

报销部门：行政人事部　　　　2015年1月20日　　　　　　单据及附件共 2 页

用途	金额（元）	备注	
招聘费	200.00		
		领导审批	洪兵
合计	200.00		

金额：⊗拾⊗万⊗仟 贰佰 零拾 零元 零角 零分　　原借款：　　　元　　应退余款：　　　元

复核　邹笑荔　　出纳　　　　　　　　　报销人　林玲　　　领款人　林玲

图 3-21　费用报销单

"那，不好意思了，只能等明天签完字后再付咯。"白小白严肃起来让人有点怕。

"好吧。"

第二天，林玲拿来了报销单，小心翼翼地说："白姐，这下可以了吗？"

"嗯，你在这里签下字"，小白指了下记账凭证的"领/缴款人"处。

随后，白小白还是和以前一样，在"费用报销单"的"出纳"处签字，并在报销单上盖上了"现金付讫"的印章。

第三章 现金业务的处理

> **白小白的分享：**
> 出纳备忘录：付款时，手续不完备的坚决不予办理。

> **白小白提示：**
> 付完款后加盖"现金付讫"章有个好处，就是避免了有时费用报销审批完毕，出纳库存现金不足时暂时未付的压单混乱，出纳压单多了，有时会忘记哪些已经付过，哪些未付。

PS. 什么是压单？

所谓的压单是指在此刻积压了两个或者两个以上的订单，且订单数目已经导致暂时或者在将来的某一段时间内不能按时完成或者结束。而这里出纳的"压单"指已经办完手续并交给了出纳，而出纳暂时未付的被"压"下来的"单"据。

> **小白如是说：**
> "吃了我的给我吐出来，拿了我的给我还回来。"
> 比如说，这次办业务借了1 000元，花了800元，但是你还需要借500元办业务，首先你必须把剩下的200元还了。每笔都要清，是为了财务好记账。"前款不清，后款不借"，一般都实行这种账务制度。

对于公司的资金而言，预借的款项如同石头，借出去多少，都要有"回音"。这个回音有两种：

① 借款人到借款期限如数偿还借款；
② 借款人用发票或其他有效票据报账，类似于报销冲账。

报账的时候，发票对于出纳而言即是现金。预支多少现金，借款人回来报账（也可以叫冲账）必须有等金额发票匹配。当然也有不对等的情况，也就是说借款人报账时候，拿来的发票与预借的金额不符（见图3-22）。

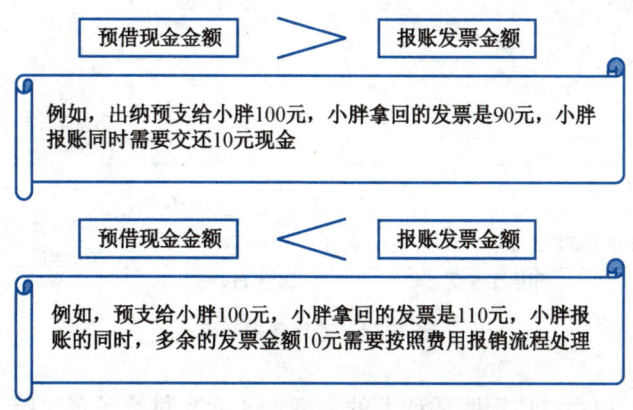

图3-22 出纳处理报账业务的操作方法

实训演练 8　销售部黄凯芸报销差旅费，冲减借款

销售部黄凯芸出差回来了，拿了几张"差旅费报销单"及"原始凭证粘贴单"（公司制度规定，差旅费必须在出差归来后三天内报至财务审核），到财务给会计审核，会计审核过了，还要找专管的公司副总签字，最后，出纳小白收到了会计传递过来的凭证（见图 3-23、图 3-24）——记账凭证一张、汇总原始凭证（差旅费报销单）一张、还有一沓贴在原始凭证粘贴单上的发票。

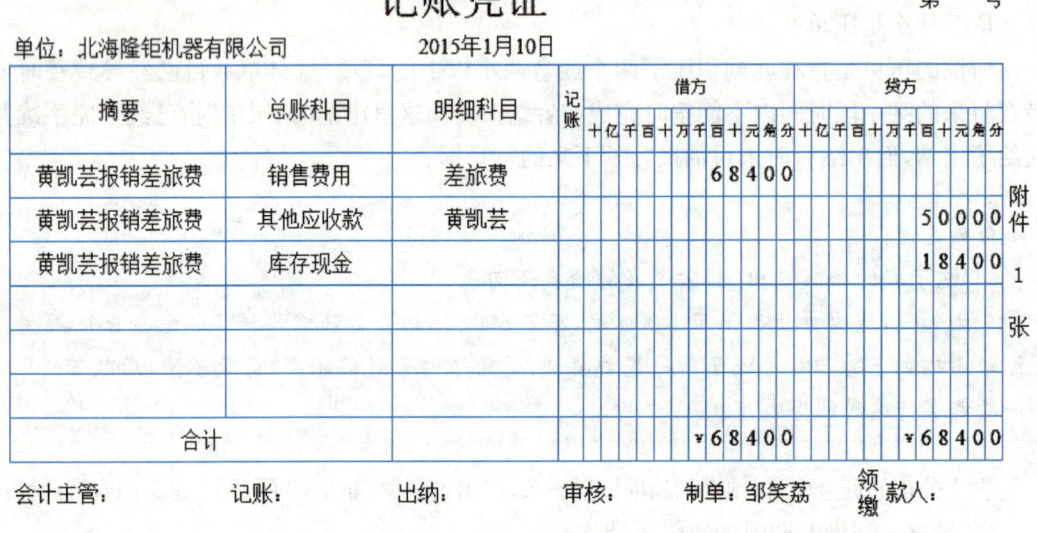

记账凭证

单位：北海隆钜机器有限公司　　2015年1月10日　　第　号

摘要	总账科目	明细科目	记账	借方	贷方
黄凯芸报销差旅费	销售费用	差旅费		684 00	
黄凯芸报销差旅费	其他应收款	黄凯芸			500 00
黄凯芸报销差旅费	库存现金				184 00
合计				￥684 00	￥684 00

会计主管：　　记账：　　出纳：　　审核：　　制单：邹笑荔　　领款人：

图 3-23　记账凭证

差旅费报销单

部门　销售部　　　　　　　　　　　　　　　　　　　　2015年1月10日

出差人					黄凯芸			出差事由		联系业务		
出发			到达		交通工具	交通费		出差补贴		其他费用		
月	日	时	地点	月	日	时	地点		单据张数	金额	天数	金额	项目	单据张数	金额
1	3		北海	1	3		南宁	汽车	2	70.00			住宿费	1	280.00
1	8		南宁	1	8		北海	汽车	2	70.00	5	250.00	市内车费	10	14.00
													邮电费		
													办公用品费		
													不买卧铺补贴		
													其他		
合计										140.00		250.00			294.00
报销总额	人民币（大写）		陆佰捌拾肆圆整（￥684.00）					预借旅费		￥500.00	补领金额	￥184
											退还金额	￥

主管 洪兵　　　审核 邹笑荔　　　出纳 白小白　　　领款人 黄凯芸

图 3-24　差旅费报销单

复核了单据后，白小白按记账凭证上的金额184元支付给了黄凯芸，然后在"差旅费报销单"上"出纳"处签上了自己的名字，并在报销单上盖了"现金付讫"的印章。

最后，白小白在《借款登记表》做了记录（见图3-25）。

借款登记表(2015 年)

序号	日期	借款人	借款理由	借款金额	还款时间	备注
1	1月3日	黄凯芸	出差	500	1月10日	报销684元,找补184元

图 3-25　借款登记表

> **白小白的分享:**
>
> 现金付款流程
>
> 先收到会计传递来的凭证——复核会计审核的报账单及记账凭证——按记账凭证上的"库存现金"贷方金额支付现金——在"差旅费报销单"上"出纳"处签章(所有报销单据,有出纳签章的,出纳应该签章完备)。

3.3.2　现金收入业务

现金收入核算,是各单位在其生产经营和非生产经营活动中取得现金的业务。其内容包括销售商品、提供劳务而取得现金的业务,提供非经营性服务而取得收入的业务以及其他罚没收入等。

1. 现金收取范围

各单位在办理有关经济业务时,可按国家有关制度和规定,在下列范围内收取现金。

① 从银行提取现金;
② 部门或职工交回差旅费余款、赔偿款、备用金退回款;
③ 收取单位或个人的不能转账的销售收入;
④ 不足转账起点(起点为1 000 元)的小额收入等。

除上述项目可直接收入现金外,其余款项原则上都必须通过银行转账结算。

2. 现金收入的处理程序

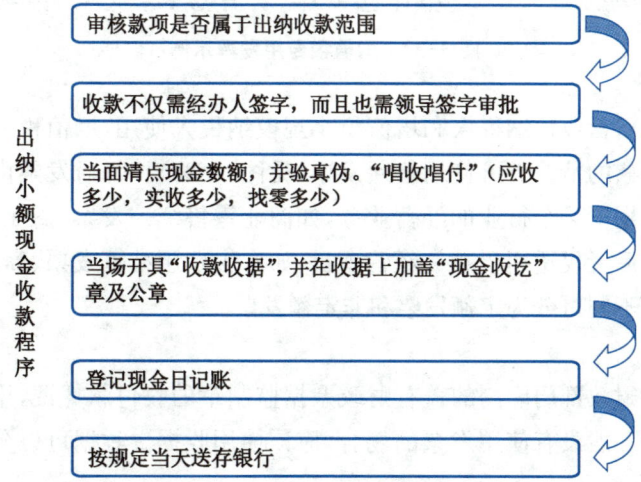

图 3-26　出纳小额现金收款程序

3. 现金收款业务涉及的原始凭证

企业收款业务涉及的相关单据主要有发票(包括普通发票以及增值税专用发票)和收据两种。

(1) 发票

增值税专用发票是由国家税务总局监制设计印制的,只限于增值税一般纳税人领购使用,既作为纳税人反映经济活动中的重要会计凭证,又是兼记销货方纳税义务和购货方进项税额的合法证明(见图3-27)。增值税专用发票基本联次为三联:第一联为记账联,销售方用作记账凭证;第二联为抵扣联,购货方用作扣税凭证;第三联为发票联,购货方用作记账凭证。

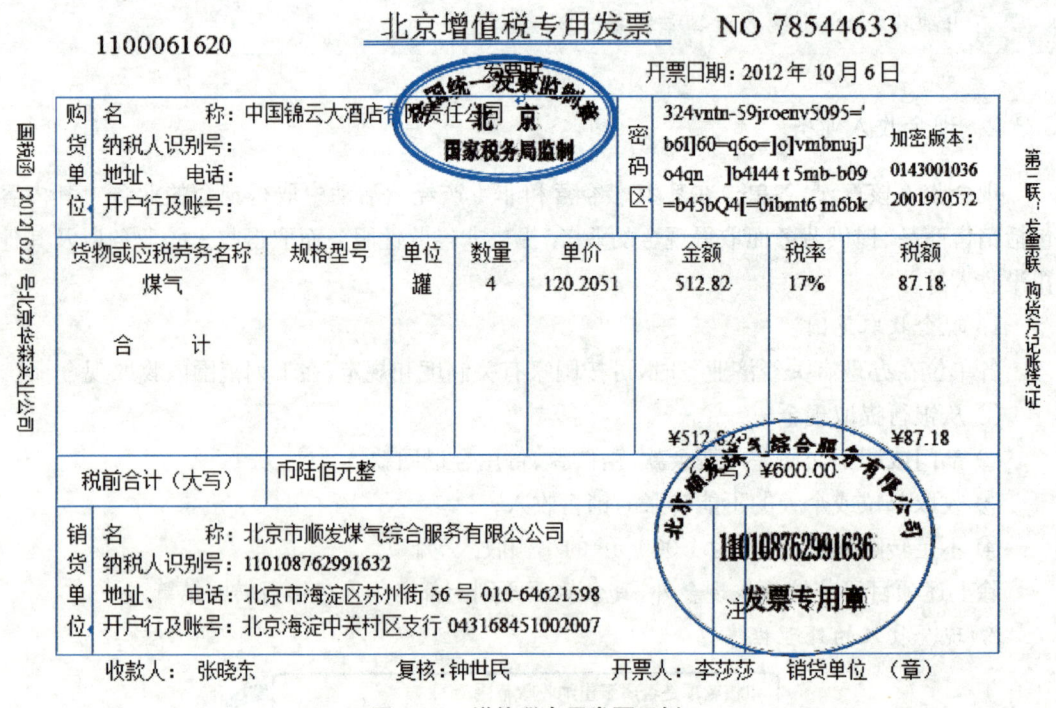

图 3-27 增值税专用发票示例

普通发票主要由营业税纳税人和增值税小规模纳税人使用,增值税一般纳税人在不能开具增值税专用发票的情况下可使用普通发票(见图3-28)。普通发票由行业发票和专用发票组成。前者适用于某个行业的经营业务,如商业零售统一发票、商业批发统一发票、服务业统一发票等。后者仅适用于某一经营项目,如广告费用结算发票、商品房销售发票等。普通发票按其面额不同可分为定额发票和非定额发票。

(2) 收据

收据主要是指财政部门印制的盖有财政票据监制章的收付款凭证,用于行政事业性收入,即非应税业务,一般没有使用发票的场合,应该使用收据。收据可以分为外部收据和内部收据。

收据一般为三联套写,第一联为存根联,开票单位存查;第二联为交款人收执,需加盖财

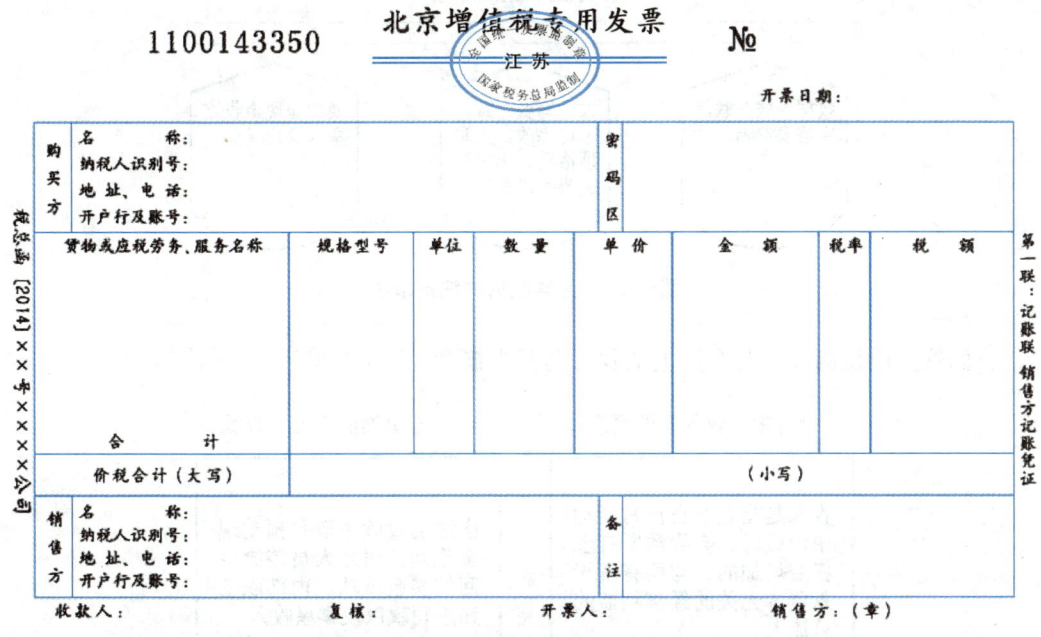

图 3-28 增值税普通支票示例

务专用章和现金收讫章;第三联为本单位记账依据,需加盖现金收讫章。在填开现金收款凭证时,如发生错误,应将该凭证保留在发票本上,并盖上"作废"章,以示注销,不得随意将错误凭证丢弃,或连同凭证存根一并撕去。

在收款的过程中,一些细节问题出纳也需要注意,比如收取零星销售货款时,必须看是否有销售单据或出库单等;收取员工还借款时,必须看是否有报销单等。

例如:王明镜个人,购买智达书店的 15 本书,每本书 38 元,共计 570 元。发票已由白小白的同事销售会计小方开具。同时白小白负责收款,并开收据(见图 3-29)。

图 3-29 收据示例

以前的收款收据都是在税务局购买的,现在一般的收款收据在办公用品店都能买得到。出纳在开具现金收款收据时,还应注意如下几点,见图 3-30。

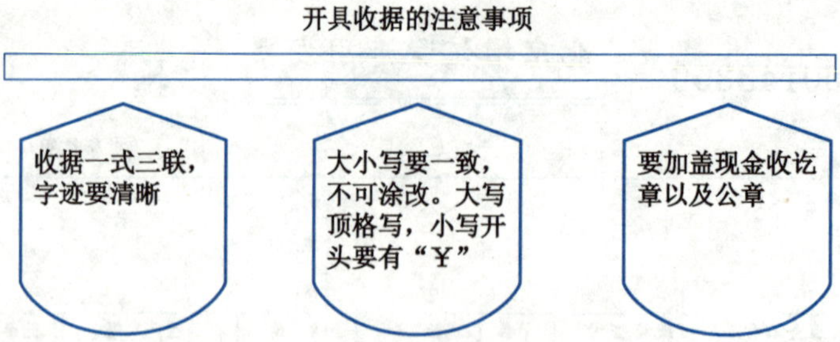

开具收据的注意事项

- 收据一式三联，字迹要清晰
- 大小写要一致，不可涂改。大写顶格写，小写开头要有"￥"
- 要加盖现金收讫章以及公章

图 3-30　开具收据的注意事项

我们这里所说的收款与会计上的收入是两个概念(见图 3-31)。

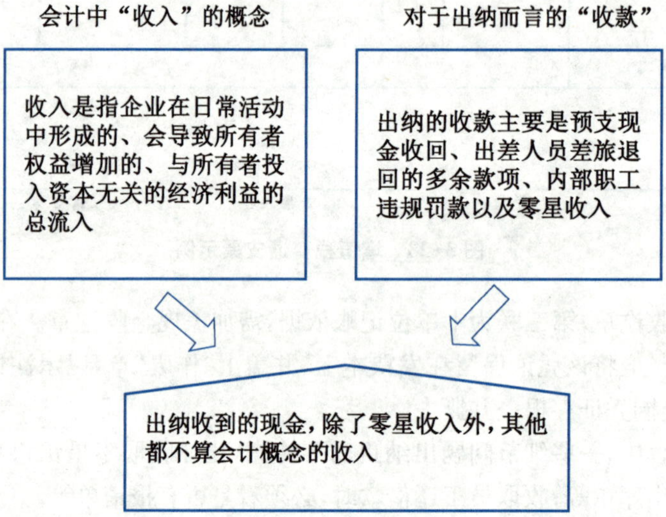

会计中"收入"的概念
收入是指企业在日常活动中形成的、会导致所有者权益增加的、与所有者投入资本无关的经济利益的总流入

对于出纳而言的"收款"
出纳的收款主要是预支现金收回、出差人员差旅退回的多余款项、内部职工违规罚款以及零星收入

出纳收到的现金，除了零星收入外，其他都不算会计概念的收入

图 3-31　收入概念的区分

为了加深出纳现金收款的理解，我们可以从现金流量表的一些项目上对公司现金流入的情况有一个大致了解。

一、经营活动产生的现金流量：
销售产成品、商品、提供劳务收到的现金
收到其他与经营活动有关的现金

二、投资活动产生的现金流量：
收回短期投资、长期债券投资和长期股权投资收到的现金
取得投资收益收到的现金
处置固定资产、无形资产和其他非流动资产收回的现金净额

三、筹资活动产生的现金流量：
取得借款收到的现金
吸收投资者投资收到的现金

图 3-32　现金流量表中部分现金流量项目

公司仅仅是一些小额零星收款是需要出纳收现金,即现金结算。其他都通过银行划转,也就是银行转账结算。

4. 现金收入业务的核算

在收到现金时,编制的收款凭证上借方科目为"库存现金",贷方科目则应根据收入现金业务的性质及会计制度的规定来确定。

(1) 经营业务收入

如工业企业的产品销售收入和其他业务收入。发生该业务时,应做会计分录:

借:库存现金
　　贷:主营业务收入(或其他业务收入)
　　　　应交税费——应交增值税(销项税额)

(2) 非经营业务收入

如企业的投资收入、营业外收入(如捐赠、罚款等)。发生该业务时,应做如下会计分录:

借:库存现金
　　贷:投资收益

或

借:库存现金
　　贷:营业外收入

(3) 预收现金款项业务

如企事业单位按照合同规定预收的定金等。预收款项可以通过"预收账款"核算,如果不设该科目,可以并入"应收账款"核算。收到预收账款时的会计分录为:

借:库存现金
　　贷:预收账款(应收账款)

(4) 其他现金收款业务

① 收到个人罚款、赔款时的会计分录

借:库存现金
　　贷:其他应收款

② 向其他单位或个人收取押金时的会计分录

借:库存现金
　　贷:其他应付款

3.3.3 现金支出业务

1. 现金使用范围

根据《中华人民共和国现金管理暂行条例》的规定,现金的使用范围包括以下几个方面。

① 职工工资、津贴,是指企事业单位和机关、团体、部队支付给职工的工资和工资性津贴。

② 个人劳务报酬,是指由于个人向企事业单位和机关、团体、部队等提供劳务而由企事业单位和机关、团体、部队等向个人支付的劳务报酬。

③ 奖金,是指根据国家的规定、条例,颁发给个人的科学技术、文化艺术、体育等方面的各种奖金。

④ 福利,是指各种劳保、福利费用以及国家规定的对个人的其他支出,如退休金、抚恤金、学生助学金、职工困难生活补助等。

⑤ 收购单位向个人收购农副产品和其他物资的价款。

⑥ 出差人员必须随身携带的差旅费。

⑦ 结算起点(1 000元)以下的零星支出。

⑧ 中国人民银行确定需要支付现金的其他支出。

2. 现金支付的处理程序

现金付款分为主动支付和被动支付两大类。

(1) 主动支付

现金主动支付是指出纳部门主动将现金付给收款单位和个人,如发放工资、奖金、薪金、津贴及福利等现金支出。主动支付现金的程序见图3-33。

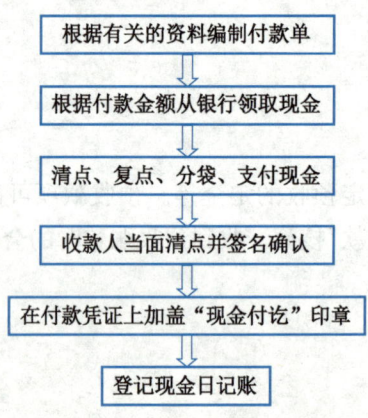

图3-33 主动支付现金的程序

在发放现金时,如果是直接发给收款人的,要当面清点并由收款人签收(签字或盖章);如果是他人代领或代为收款的,由代领人签收,而不得签未能到场领款的收款人名字。对出差或外出无法领取,又急于月末结账的款项,应由出纳员开具收据,暂收入账,不能单独存放保险柜不做处理。

(2) 被动支付

现金的被动支付,是指收款单位或个人持有关凭据到出纳部门领报现金。被动支付现金的程序见图3-34。

3. 现金支付核算

为了保证日常的现金支付,单位需要保存一定数额的库存现金。具体支付业务有如下几方面。

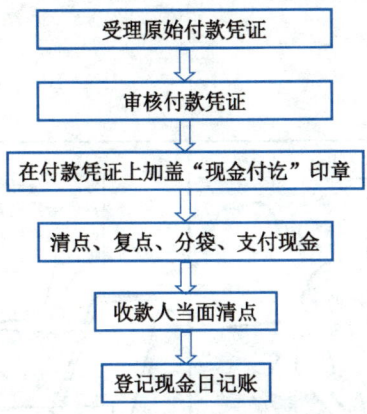

图 3-34 被动支付现金的程序

（1）工资发放业务

计算好工资后，就需从银行提取现金，出纳人员按每个员工的工资数或整个部门的工资总额进行发放，并附职工签收的工资发放清单。发放工资的会计分录为：

借：应付职工薪酬——应付工资
  贷：库存现金

（2）费用报销业务

企业单位在经营活动中将发生各种各样的费用，可持原始凭证到单位会计部门报销，出纳人员应认真审核这些开支是否符合各种规定，是否经有关人员批准。支付现金时的会计分录为：

借：管理费用（销售费用等）
  贷：库存现金

（3）预支现金款项业务

单位人员因公出差，如需预支差旅费，可先到财会部门领取并填写借款单，然后送所在部门领导和有关人员审查签字，出纳员凭手续完整、审核无误的借款单支付现金。支付现金时的会计分录为：

借：其他应收款——借款人
  贷：库存现金

出差人员持各种原始凭证如车票、住宿单等，根据单位的差旅费报销制度填制差旅费报销单，经批准后，到出纳处报销。

① 报销时，实际花费超过预支额的，会计分录为：

借：管理费用
  贷：其他应收款——借款人
    库存现金

② 报销时，实际花费小于预支额的，多余部分应退回财务部门。会计分录为：

借：管理费用
  库存现金
  贷：其他应收款——借款人

3.4 现金管理制度

3.4.1 现金收入管理的基本规定

1. 现金收入必须合法合理

各单位的现金收入有很多种来源,不管是哪种来源,都必须做到合法合理。从银行提取现金时,应在国家规定的使用范围和限额内开出现金支票,并注明用途,由本单位财务部门负责人签字并盖章,经开户银行审核后,才能支取。任何单位都不得编造用途套取现金。

在日常业务中收入现金时,必须符合国家规定的现金收入范围,不得在出售商品过程中,当金额超过结算起点时,拒收银行结算凭证而收取现金,或按一定比例搭配收取现金等。

2. 现金收入手续必须严格

非销售收入的现金收入应开具收款收据,即使有些现金收入已有对方付款凭证,也应开出收据给交款人,以明确经济责任。收入现金时,签发收据人和收款经手人按要求也应当分开,以防作弊。为了防止差错和引起纠纷,收入现金时必须坚持先收款,在当面清点现金无误后再开给交款人"收款收据",不能先开收据后收款。

3. 现金收入要坚持一笔一清

现金收入时,要清点完一笔,再清点另一笔,几笔现金收款不能一起办理,以免互相混淆或调换;现金收款时应与交款人当面点清,一笔款项未办理妥当,出纳不得离开座位;收款过程应在同一时间内完成,不准收款后,过一段时间再来开收据;对已完成收款的收据,应加盖

"现金收讫"字样。

4. 现金收入要及时送存银行

根据《中华人民共和国现金管理暂行条例》规定:"开户单位现金收入应当于当日送存开户银行,当日送存确有困难的,由开户银行确定送存时间。"因此,各单位在收入现金后,都应按开户银行核定的库存限额保管或使用现金,收取的现金若超出库存限额的现金,应及时送存银行,不准擅自从现金收入中坐支。

3.4.2 现金支付的原则

出纳人员必须以严肃谨慎的态度处理现金支付业务,因为一旦发生失误,将会造成不可追补的经济损失。现金支付主要有以下几个原则。

① 必须以真实、合法、准确的付款凭证为依据。
② 必须以谨慎严肃的态度来处理支付业务,宁可慢一些,也不能疏忽大意。
③ 必须以手续完备、审核无误的付款凭证为最终付款依据。
④ 现金支付时,应该当面点清,双方确认无误。
⑤ 不得坐支现金。

> **坐支现金**:从单位收入的现金中直接支付现金。
> 《中华人民共和国现金管理暂行条例》第十一条 开户单位支付现金,可以从本单位库存现金限额中支付或者从开户银行提取,不得从本单位的现金收入中直接支付(即坐支)。因特殊情况需要坐支现金的,应当事先报经开户银行审查批准,由开户银行核定坐支范围和限额。

对于我们个人而言,从别人那里收到的现金直接花掉无所谓。但是作为出纳在管理公司现金的时候,收到的现金是绝对不可以出现坐支行为。而是应将收款原封不动存入银行账户,当然这个过程需要填写银行的缴款单(见图3-35)。

中国工商银行现金缴款单(收入凭证)②

科目								年	月	日			对方科目		

收款单位	全称		款项来源	
	账号		缴款部门	

人民币(大写)									千	百	十	万	千	百	十	元	角	分

券别	张数	十万	千	百	十	元	角	分	券别	张数	千	百	十	元	角	分
壹佰元									伍角							
伍拾元									贰角							
贰拾元									壹角							
壹拾元									伍分							
伍元									贰分							
贰元									壹分							
壹元																

此联是收款人开户行记账凭证

图3-35 现金缴款单示例

现金缴款单要填的除了日期就是客户填写部分了。
① 收款人户名：填写单位的名称(一定要全名)。
② 收款人账号：填写单位在该银行的账号。
③ 收款人开户行：填写银行名称。
④ 缴款人：也就是经办人(日常出纳办理现金存入银行的手续写公司名称或者留空都可以)。
⑤ 款项来源：按实际填写，例如"存款""货款"等。
⑥ 金额：一般为人民币，就在那里打个勾；然后就是大小写了。关于张数的话一般可以不填。
通常我们将现金送交银行叫做送现，相对应的形式则称为取现(见图 3-36)。

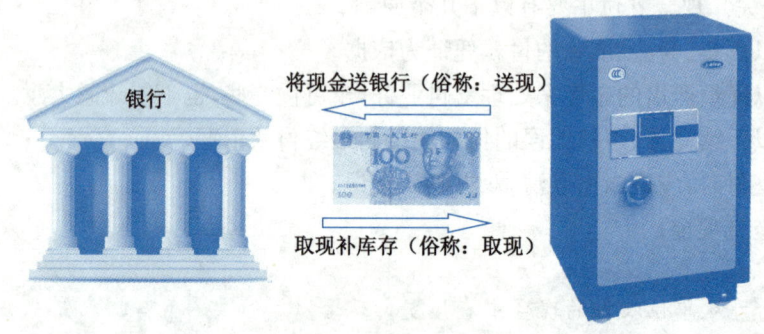

图 3-36 "送现"与"取现"示意

现金收款管理的原则

合法合理原则
收款来源、收款金额应该合法合理，销售或劳务收入由业务部负责人统一监控，其他收入由各部门负责人监控，最后经由财务负责人审核

账款分管原则
涉及现金收入的凭证，如发票、内部收据、财务专用章及发票专用章等，一定要指定专人负责开具、分别保管。会计需定期或不定期的对出纳分管的收据、库存现金进行盘点

日清月结原则
出纳工作是按时间分阶段进行处理和总结。出纳需对工作有时间概念，以保证出纳业务得到及时处理，出纳信息得到及时反映

图 3-37 现金收款管理原则

实训演练9　小白收到零星货款

"如果让欧洲人加班，那几乎是不可能的；如果让美国人加班，必须认真的给他讲清楚加

班补贴和调休等相关政策,他才有加班的可能;如果让中国人加班,有加班补助就早已感激涕零。"

2015年1月11日,周日,对于单休的白小白来说,这个周末又泡汤了,又不能睡到自然醒,又不能懒懒地窝沙发……本来周六正常上班对于财务部来说已经是不太正常了,银行对公、税务局都不办理业务,千百个不愿意,也没有个反抗的,看来还是来抵不过双倍加班费的诱惑。

既然上班了,就要有个上班的样,白小白很快调整了工作状态。

"小白童鞋,收韦老板货款1 500元",小黄路过了出纳室,这个时候,正是拿着"发货单"到财务老大那里盖章的呢。按理说,白小白应该是看到送货单才收款写收据的。可是,这个一般来说不会出错的,毕竟是收款不是付款,收款嘛——只要是最后补完手续就可以了。

收零星货款,对于白小白来说已经是习以为常了。唱收唱付更是游刃有余。白小白经常跑银行,很满意银行"站相迎、笑相问、双手接、快速办、双手递、热情送"的服务态度,白小白也把这十八字记于脑海。所以刚过试用期的她得到了大家的点赞。

收完款后,白小白熟练地写了收据,并要求交款人在"交款人"那里签了字(见图3-38)。

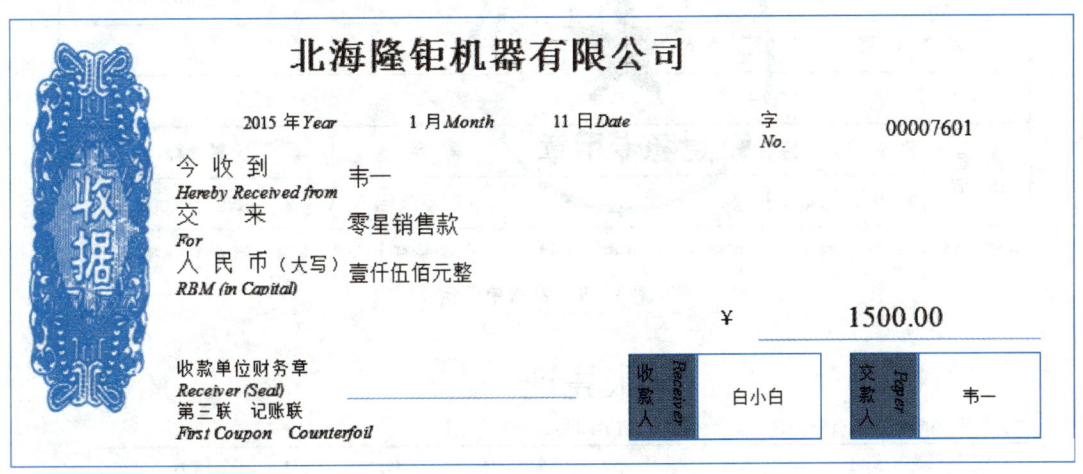

图3-38 收据示例

这时候,小黄也拿着盖好章的"发货单"过来了(见图3-39)。

"收据"有三联,一般盖章除了存根联不盖,剩下的客户联、记账联都得盖的。随后,白小白就拿着"发货单"及刚撕下的"收据"客户联到财务老大那里盖章了。

客户联自然是给客户的呢。盖好章后,白小白就双手递给了韦老板那张收据。

最后,白小白撕下了记账联,并与发货单一起别好交给会计做账。哪知道,会计邹邹早已把凭证给写好了(见图3-40)。

末了,白小白就收到了做好凭证一份,包括记账凭证、收款收据、送货单。当然,记账凭证在上面、原始凭证在下面。这里,记账凭证右小角的"领/缴款人"不签字也是可以的,毕竟钱已收。

北海隆钜机器有限公司发货单

发货时间	2015/1/11	合同编号	无	发货单号	201501110051
购货单位	名　称：韦一（个人）			联 系 人	韦一
	地　址：北海市			联系电话	18207790000

序号	产品名称	型号	数量	单位	单价	总金额
1	总成	630	1	台	￥1,500.00	￥1,500.00
2						
3						
4						
5						
合计						￥1,500.00

发票说明	不开发票
结算方式	现金

销货单位	名　称：北海隆钜机器有限公司	联 系 人	黄诗桦
	地　址：北海工业园	联系电话	0779-2200000

审核：黄凯兰　　发货人：黄晴　　制表：黄诗桦　　购货单位签收人（签章）：韦一

图 3-39　发货单示例

记账凭证

第　号

单位：北海隆钜机器有限公司　　2015年1月11日

摘要	总账科目	明细科目	记账	借方	贷方	
				十亿千百十万千百十元角分	十亿千百十万千百十元角分	
销售总成	库存现金			150000		附件2张
销售总成	主营业务收入				128205	
销售总成	应交税金				21795	
合计				￥　　　　　150000	￥　　　　　150000	

会计主管：　　记账：　　出纳：　　审核：　　制单：邹笑荔　　领缴款人：

图 3-40　记账凭证示例

实训演练 10　小白把当天收到的现金存进银行

白小白把时间安排得很合理:4 点半,开始每天的最后一次"跑银行",把当天收到的现金存进银行。白小白从保险柜把当天收到的 6 000 元货款整理好,顺手拿了一张"现金缴款单"(见图 3-41)。

中国农业银行 现金缴款单

年　　　月　　　日　　　序号:

客户填写部分	收款人户名			北海隆钜机器有限公司						收款人开户行	中国农业银行股份有限公司北海分行									
	收款人账号			20-705101040088888																
	缴款人									款项来源										
	币种	人民币☑	大写:							亿	千	百	十	万	千	百	十	元	角	分
		外币																		
	券别	100元	50元	20元	10元	5元	2元	1元			辅币（金额）									
	张数																			
银行填写部分	日期: 　　　　　日志号: 　　　　交易码:　　　　币种: 金额:　　　　　终端号:　　　　主管:　　　　柜员: 																			

图 3-41　现金缴款单示例

现金缴款单在银行大厅或柜台都有拿的,不用购买。每次白小白总会很快地填好了现金缴款单,不用说,方法很重要。原来,白小白已经在电脑里设置好了打印格式,所以每次拿回来空白的"现金缴款单"后,有时间的话总会先打印好已经设置好的收款人户名、收款人账号及收款人开户行。

所以每次填写现金缴款单,白小白只需填写日期、缴款人、款项来源及金额就可以了。现金缴款单不像现金支票那么麻烦,写错了重写就是。日期当然是填写当天的日期了,当然,也可以留空,到了柜台再写;单位现金存入的话,缴款人就写单位名称,现在就是把当天收到的钱存进银行,缴款单位就写上"北海隆钜机器有限公司";款项来源就根据实际的来填写,6 000 元是实际收到的货款,所以款项来源填上"货款";最后就是金额大小写,券别张数可写可不写。

不出 1 分钟,白小白就把单子填好了(见图 3-42)。

中国农业银行现金缴款单

2015 年 1 月 17 日　　序号：

<table>
<tr><td rowspan="7">客户填写部分</td><td>收款人户名</td><td colspan="2">北海隆钜机器有限公司</td><td></td><td></td></tr>
<tr><td>收款人账号</td><td colspan="2">20-705101040088888</td><td>收款人开户行</td><td>中国农业银行股份有限公司北海分行</td></tr>
<tr><td>缴款人</td><td colspan="2">北海隆钜机器有限公司</td><td>款项来源</td><td>货款</td></tr>
<tr><td rowspan="2">币种</td><td colspan="2" rowspan="2">人民币口
外币
大写：陆仟圆整</td><td colspan="2">亿千百十万千百十元角分</td></tr>
<tr><td colspan="2">¥　　　　6 0 0 0 0 0</td></tr>
<tr><td>券别</td><td>100元　50元　20元　10元　5元　2元　1元</td><td colspan="2"></td><td>辅币（金额）</td></tr>
<tr><td>张数</td><td>60</td><td colspan="2"></td><td></td></tr>
<tr><td rowspan="2">银行填写部分</td><td colspan="5">日期：　　　日志号：　　　交易码：　　　币种：</td></tr>
<tr><td colspan="5">金额：　　　终端号：　　　主管：　　　柜员：</td></tr>
</table>

图 3-42　填写好的现金缴款单示例

白小白总会在 4 点 45 分前到达银行，把业务办完。业务办完也没别的事，虽然来路无可眷恋，但不得不按来路返回公司了。"上班时间外出办私事者，一经发现，即扣除当月全勤奖，并给予警告一次的处分。"即使没这条规定，白小白也不会办私事。

回到公司，5 点刚过，会计邹邹已经把做好的凭证放在了白小白办公桌上（见图 3-43）。

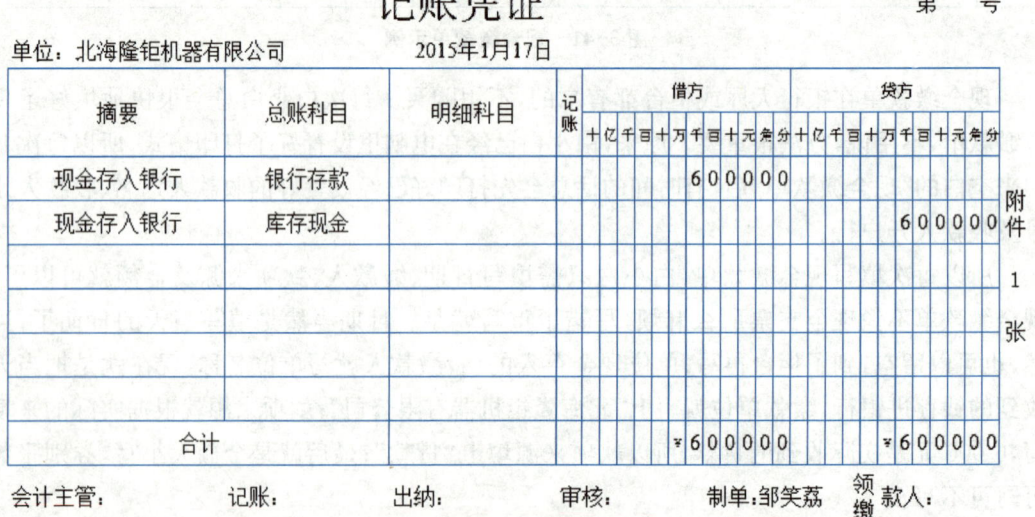

图 3-43　做好的记账凭证示例

> **白小白的分享：**
> 把能够做的事提前做好，可以大大提高工作效率。比如现金缴款单、进账单等，可以先把户名、账号、开户行填好。

3.5 现金清查

库存现金清查是为了保证账款相符，防止现金丢失和收支、记账时发生差错以及贪污盗窃、挪用公款等违法行为，对库存现金进行的盘点与核对。

3.5.1 现金清查方法

库存现金的清查包括出纳人员每日的清点核对、清查小组进行的定期和不定期的盘点与核对。库存现金清查的方法是实地盘点法，将库存现金实存数与现金日记账余额进行核对，清查结果填制"库存现金盘点报告单"。

不管哪一种盘点，流程都一样（见图3-44）。

盘点	正常盘点	抽盘
时间	下班前,登账完毕并结出余额	不规定,要出纳员停止办理业务
流程	出纳员将保险柜中现金取出,分门别类整理好	
	出纳员自行盘点、记录	出纳员盘点,如果是抽盘的,由监盘人做好记录
核对	实际盘点数应该与账面数相符,如果有未登账情况,应按"库存现金实有数+未登账的付款凭证金额-未登账的收款凭证金额=现金日记账账存余额"的公式进行核对	
根据需要出具《现金盘点报告表》,并由相关人员签字		

图 3-44 正常盘点与抽盘区别

3.5.2 现金差错原因

造成现金差错的原因有很多,有人为的责任性差错,也有事故性、技术性差错。具体原因分析见表 3-1。

表 3-1 现金差错原因

收款中造成差错的原因	桌面现金还未整理完毕,就接手收入的款项,把库存现金与业务办理人的款项相混淆
	前一笔款未收完,又接到第二笔,混淆了前后缴款者的款项
	收款中收款清点完毕,加总时出错,主要有看错券别、加错金额、看错大数、点错尾数
	心情烦躁,错点款项
	忘记将应退、找补的现金退还给交款人
	机器清点时,忘记夹在机器中的券别,会造成一捆多、一捆少的现象
	手工清点时,因业务较忙或急事待办,贪图快速点完,对折在中间或不同券别未能发现
付款中造成差错的原因	未看清凭证上的付款金额,凭印象付款
	付款时不用算盘或计算器加总金额,计算错误
	库存现金未按券别整理归类清楚,付款时粗心大意,没有复点
	付款时与别人说话或接电话,把凭证和款项一起交给收款人
	付款后,没有及时在原始凭证上加盖付讫章,清点时出错

出纳人员在办理现金收付业务中,应认真仔细,做到账款无差错。但也避免不了例外,所有的库存现金盘盈/亏在查实了账证相符、账账相符后,都会有原因,这种情况下出纳人员不得擅自用长款抵补短款,应立即查明原因,及时更正,并按有关规定进行处理(见图 3-45、图 3-46)。

实训演练 11　小白填写现金盘点表

现金盘点简单,填写现金盘点表就更简单了,把日期、盘点的数据、账上的数据填上就完成了(见图 3-47)。一般抽盘的话是在出纳没准备的条件下进行的,所以还要把已收已付未记账的给填上。

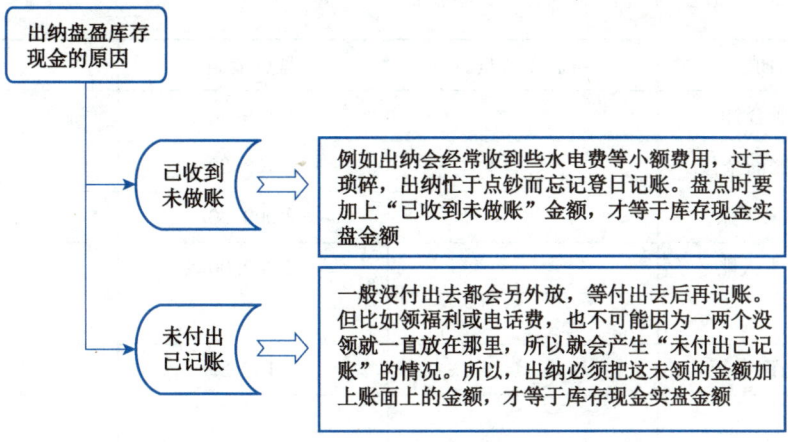

图 3-45　出纳盘盈库存现金的原因

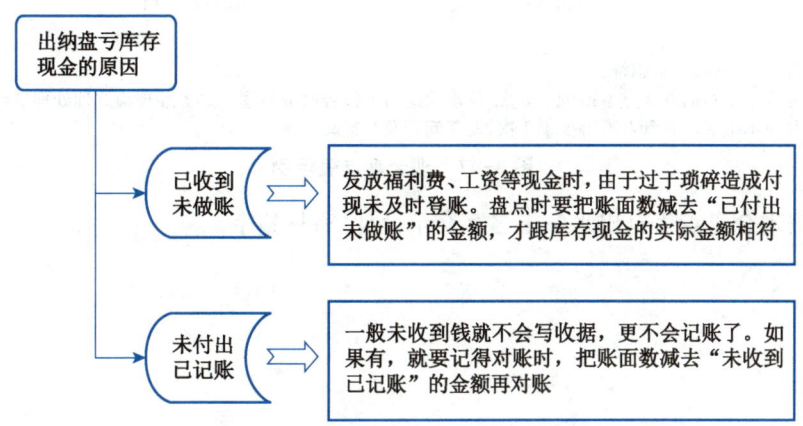

图 3-46　出纳盘盈库存现金的原因

隆钜公司财务中心现金盘点表

盘点时间：2015 年 4 月 23 日

盘点面值	盘点数量	盘点金额	备注
100 元	8	800.00	
50 元	3	150.00	
20 元	4	80.00	
10 元	6	60.00	
5 元	3	15.00	
2 元		—	
1 元	1	1.00	
0.5 元	5	2.50	
0.1 元		—	

（续表）

盘点面值	盘点数量	盘点金额	备注
盘点金额合计		1 108.50	
当日现金账面余额		1 408.29	
加：已收未入账		2 000.00	
减：已付未入账		2 300.00	
调整后账面余额		1 108.29	
差异金额		0.21	

审核人： 盘点人： 出纳：白小白

现金管理要求：
1、出纳每日自盘1次，做到账实相符。
2、主管会计每月应不定期抽查盘点不得少于5次，发现问题当天报告财务经理。财务经理应立即处理事件。
3、账务经理每月应不定期抽查盘点不得少于1次，发现问题及时整改。

图 3-47 现金盘点表示例

最后，把现金盘点表打出来签上名字交给会计，审核签字。

第四章 银行账户种类与转账结算

【情境导入】

2016年10月9日,A企业的财务科长持有关证件到X银行办理基本存款账户开立手续,X银行工作人员审查了其开户的证明文件,并留存相关证件的复印件,为其办理了基本存款账户开户手续。同日,该财务科长持以上证件和Y银行的贷款合同到Y银行开立了一个一般存款账户。10月10日,该财务科长携带该企业的印鉴到X银行营业部购买了转账支票一本,并当场签发金额12 000元的转账支票,填写了进账单。支票和进账单的收款人为在X银行开户的B企业,X银行的工作人员审查完毕后当场办理了该支票的转账手续。10月11日X银行账户工作人员携带A企业的基本存款账户开户资料向当地人民银行报送,申请核准。

思考

1. X银行和Y银行的做法是否符合有关账户管理的规定?
2. 你认为应如何办理银行账户的开立?

4.1 银行存款账户

银行存款账户是各单位为办理结算和申请贷款在银行开立的户头,也是单位委托银行办理信贷和转账结算以及现金收付业务的工具,它具有反映和监督各单位经济活动的作用。根据《银行账户管理办法》的规定,企业、事业行政单位开立的存款账户,包括以下几种类型。

① 基本存款账户。凭当地中国人民银行核发的开户许可证,一个单位只能选择一家银行的一个营业机构开立一个基本存款账户,用以办理日常转账结算和现金收付。工资、奖金等现金的支取,只能通过这个账户办理。

② 一般存款账户。在基本存款账户以外的银行取得借款的、与基本存款账户不在同一地点的附属非独立核算单位,经开户银行审核同意,可开立一般存款账户。这个账户可以办理转账结算和现金缴存,不能办理现金支取。

③ 临时存款账户。外地临时机构为临时经营活动的需要,经开户银行审核同意,可开立临时存款账户。这个账户可办理转账结算,并根据国家现金管理的规定办理现金收付。

④ 专用存款账户。有关基本建设、更新改造以及特定用途需要专户管理的资金,经开户银行审核同意,可开立专用存款账户。

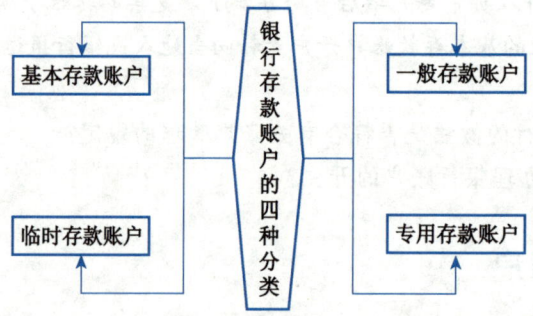

图 4-1 银行存款账户的四种分类

4.1.1 基本存款账户

单位需首先开设基本存款账户。基本存款账户的特征如图 4-2 所示。

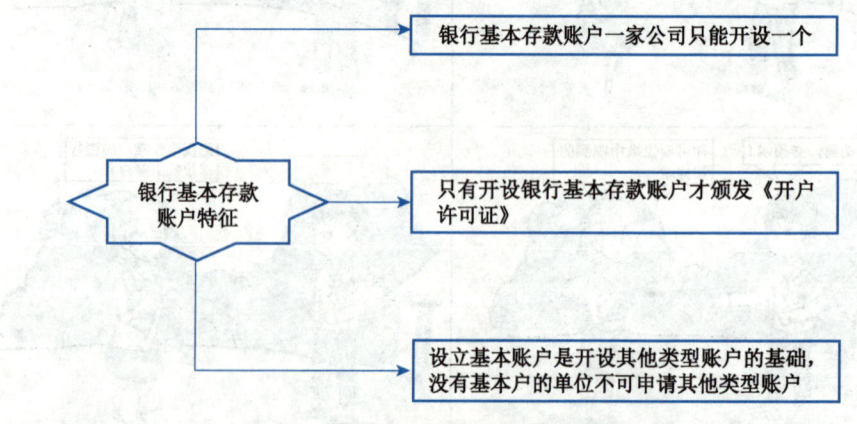

图 4-2 银行基本存款账户的特征

1. 申请基本存款账户需要的文件

存款人申请开立基本存款账户的,应填制开户申请书,提供规定的证件,送交盖有存款人印章的印鉴卡片,经银行审核同意,并凭中国人民银行当地分支机构核发的开户许可证,即可开立该账户。

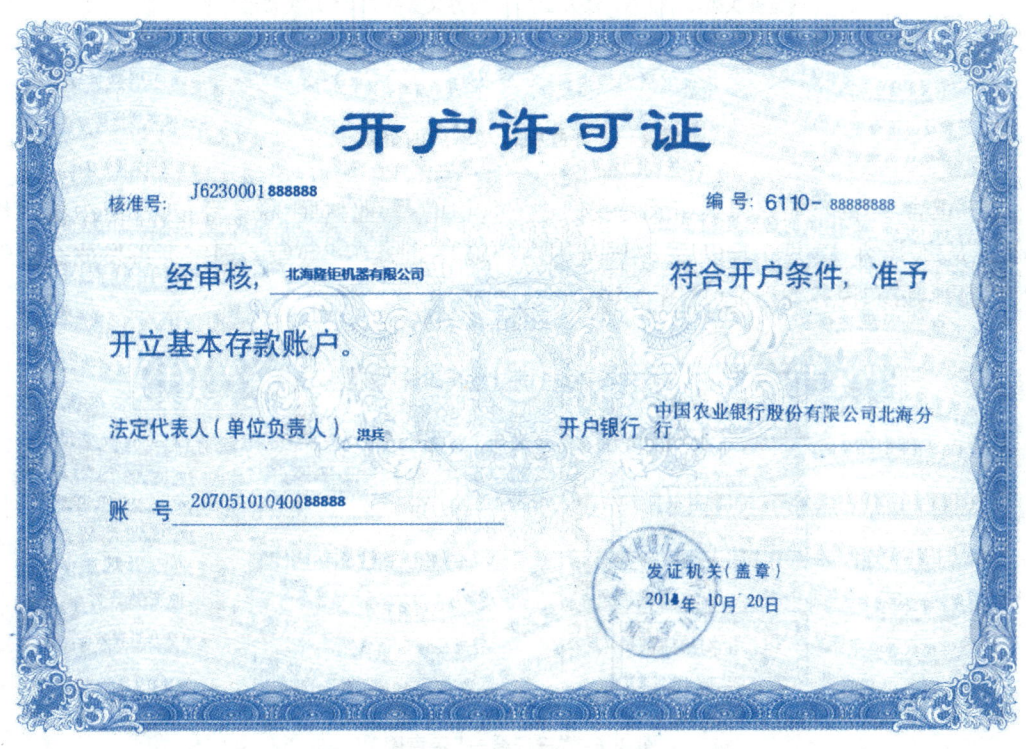

图 4-3　开户许可证示意图

也就是说,一家公司进行工商注册完成后,要去银行开设基本存款账户。该账户最终要有中国人民银行,也就是中国央行审批。那么中国人民银行是家什么银行呢(见图 4-4)?

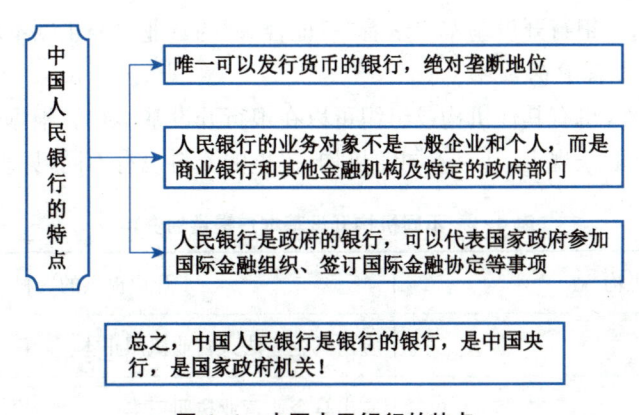

图 4-4　中国人民银行的特点

开立基本账户需要的资料如图 4-5 所示。

```
                   开立银行基本户的资料
    ┌──────────┬──────────┬──────────┬──────────┐
    "三证合一"    公章、财务   法人代表及    开户所需的
    的营业执照,   章、法人章   经办人身份    相关费用
    正本和副本及              证原件及复
    复印件                    印件
```

图 4-5　开立银行基本户的资料

"三证合一"的营业执照其实就是我们过去常说的：营业执照、税务登记证、组织机构代码证。从 2015 年 10 月 1 日以后,全国范围内实施"三证合一"政策。国家不再发放企业组织机构代码证和税务登记证(见图 4-6)。

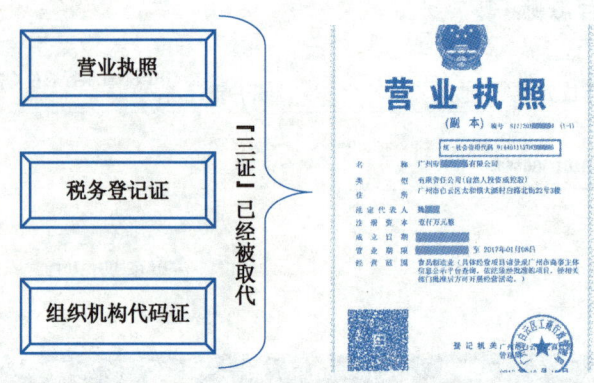

图 4-6　"三证合一"示意图

"三证合一、一照一码"之后,公司将由工商行政管理部门核发一个加载法人和其他组织统一社会信用代码的营业执照。实行"三证合一、一照一码"改革后,企业的组织机构代码证和税务登记证不再发放。企业原需要使用组织机构代码证、税务登记证办理相关事务的,一律改为使用"三证合一、一照一码"改革后的营业执照办理。

对于出纳而言,去银行开设基本户拿着"三证合一"的营业执照正副本就可以了。

2. 申请基本存款账户的条件

除了公司法人外,也有其他机构或组织可以在银行开设基本户。根据《人民币银行结算账户管理办法》第十七条规定,针对不同的机构,提供的资料也有不同(见表 4-1)。

表 4-1　不同机构开设基本户提供的资料

机构	开户提供的资料
企业法人	应出具企业法人营业执照正本
非法人企业	应出具企业营业执照正本

(续表)

机构	开户提供的资料
机关和实行预算管理的事业单位	应出具政府人事部门或编制委员会的批文或登记证书和财政部门同意其开户的证明;非预算管理的事业单位,应出具政府人事部门或编制委员会的批文或登记证书
军队、武警团级(含)以上单位以及分散执勤的支(分)队	应出具军队军级以上单位财务部门、武警总队财务部门的开户证明
社会团体	应出具社会团体登记证书,宗教组织还应出具宗教事务管理部门的批文或证明
民办非企业组织	应出具民办非企业登记证书
外地常设机构	应出具其驻在地政府主管部门的批文
外国驻华机构	应出具国家有关主管部门的批文或证明;外资企业驻华代表处、办事处应出具国家登记机关颁发的登记证
个体工商户	应出具个体工商户营业执照正本
居民委员会、村民委员会、社区委员会	应出具其主管部门的批文或证明
独立核算的附属机构	应出具其主管部门的基本存款账户开户登记证和批文
其他组织	应出具政府主管部门的批文或证明

3. 开立基本存款账户的流程

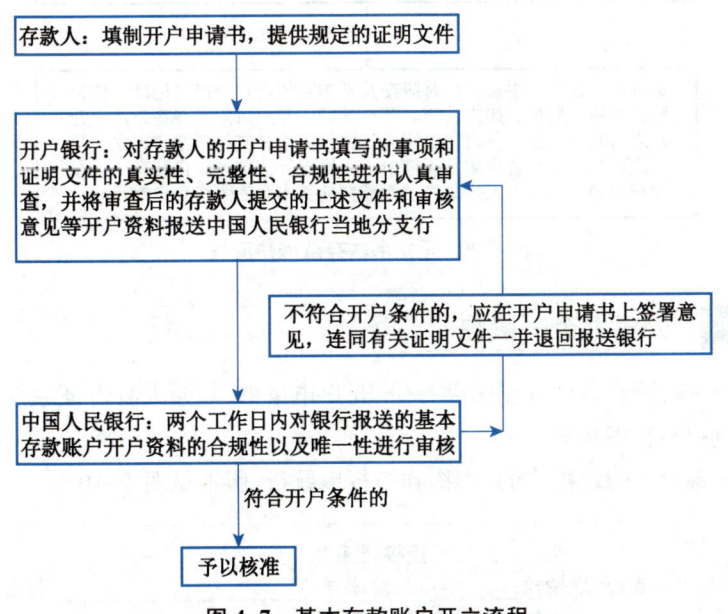

图 4-7 基本存款账户开立流程

4.1.2 一般存款账户

一般存款账户简称一般户,是指存款人因借款或其他结算需要,在基本存款账户开户银行以外的银行营业机构开立的银行结算账户(见图 4-8)。

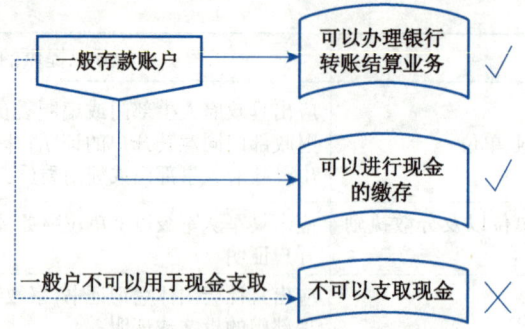

图 4-8　银行一般存款账户的作用

存款人开立一般存款账户没有数量限制，存款人可自主选择。但是，需要明确的是，一般存款账户不能在存款人基本存款账户的开户银行开立。

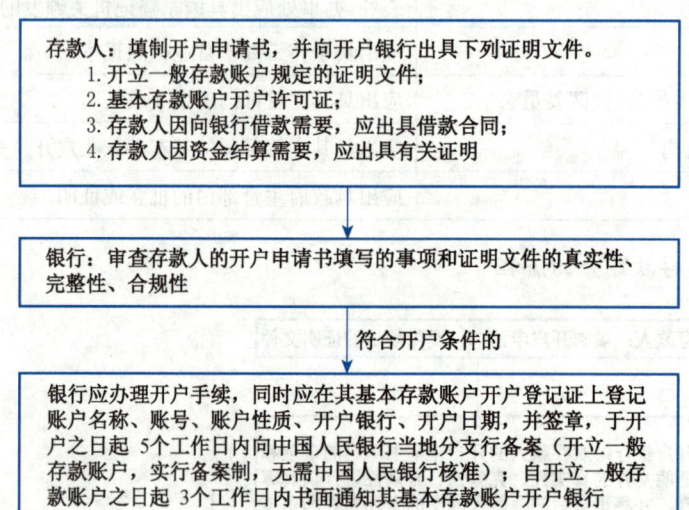

图 4-9　开立基本存款账户流程

实训演练 12　公司办个一般户

开立一般户需要开户许可证复印件一份、开户申请书、经办人身份证原件及复印件。除此之外还需要授权委托书和申请书。

授权书有的银行有规定格式的，直接到银行填就行，版本见图 4-10。

```
                      授权委托书
    中国工商银行北海支行：现授权_____,身份证号：_____前去贵行办理我公
司开户相关事宜,授权人_____（法人）。
    授权日期：
                                                        单位（公章）：
                                                        法人（章）：
                                                        申请日期：
```

图 4-10　授权委托书

申请书用电脑打印一份或者手写一份,但必须都加盖公章才有效(见图 4-11)。

申请书

中国工商银行北海支行

　　兹有北海隆钜机器有限公司为便于业务结算,需要在贵行开设一个一般账户,特此申请,望予以批准。

申请人:北海隆钜机器有限公司
申请日期:2015 年 1 月 6 日

图 4-11　申请书

4.1.3　临时与专用存款账户

1. 临时存款账户

临时存款账户是企业因临时经营活动需要开立的账户,企业可以通过本账户办理转账结算和根据国家现金管理的规定办理现金收付。比如过去公司在进行工商注册的时候需要进行验资,投资人需要将款项存在银行的临时存款账户,工商注册流程完成后,公司的临时存款账户可以转为基本存款账户。

根据《人民币银行结算账户管理办法》第十四条规定,有下列情况的,可以申请开立临时存款账户:①设立临时机构,例如设立工程指挥部、筹备领导小组、摄制组等。②异地临时经营活动,例如建筑施工及安装单位等异地临时经营活动。③注册验资。

根据《人民币银行结算账户管理办法》第二十一条规定,存款人申请开立临时存款账户,应向银行出具下列证明文件,如表 4-2 所示。

表 4-2　不同机构开立临时存款账户提供的资料

机构	提供资料
临时机构	应出具其驻在地主管部门同意设立临时机构的批文
异地建筑施工及安装单位	应出具其营业执照正本或其隶属单位的营业执照正本,以及施工及安装地建设主管部门核发的许可证或建筑施工及安装合同
异地从事临时经营活动的单位	应出具其营业执照正本以及临时经营地工商行政管理部门的批文
第二、三项还应出具其基本存款账户开户登记证	

开设临时存款账户的程序与其他账户是一样的,都是根据《人民币银行结算账户管理办法》的规定。

银行在办理临时存款账户开户手续时,同时应在其基本存款账户开户许可证上登记账户名称、账号、账户性质、开户银行、开户日期,并签章。但临时机构和注册验资需要开立的临时存款账户除外。银行自开立临时存款账户之日起 3 个工作日内应书面通知基本存款账户开户银行。

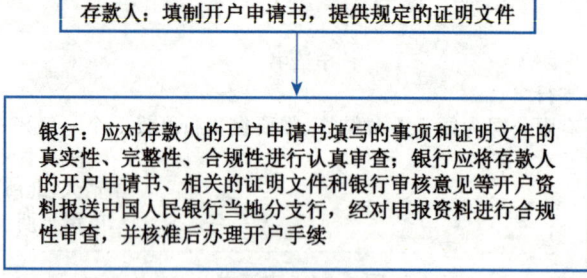

图 4-12　开立临时存款账户流程

2. 专用存款账户

是存款人按照法律、行政法规和规章，对其特定用途资金进行专项管理和使用而开立的银行结算账户。专用账户是可转账结算和现金收付的。

根据《人民币银行结算账户管理办法》第十三条规定，对下列资金的管理与使用，存款人可以申请开立专用存款账户：①基本建设资金。②更新改造资金。③财政预算外资金。④粮、棉、油收购资金。⑤证券交易结算资金。⑥期货交易保证金。⑦信托基金。⑧金融机构存放同业资金。⑨政策性房地产开发资金。⑩单位银行卡备用金。⑪住房基金。⑫社会保障基金。⑬收入汇缴资金和业务支出资金。⑭党、团、工会设在单位的组织机构经费。⑮其他需要专项管理和使用的资金。

收入汇缴资金和业务支出资金，是指基本存款账户存款人附属的非独立核算单位或派出机构发生的收入和支出的资金。

因收入汇缴资金和业务支出资金开立的专用存款账户，应使用隶属单位的名称。开立专用存款账户程序见图 4-13。

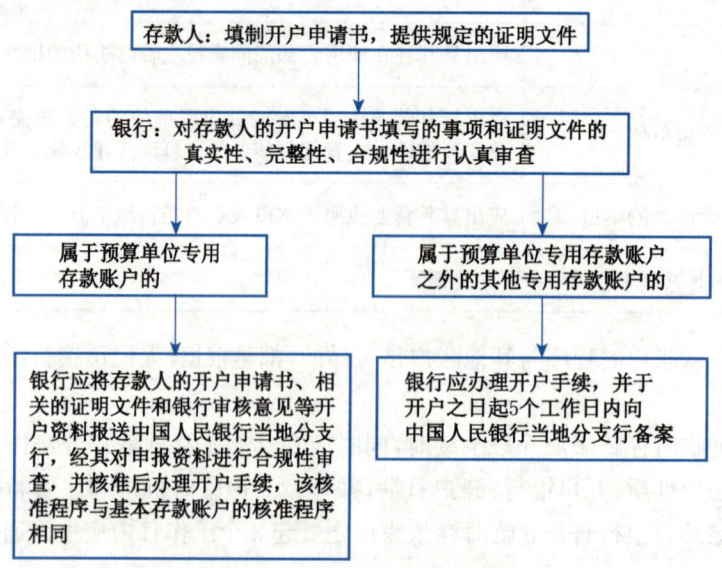

图 4-13　开立专用存款账户流程

银行在办理专用存款账户开户手续时,同时应在其基本存款账户开户登记证上登记账户名称、账号、账户性质、开户银行、开户日期,并签章,自开立专用存款账户之日起3个工作日内书面通知基本存款账户开户银行。

4.1.4 银行账户的后续管理

银行账户的管理与维护包括银行账户的年检、变更、注销等事项。

1. 银行账户年检

银行账户年检是指开户银行按年度根据存款人提交的账户年检资料,对已开立的人民币单位银行结算账户的合规性、合法性和账户信息、账户资料的真实性、有效性进行审核确认,同时与人民币银行结算账户管理系统中已存信息进行比对,确认是否相符,并在账户系统中标注年检标识的行为(见图4-14)。

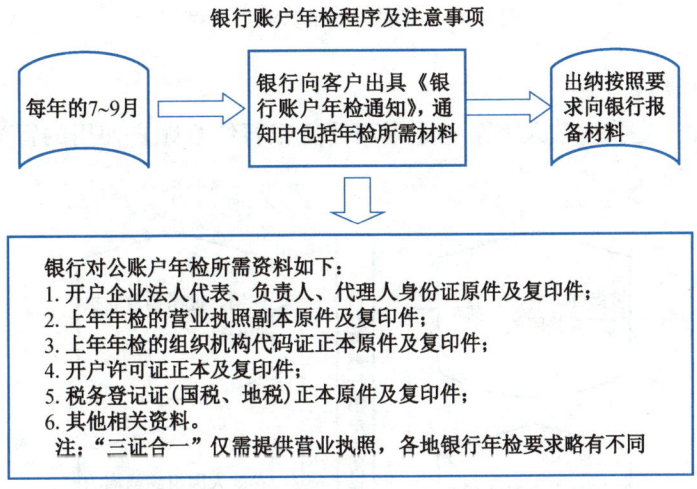

图4-14 银行账户年检程序及注意事项

现在,也有部分地区可以在网上进行账户年检了,登录平台填写相关资料并上传相关证件,直接在网上提交至银行审核。大大减少出纳"跑银行"的次数。

2. 银行账户变更

公司经营过程中,难免会出现诸如名称、法人代表等基础事项变更。出现这些变化后,银行存款账户中的一些基础信息也需要与工商、税务部门保持一致。

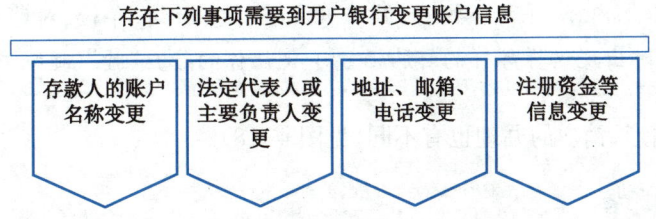

图4-15 需要到开户银行变更账户信息的情况

出纳人员需要根据《人民币银行结算账户管理办法》的规定来办理银行账户的变更。

> 《人民币银行结算账户管理办法》
>
> 　　第四十六条　存款人更改名称，但不改变开户银行及账号的，应于5个工作日内向开户银行提出银行结算账户的变更申请，并出具有关部门的证明文件。
>
> 　　第四十七条　单位的法定代表人或主要负责人、住址以及其他开户资料发生变更时，应于5个工作日内书面通知开户银行并提供有关证明。
>
> 　　第四十八条　银行接到存款人的变更通知后，应及时办理变更手续，并于2个工作日内向中国人民银行报告。

变更银行结算账户的业务流程见图4-16。

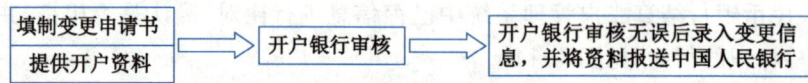

图4-16　变更银行结算账户流程

3. 银行账户撤销

撤销银行账户，是指存款人因某些原因而终止银行结算账户使用的行为。需办理账户撤销的情况见图4-17。

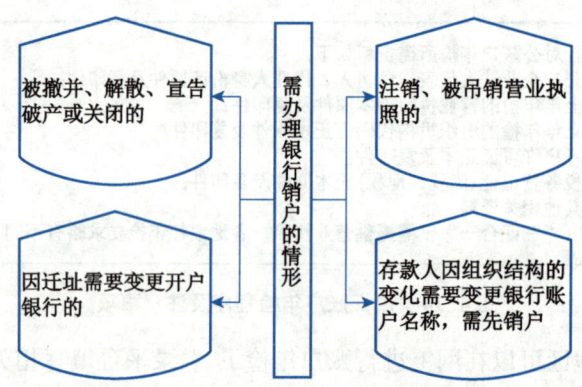

图4-17　需办理银行销户的情形

> **小白如是说：**
> 　　银行对账户的管理包括人民银行的管理与开户银行的管理两方面的内容。出纳要做的，就是熟悉以上内容，并配合银行，做好开立、变更、撤销、年检、对账等业务，以免办理银行结算业务时出现这样那样的绊脚石。不要让你的账户"睡"（睡眠户）了。

对于不同的情形，销户的办理也有不同（见图4-18）。

4.1.5　银行预留印鉴

银行账户开立过程中一个重要步骤是预留印鉴，那么预留银行印鉴包括什么呢（见图4-19）？

第四章　银行账户种类与转账结算

销户情形	销户时间	销户办理
被撤并、解散、宣告破产或关闭的； 注销、被吊销营业执照的	于5个工作日内向开户银行提出撤销银行结算账户的申请	存款人：填写撤销银行结算账户申请书并加盖单位公章、预留的银行印鉴等 核对：必须与开户银行核对银行结算账户存款余额，交回各种重要空白票据及结算凭证和开户许可证 银行：银行在收到存款人撤销银行结算账户的申请后，对于符合销户条件的，应在2个工作日内办理撤销手续
因迁址需要变更开户银行的； 其他原因需要撤销银行结算账户的	撤销基本存款账户后，需要新开立基本存款账户的，应在撤销其原基本存款账户后10内申请重新开立基本存款账户	注：撤销时，如还开办有一般存款账户、专用存款账户、临时存款账户，应先撤销这些账户并将账户中的资金转入基本存款账户后，才可以办理基本存款账户的撤销

图 4-18　银行账户销户情况和办理方法

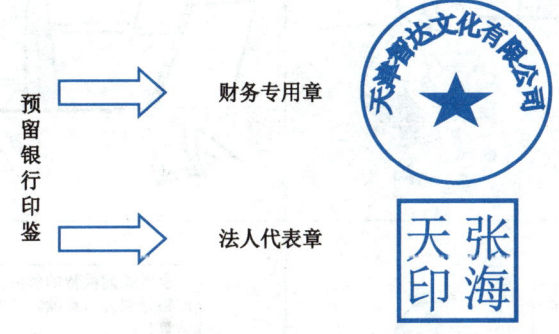

图 4-19　预留银行印鉴示意

> **小白必是说：**
> 　　通常情况下，财务专用章是圆形，法人代表章是方形。这一方一圆两枚章不禁让我们联想到那句话：无规矩不成方圆！从这一点也可以看出我们财务工作需要缜密与严谨！

　　这两枚章刻好后在银行进行备案。在开户行会提供一张"银行预留印鉴卡片"，在上面要盖上公司的财务章与法人章，然后交回开户银行。银行通过电子扫描将卡片上的预留印鉴扫到电脑系统中，以后出纳每次提现、转账都需要通过电子设备来验证支票上的财务与法人章印记是否与预留印章一致，即使有一点纰漏系统都过不去，该支票要作废重新开具。

　　各单位因印章使用日久发生磨损，或者改变单位名称、人员调动等原因需要更换印鉴时，应填写"更换印鉴申请书"，由开户银行发给新印鉴卡。单位应将原印鉴盖在新印鉴卡的反面,将新印鉴盖在新印鉴卡的正面,并注明启用日期,交开户银行。在更换印鉴前签发的支票仍然有效。

朋友们思考下,预留印鉴能放出纳那里吗?

> **白小白提示:**
> 在具体的操作中,财务章在财务主管处保管,法人章在出纳处保管,使用的时候要登记,相关领导责任人要签字确认,以达到互相制约监督的目的。由此可见,财务工作不能图方便或依赖个人感情,一切都要以制度为先!达到相互制衡!

4.2 银行结算与现金结算

经济业务的发生必然伴随资金往来,结算的概念也由此而来!在第三章,小白和菜农之间,一手付钱,一手交白菜,是典型的现金结算。而这次小白用借记卡结账,如同公司与供应商之间银行转账,不动用现金(见图4-20)。

谈及结算,目前在我们国家只有两种,现金结算和转账结算。转账结算当中最为重要的一个环节那就是银行。银行相当于为债权债务双方提供了一种中间业务(见图4-21)。

通过转账结算的种类,足可见其重要性和复杂性。自然也是我们出纳学习的重点。在转账结算当中,最常用也是最传统的结算方式当属"三票一汇"(见图4-22)!

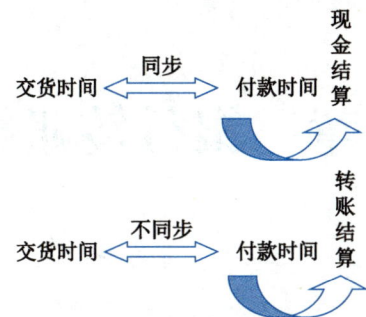

图 4-20　现金结算与转账结算示意

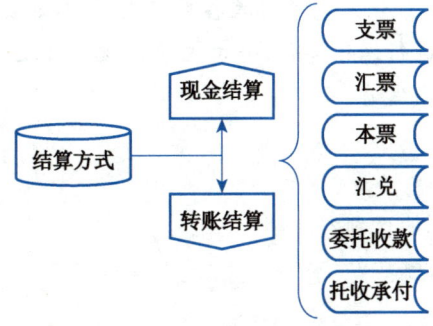

图 4-21　结算方式总结

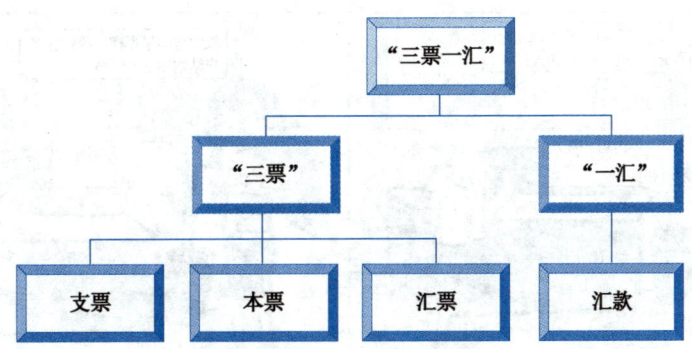

图 4-22　银行传统结算方式"三票一汇"

第五章 银行转账结算

【情景导入】

在公司实际经营过程中,银行转账相较于现金更为重要。尤其是一些金额较大的收入与成本支出,都是需要通过银行转账来完成。例如公司目前急缺某原材料,但供应商要求当日必须收到货款的 10%。并且供应商不接收各类票据,如转账支票、汇票等。公司内部完成相关付款手续后,出纳当日进行网银操作,并由主管审核。供应商所要求的的货款转账后立刻到账,同时供应商当日完成发货。

思考

1. 什么是银行转账?
2. 银行结算与现金结算的区别?
3. 银行转账的方式都有哪些?

5.1 支票结算业务

支票是出票人签发的，委托办理支票存款业务的银行或其他金融机构在见票时，无条件支付确定的金额给收款人或持票人的票据。单位和个人在同一票据交换区域的各种款项的结算，均可以使用支票。

5.1.1 支票的种类

支票按照支付票款的方式可以分为普通支票、现金支票和转账支票。

普通支票既可以转账，也可以支取现金。用于转账的，可在普通支票左上角加画两条平行线，亦称画线支票；未画线的普通支票，可用于支取现金。

现金支票专门用于支取现金。这种支票在印制时，已在支票的上端印明了现金字样。

转账支票专门用于转账，不得用于支取现金。这种支票印制时，在支票的上端已印明转账字样。

5.1.2 支票结算的相关规定

① 支票绝对应记载的事项有：表明"支票"的字样；无条件支付的委托；确定的金额；付款人名称；出票日期；出票人签章。支票上未记载前述六项规定事项之一的，则支票无效。支票的金额、收款人名称可以由出票人授权补记。未补记前，不得背书转让和提示付款。

② 支票的有效期为 10 天（从签发的次日算起，到期日遇节假日顺延）。持票人应当自出票日起 10 日内提示付款，超过提示付款期限的，付款人可以不予付款；付款人不予付款的，出票人仍应当对持票人承担票据责任。

③ 支票金额起点为 100 元。起点以下的款项结算一般不使用支票，但缴纳公用事业费、基本养老保险基金、住房公积金等，可不受金额起点的限制。

④ 支票可以背书转让，但用于支取现金的支票不得背书转让。出票人在支票正面记载"不得转让"字样的支票，也不得背书转让。背书转让时，需在支票背面的背书栏内背书，即在"被背书人"栏内填写受票单位名称，在"背书人栏"加盖本单位预留在银行的印鉴，注明背书日期，并将支票直接交给被背书单位。按照规定，转账支票在提示付款期内，可以多次背书转让，但背书必须连续。背书人也可以在背书时注明"不得转让"字样，以禁止支票再转让。

⑤ 不准签发空头支票或印章与预留银行印鉴不符的支票。否则，银行除退票外还要按票面金额处以 5% 但不低于 1 000 元的罚款，另收 2% 的赔偿金给收款人。

⑥ 支票如果遗失、被盗等，失票人应立即到出票人开户银行挂失止付。失票人挂失时应填写"挂失止付通知书"。挂失前已经支付的，银行不予受理。

支票被广泛应用，其特点十分明显（见图 5-1）。

5.1.3 购买支票

作为公司的出纳，购买支票的途径是向银行提出申请。当然这里的银行是我们存款账户开设的银行（见图 5-2）。

支票的四大特点

```
┌─────────┐ ┌─────────┐ ┌─────────┐ ┌─────────┐
│使用方便，│ │支票提示付│ │转账支票可│ │委托办理支│
│手续简便、│ │款期限自出│ │背书，现金│ │票存款业务│
│灵活     │ │票日起10天│ │支票不得背│ │的银行见票│
│         │ │         │ │书转让    │ │时无条件支│
│         │ │         │ │         │ │付       │
└─────────┘ └─────────┘ └─────────┘ └─────────┘
```

图 5-1　支票的特点

支票申请流程

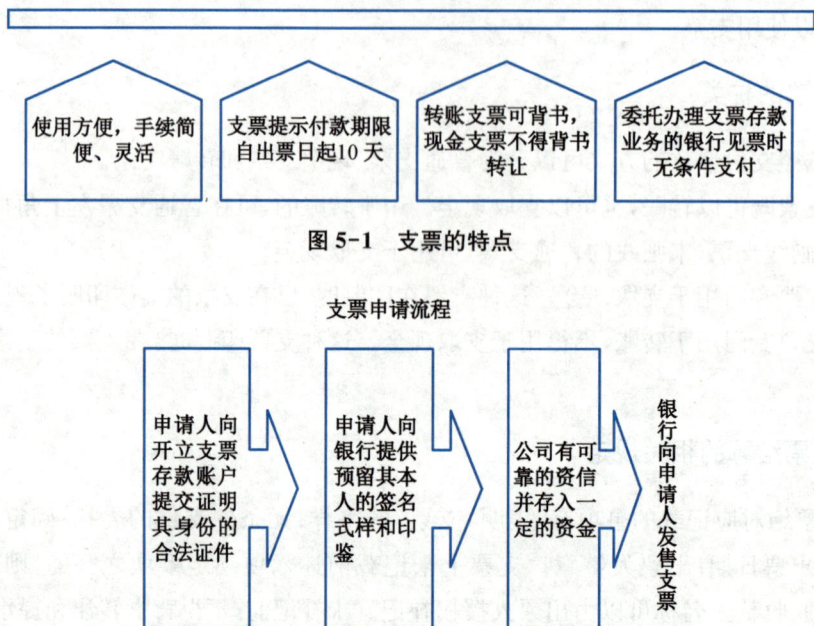

图 5-2　支票申请流程

实训演练 13　小白购买空白支票

小白填完一张提取备用金的现金支票，就剩下最后一张了。所以，这次正好购买现金支票了。在每本支票的最后一页，就是领购单（见图 5-3）。

支票领购单		年 月 日
户　名	账　号	
领购数量	起讫号码 自　　号至　　号	
领用单位签章：（预留银行签章）	领购单位经办员 姓　　名	签收
	身份证号码	
	以下银行填写：	
	经发： 验印：	

当用完此簿需再领购支票时，请真写右列的"支票领购单"并盖预留银行签章，送至本行办理，领取新支票簿

图 5-3　支票领购单

填支票领购单很简单，只要填户名、账号，盖上章（预留银行印鉴）就可以了，日期、领购数量、起讫号码银行会帮你填上去的（见图 5-4）。

手续回单如图 5-5 所示。

第五章 银行转账结算

支票领购单　　　　年　月　日

户名	北海隆钜机器有限公司	账号	20-705101040088888
领购数量		起讫号码	自　号至　号
领用单位签章：（预留银行签章）		领购单位经办员	
		身份证号码	
		以下银行填写：	
		经发：　　　　验印：	

图 5-4　支票领购单示例

```
农代号：7012              中国农业银行    客户回单

                     电子银行交易回单（企业付款方）
                          2015年1月23日

         付款方户名：北海隆钜机器有限公司
         付款方账号：20-705101040088888
         付款方开户行：中国农业银行股份有限公司北海分行

         收款方户名：
         收款方账号：
         收款方开户行：农业银行广西分行

         大写金额：贰拾圆整
         小写金额：￥20.00
         交易用途：手续费
         受理渠道：                 业务流水号：20150123888888888888
         集团交易标志：否
         集团交易说明：
```

图 5-5　支票领购银行回单

以前购买支票是收的现金（见图 5-6），现在是直接从对公账上扣款（见图 5-7）。

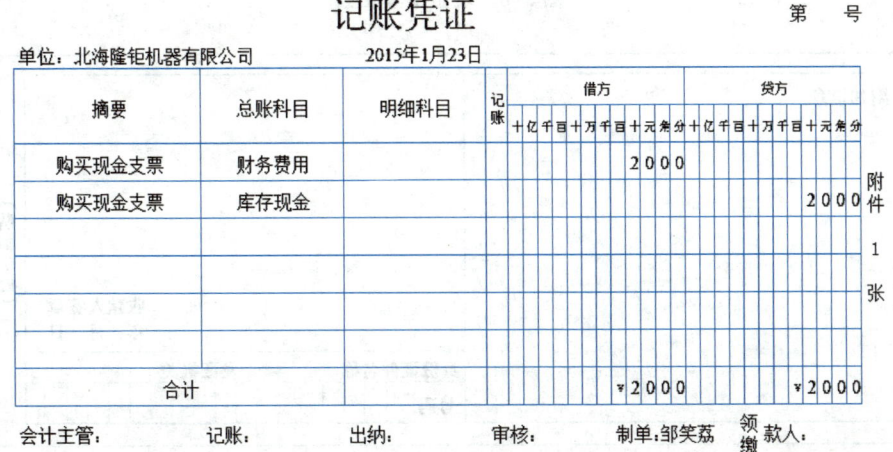

图 5-6　现金购买支票的记账凭证

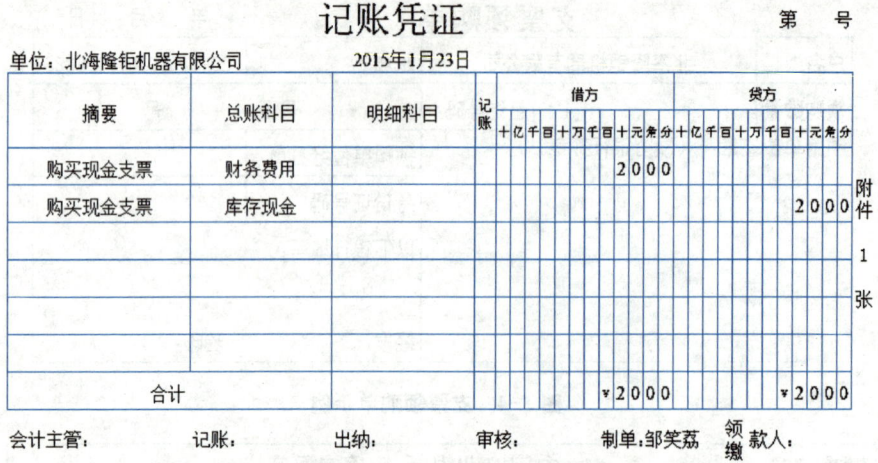

图 5-7 对公账扣款购买支票的记账凭证

5.1.4 出纳提取现金

讲现金支票之前,我们先看一下现金支票的正反面(见图 5-8、图 5-9)。

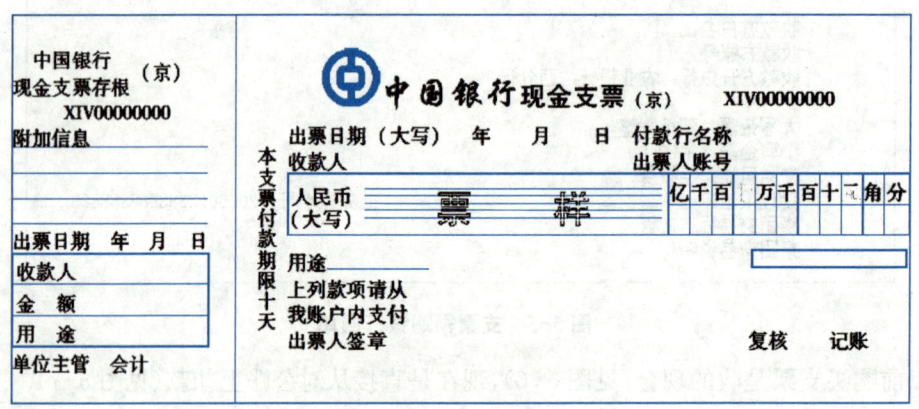

图 5-8 现金支票正面

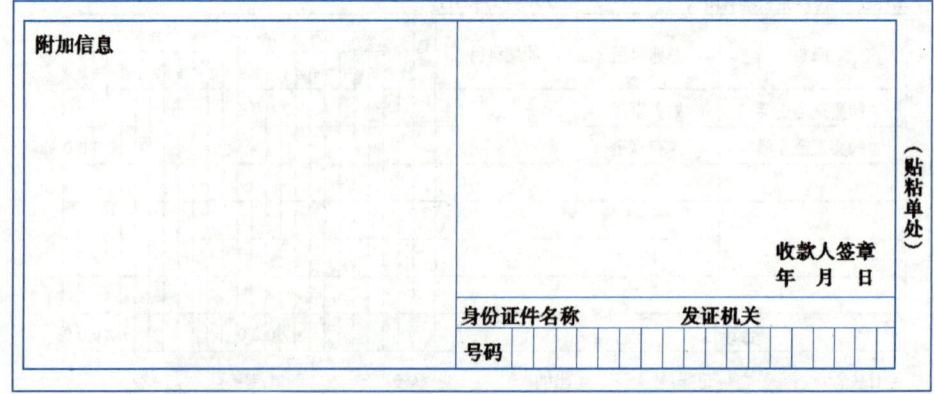

图 5-9 现金支票背面

票据有的时候会等同于现金,上面每一处信息都十分重要。现金支票上至少要具备"六大信息"(见图5-10)。

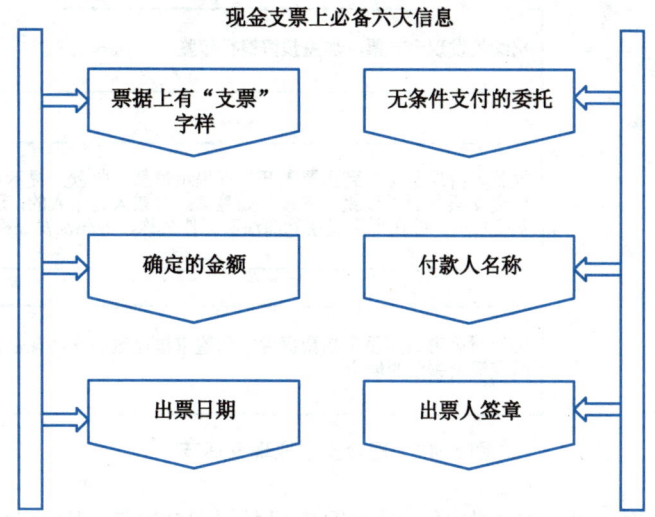

图 5-10　现金支票上必备的六大信息

取现补库存,这个过程中最关键的就是"现金支票"(见图5-11)。

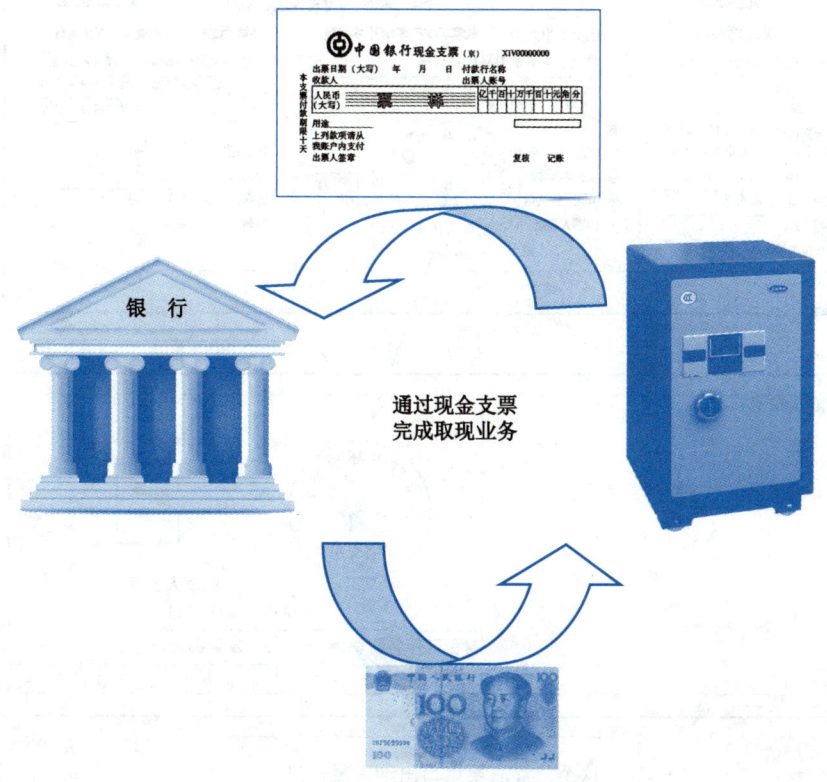

图 5-11　现金支票支取现金流程示意图

在这个过程中,可以分解成三个环节,分别是:出票——提示付款——领取现金(见图5-12)。

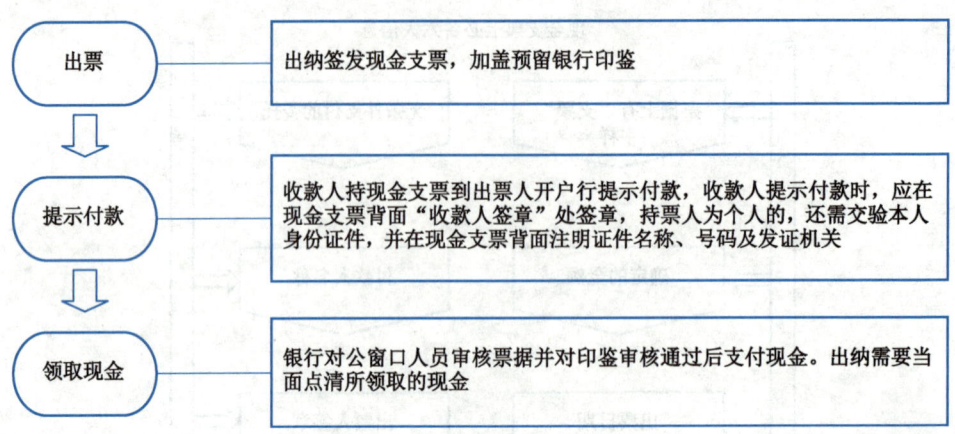

图 5-12 现金支票取现三环节

这是一张填好并盖章的现金支票。因为取现目的是补充库存,因此收款人就是出票人(见图 5-13)。

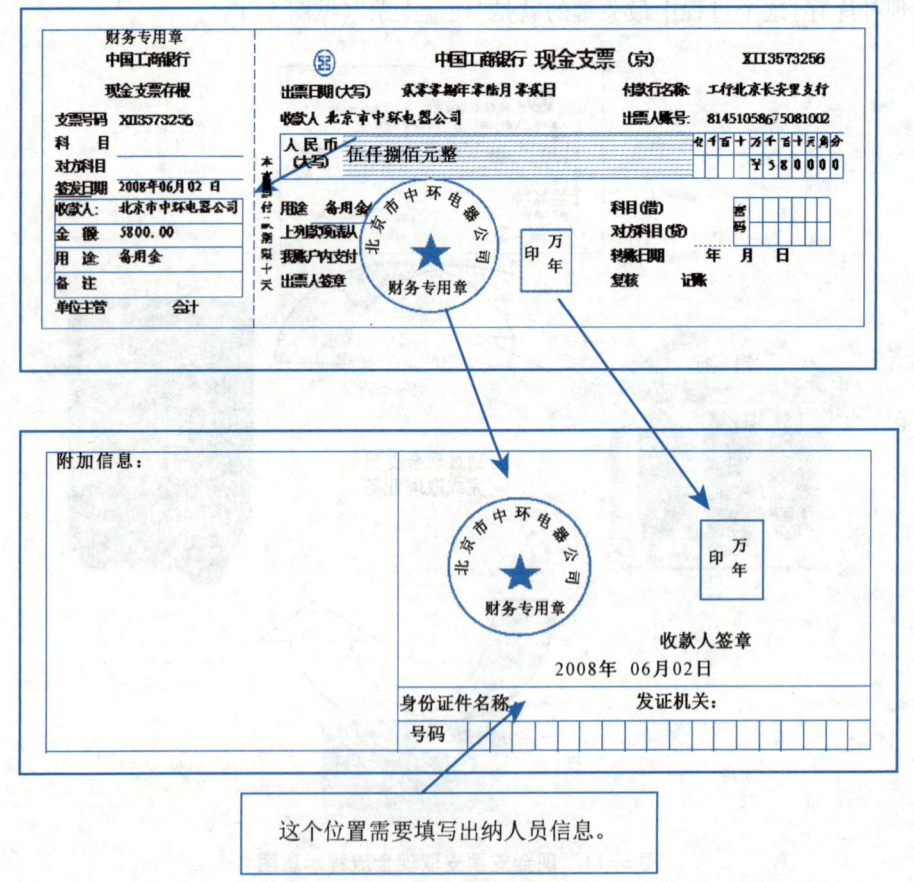

图 5-13 现金支票填写方法

现金支票正面的一些细节需要一一对应,不可以出现不一致的现象(见图 5-14)。

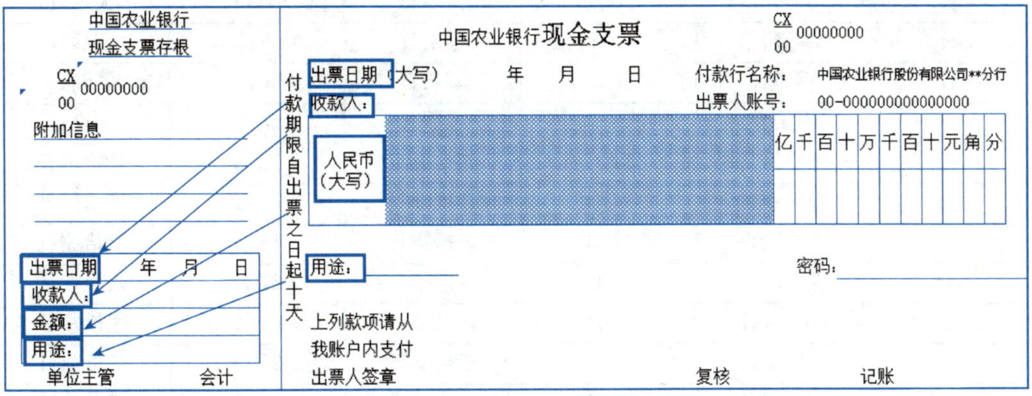

图 5-14　现金支票正面需对应的细节

现金支票的正面分两部分,左边为存根、右边为支票,两边的内容是相对应的,但是日期与金额要分清大小写。

① 出票日期的填写:是哪天开出的就写哪一天的日期。

左边的存根部分出票日期用小写、阿拉伯数字就可以了,如 2015 年 1 月 5 日。相应的右边出票日期记得对应的大写:贰零壹伍年零壹月零伍日。这个大写的日期可是有讲究的。

最主要是要熟记 0~10 的相对应的大写:零、壹、贰、叁、肆、伍、陆、柒、捌、玖、拾。

"年"——只要对应好 0~9,年份就可以拼出来了。

"月"——月份的话要记得:1、2、10 月前零字必写;3~9 月前零写可写可不写(见表 5-1)。

表 5-1　支票月份的大小写

小写月	大写月
1 月	零壹月
2 月	零贰月
3 月	零叁月
4 月	零肆月
5 月	零伍月
6 月	零陆月
7 月	零柒月
8 月	零捌月
9 月	零玖月
10 月	零壹拾月
11 月	壹拾壹月
12 月	壹拾贰月

"日"——日期的话要注意,1~10、20、30 前要写零(见表 5-2)。

表 5-2 支票日期的大小写

小写日	大写日	小写日	大写日	小写日	大写日
1 日	零壹日	2 日	零贰日	3 日	零叁日
4 日	零肆日	5 日	零伍日	6 日	零陆日
7 日	零柒日	8 日	零捌日	9 日	零玖日
10 日	零壹拾日	11 日	壹拾壹日	12 日	壹拾贰日
13 日	壹拾叁日	14 日	壹拾肆日	15 日	壹拾伍日
16 日	壹拾陆日	17 日	壹拾柒日	18 日	壹拾捌日
19 日	壹拾玖日	20 日	零贰拾日	21 日	贰拾壹日
22 日	贰拾贰日	23 日	贰拾叁日	24 日	贰拾肆日
25 日	贰拾伍日	26 日	贰拾陆日	27 日	贰拾柒日
28 日	贰拾捌日	29 日	贰拾玖日	30 日	零叁拾日
31 日	叁拾壹日				

② 收款人：谁拿这张支票到银行取钱就填谁的名字。一般单位提现的话就直接填单位名称了。

③ 金额：金额分大小写。金额大小写不规范，是取不到钱的，所以，一定按照《正确填写票据和结算凭证的基本规定》填写。

④ 用途：根据实际的用途来填，现金支票的用途有一定的限制，一般提现的话直接写"备用金"或"差旅费"。

最后，出票人还得签章，就是开户时预留的银行印鉴章，一般是财务章、法人章(图 5-15)。

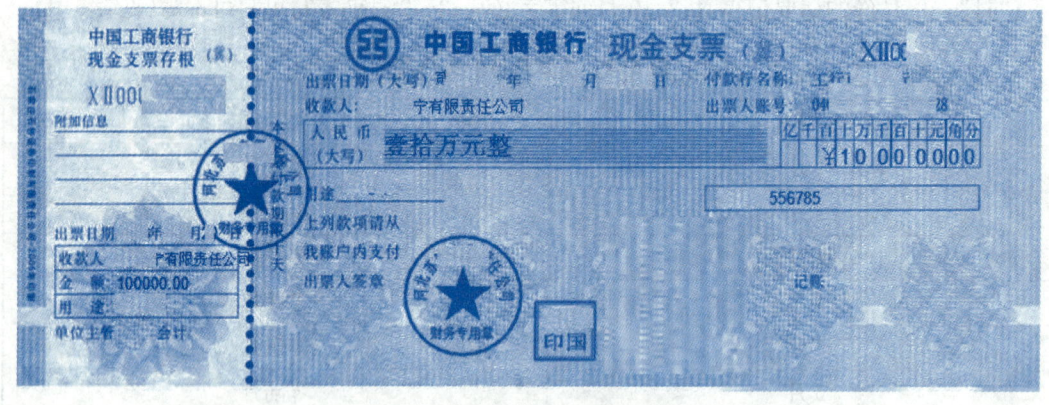

图 5-15 现金支票正面填写示例

关于付款行名称和出票人账号，一般在银行领用支票时已经打印在票面上了，不用写。这样，正面就完成了。

一般附加信息那里很少填的。如果支票是开给个人的话，持票的一定得是收款人，而且还得带上身份证，在"身份证件名称、发证机关、身份证号码"等位置填写完整。如果要背书给别人的话就要在"被背书人"那里写对方名字了。

提取现金的话，只要在"背书人签单"那个框里盖上单位的印鉴或公章就可以了(每个行的要求不一样)。这样，可以去银行提现了。

实训演练 14　库存现金不足——小白填写现金支票

1月份的最后一个工作日,白小白一上班,还在感慨"2015年还差两天就过完了1/12",就接到要准备现金的通知——"销售部总动员去催款,总共要差旅费10 000元"。是啊,快到年关了,催款的可多了,前几天供应商还到公司来"坐坐"了呢。9点银行才上班,白小白有条不紊地做起了提现的准备工作,库存现金没多少了,跟程主管合计了一下,决定提取现金15 000元。"贰零壹伍"白小白在支票大写处写了后才发现,自己拿的是转账支票,还好还好,只写了年份,不碍事。

拿准了现金支票,白小白很熟练地填写了——日期大写是"贰零壹伍年零壹月零叁拾日",金额是"壹万伍仟圆整",用途是"差旅费",这次真的是差旅费了,以前都填备用金,然后银行工作人员就告诉白小白说还可以填"业务款""差旅费"的。

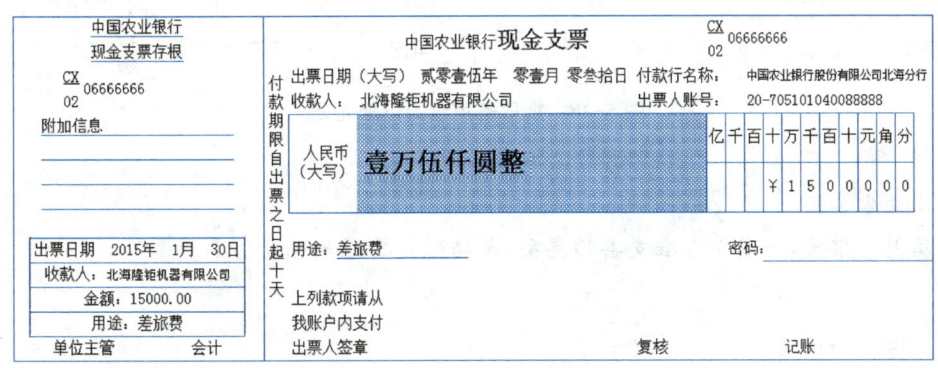

图 5-16　填写现金支票示例

拿去给程主管盖章,撕下了左边的存根联给会计做账。

图 5-17　现金支票存根联

记账凭证

单位：北海隆钜机器有限公司　　2015年1月30日　　　　　　　第　号

摘要	总账科目	明细科目	记账	借方 十亿千百十万千百十元角分	贷方 十亿千百十万千百十元角分
提取备用金	库存现金			1500000	
提取备用金	银行存款				1500000
合计				¥1500000	¥1500000

会计主管：　　记账：　　出纳：　　审核：　　制单：邹笑荔　　领缴款人：

图 5-18　提取备用金的记账凭证

> **白小白的分享：**
> 填写支票前，一定要看准支票的类型，是转账支票还是现金支票。

5.1.5　支票付款业务

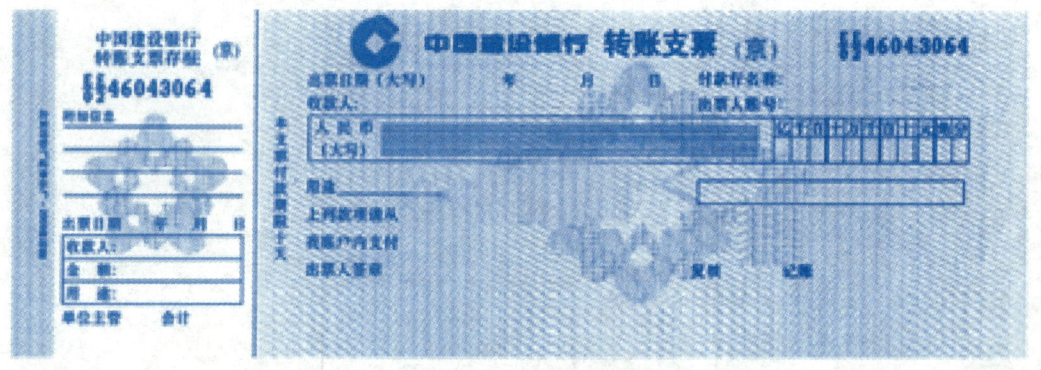

图 5-19　转账支票正面

转账支票的填写方法与现金支票是一样的，支票左端是填写内容后留给自己记账用的，右端填写金额等有关资料后，交给对方，用做付款。填写的内容是：日期、公司开户银行账号、付款金额大写、付款金额小写、用途、收款方名称等。然后盖上单位的预留印鉴，这张支票就可用于合法的支付了。

开支票时，一定要注意账户里有没有足够的金额，如果你账户里的钱不够，而你却开出了支票，就成了俗话说的"开空头支票"（见图5-20）。

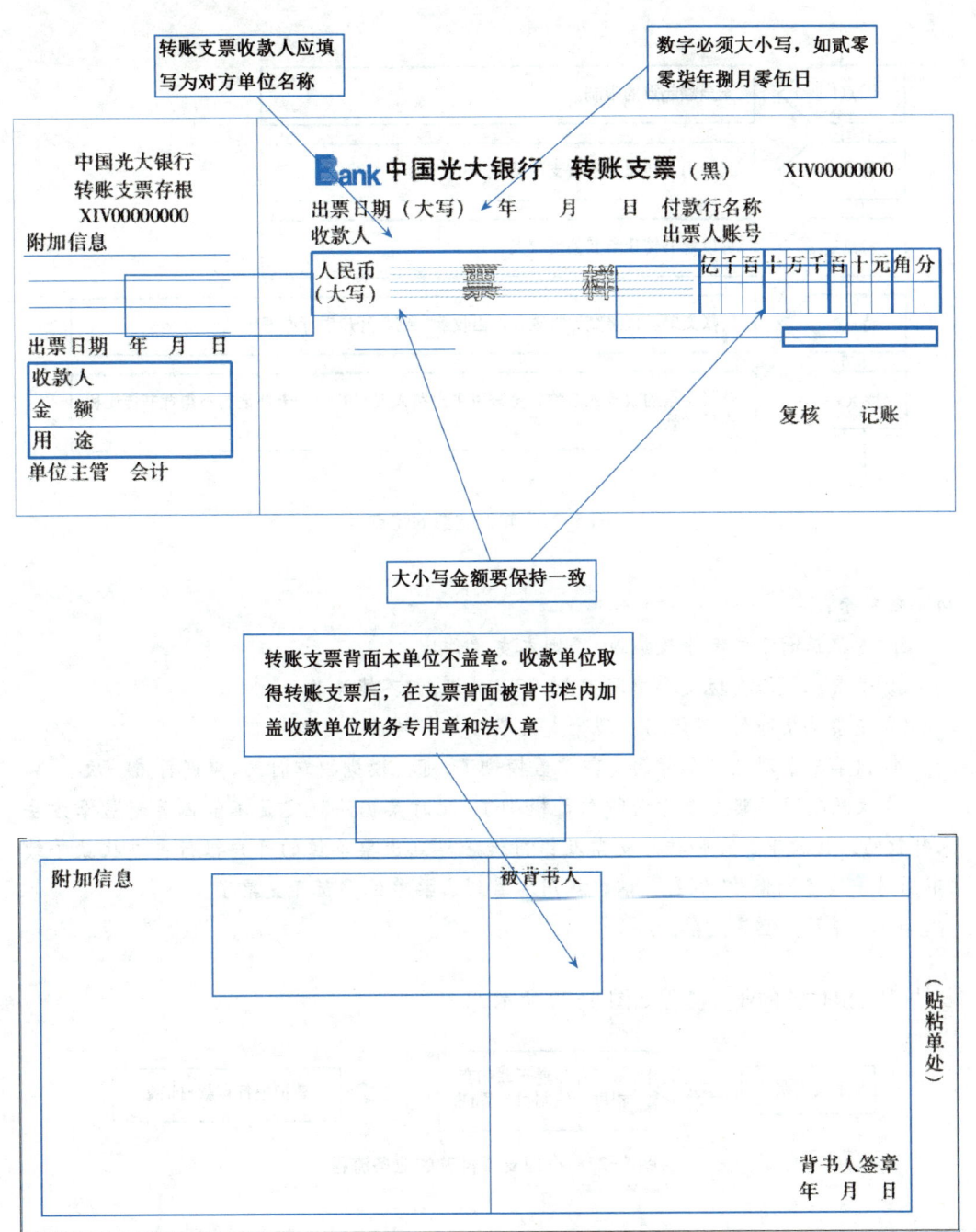

图 5-20　转账支票填写方法

转账支票有五大特点，大家需要清楚（见图 5-21）。

这里需要总结一下，无论是现金支票还是转账支票，在使用过程中一些细节出纳应该清楚。

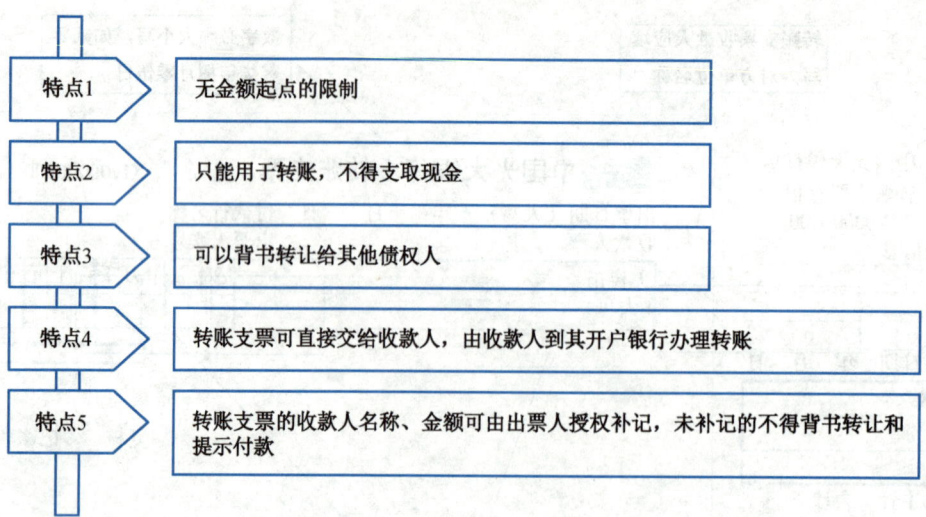

图 5-21 转账支票的特点

> 白小白提示:
> ① 支票正面不能有涂改痕迹,否则本支票作废。
> ② 受票人如果发现支票填写不全,可以补记,但不能涂改。
> ③ 支票见票即付,不记名。现金支票不可背书转让。
> ④ 出票单位现金支票背面有印章盖模糊了,可把模糊印章打叉,重新再盖一次。
> ⑤ 收款单位转账支票背面印章盖模糊了(此时票据法规定是不能以重新盖章方法来补救的),收款单位可带转账支票及银行进账单到出票单位的开户银行去办收款手续(不用付手续费),俗称"倒打",这样就用不着到出票单位重新开支票了。
> ⑥ 不得开具空头支票。

办理支票付款的业务流程如图 5-22 所示。

图 5-22 办理支票付款的业务流程

实训演练 15 小白填写转账支票

公司需要转账支付一笔前欠货款,付款申请单如图 5-23 所示。
根据这张付款申请单,白小白填起了转账支票(见图 5-24)。
盖好章交付时,白小白要求对方写了张收条,并盖上了公司的章。
然后,在付款申请单上的"付款方式"那里填上了"转账支票"四个字(见图 5-25)。

付款申请单

部门	采购部			日期：	2015年1月14日		
收款人	裕虹汽车零部件厂			收款人开户行			
				收款人账号			
付款金额（大写）	佰 ⊗拾 贰万 零仟 零佰 零圆 零角 零分				（小写）	￥20,000.00	
款项用途	付货款				付款方式		
领导审批	洪兵	财务审核	程海峰	部门审核	姚远	经办人	宁夏

图 5-23　付款申请单

中国农业银行 **转账支票**　　CX02　07777775

付款期限自出票之日起十天

出票日期（大写）　贰零壹伍年　零壹月　壹拾肆日　　付款行名称：中国农业银行股份有限公司北海分行
收款人：裕虹汽车零部件厂　　　　　　　　　　　　　出票人账号：20-705101040088888

人民币（大写）　**贰万圆整**　　　亿 千 百 十 万 千 百 十 元 角 分
　　　　　　　　　　　　　　　　　　　　　　　　　　￥2 0 0 0 0 0 0

用途：货款　　　　　　　　　　　　　　密码：

上列款项请从
我账户内支付
出票人签章　　　　　　　　　　复核　　　　　　记账

图 5-24　转账支票

付款申请单

部门	采购部			日期：	2015年1月14日		
收款人	裕虹汽车零部件厂			收款人开户行			
				收款人账号			
付款金额（大写）	佰 ⊗拾 贰万 零仟 零佰 零圆 零角 零分				（小写）	￥20,000.00	
款项用途	付货款				付款方式	转账支票	
领导审批	洪兵	财务审核	程海峰	部门审核	姚远	经办人	宁夏

图 5-25　付款申请单上填写付款方式

最后，白小白在支票登记本上登记了这张转账支票的信息，并把转账支票的存根（见图 5-26）及这张付款申请单给了会计做凭证（见图 5-27）。

中国农业银行
转账支票存根

CX 07777775
02

附加信息

出票日期　2015年　1月　15日
收款人：裕虹汽车零部件厂
金额：20000.00
用途：货款

单位主管　　　会计

图 5-26　转账支票存根

记账凭证

第　　号

单位：北海隆钜机器有限公司　　2015年1月14日

摘要	总账科目	明细科目	记账	借方 十亿千百十万千百十元角分	贷方 十亿千百十万千百十元角分	
支付货款	预付账款	裕虹汽车零部件厂		2 0 0 0 0 0 0		附件2张
支付货款	银行存款				2 0 0 0 0 0 0	
合计				¥ 2 0 0 0 0 0 0	¥ 2 0 0 0 0 0 0	

会计主管：　　记账：　　出纳：　　审核：　　制单：邹笑荔　　领缴款人：

图 5-27　支付货款的记账凭证

> **白小白的分享：**
> 给付支票时，一定要在支票登记本做好记录，并由经办人签字。

实训演练 16　小白填错支票

付款申请单

部门	采购部				日期：	2015年1月10日	
收款人	裕虹汽车零部件厂				收款人开户行		
					收款人账号		
付款金额（大写）	佰 ⊗拾 贰万 零仟 零佰 零圆 零角 零分				（小写）	￥20,000.00	
款项用途	付货款				付款方式		
领导审批	洪兵	财务审核	程海峰	部门审核	姚远	经办人	宁夏

图 5-28　付款申请单

白小白把两万的支票错写成了两万五。写成一万五也好呀，大不了多开一张，现在的情况，只能是两个字——作废。

作废支票就要保存支票的存根联与支票联，然后就在上面盖上"作废"的章就可以了。

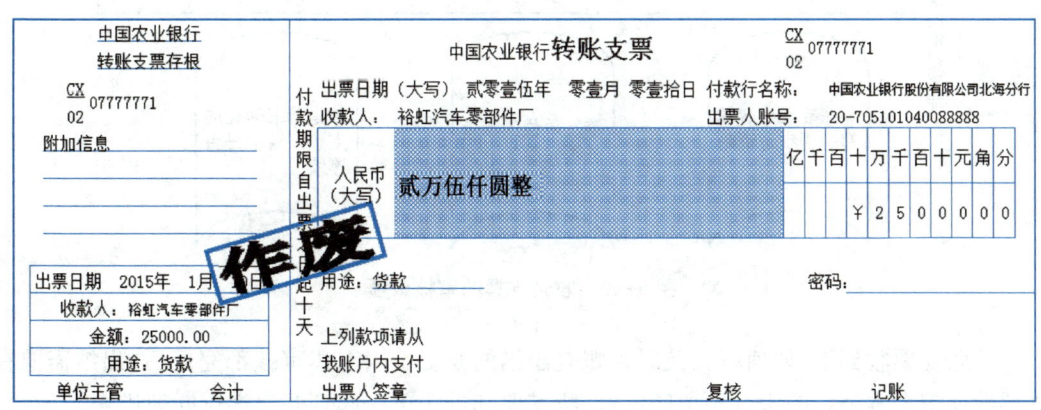

图 5-29　作废的转账支票

白小白看着鲜红的"作废"章，好像读书时候老师打的"叉"。再次警醒自己吧。

> **白小白的分享：**
> 作废后的支票和存根都要保存好。在支票登记本上注明清楚作废。作废的支票的保存也有两种方法。

> 第一种方法,就是在支票登记本的扉页处粘贴一个信封,里面专门用来存放作废的支票,如果支票和存根已经分离的就用曲别针或大头针夹在一起或粘起来,如果没分离的就一并留存。
> 第二种方法,就是直接粘贴在办理开具支票的业务的凭证里。

5.1.6 支票收款业务

> **小白如是说:**
> 网上购物的朋友最关心的,就是包裹到哪了,对吗?最喜欢听的是"You need cry, dear～"还是"有你的快递～"。银行也是送快递的,送的不是包裹,是钱啊,只有到账了才知道,以前如果收到支票,还得去银行填表格"签"章后才能"收",现在都是网上转账不用"签"也能"收"了。

出纳收到转账支票的时候要对支票进行审查。审查的事项主要有六处(见图5-30)。

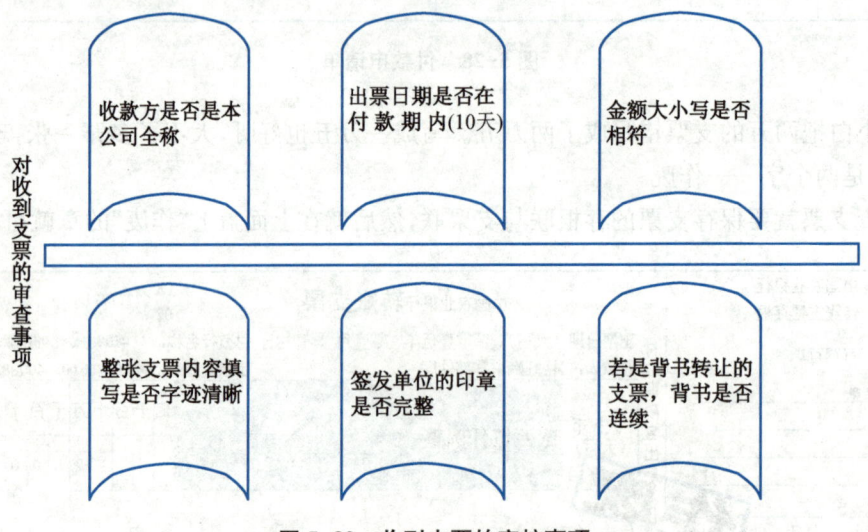

图5-30 收到支票的审核事项

一张支票收到手,如何将其及时入账是出纳的职责。当上述审核都完成后,出纳需要在支票背面盖上本公司的银行预留印鉴章,将支票和进账单一起到开户银行办理进账。

转账支票背面盖章叫背书。一般情况下,都是要背书的,因为很少有去付款人的开户银行交支票。比如:你的开户银行是农业银行,给你支票的单位的开户银行是工商银行。如果你把支票交给农业银行,等于委托农业银行向工商银行收取支票的款项,那么农业银行要凭你的背书,才接受委托,所以要背书。

委托收款背书分三部分(见图5-31)。

① 在背书人签章框里盖上单位的印鉴(这个跟普通背书一样);
② 在被背书人栏里填委托收款的银行的名字,例如中国农业银行广西分行;

③ 在背书人签章框里印鉴旁边空白的地方写"委托收款"(说明这是委托收款的背书，是最后一手，下面不会再有背书了)。

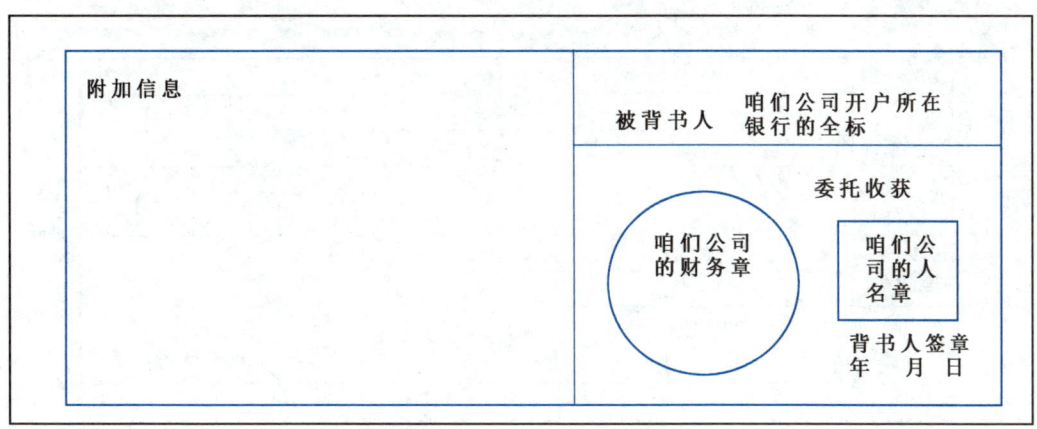

图 5-31　收支票后背面处理方法

当然，转账支票也可以背书给别的单位，具体操作方法请参照汇票结算章节。

背书完成，也就是在收到的支票后面盖上自己公司的银行预留印鉴。将支票送到公司账户的开户银行的对公窗口，将支票上的金额入到公司的账内。这个过程需要填写银行进账单(见图 5-32)。

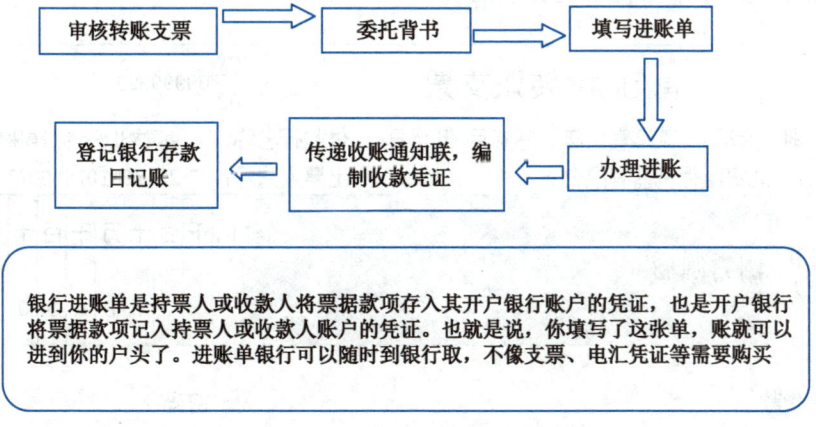

图 5-32　办理支票进账的业务流程

图 5-33 是需要出纳填写的进账单，连同支票一同送交银行。

进账单一式三联，出票人那里填写是对方的全称、账号、开户银行名称，这些在支票或汇票上面都会写有；收款人那里相应填上的是收款单位(就是你单位)的全称、账号、开户银行名称；金额那里就填你拿的支票或汇票的金额了；票据种类、张数、号码这里也是根据实际情况填的。

那么收到现金支票后如何处理呢？

现金支票是不可以背书转让的(看支票的背面就知道了，没有地方填写"被背书人")，单

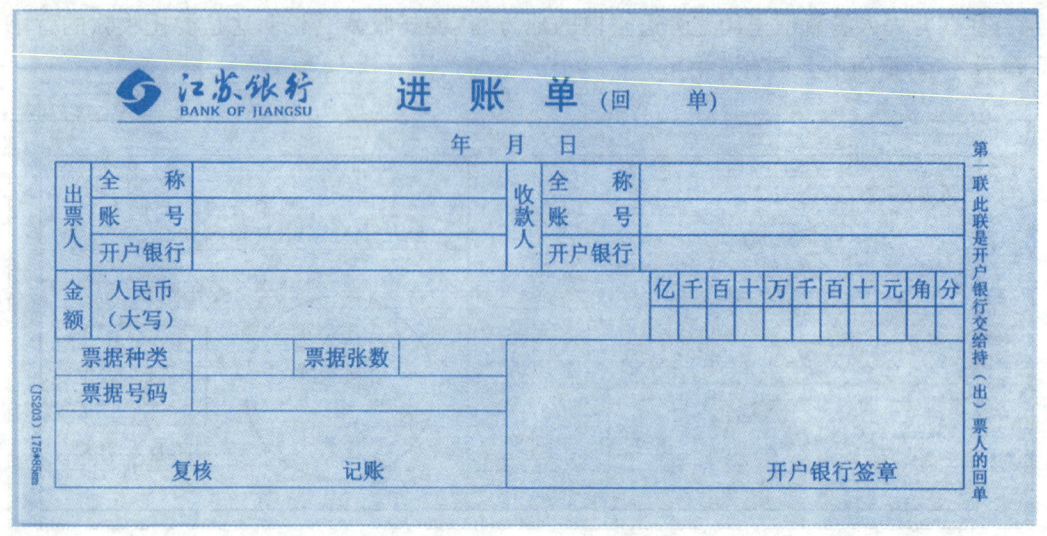

图 5-33 进账单

位收到了现金支票,就要在支票背面"收款人签章"那里盖上在银行的预留印鉴,然后就可以到支票所在的银行办理提现手续了。因为可以直接拿的现金,所以就不用填写进账单了。

实训演练 17　小白收到一张转账支票

销售部小黄拿来了张转账支票,如图 5-34 所示。

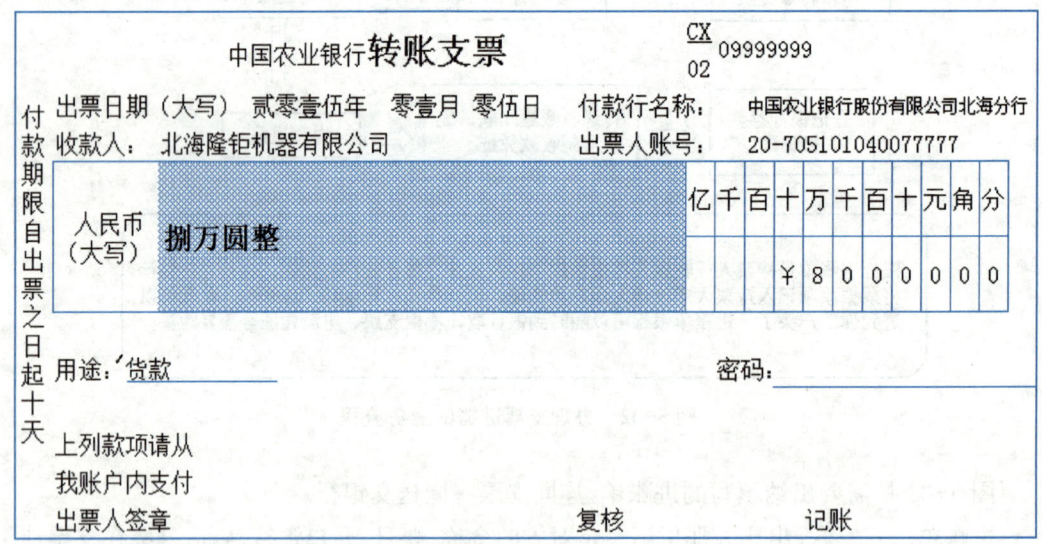

图 5-34 转账支票

今天是 1 月 6 号,出票日期在付款期限内,收款人、大小写、用途、盖章……白小白认真地检查了这张转账支票。

虽说检查完了,为了保险起见,还是进了账稳妥。于是白小白填起了进账单。

出票人全称、账号、开户银行:这里填写的是出票方的信息,也就是对方的信息。这个在支票上就能看得到,出票人全称就是对方盖的章。账号及开户银行的信息在支票右上角能看得到(见图5-35)。

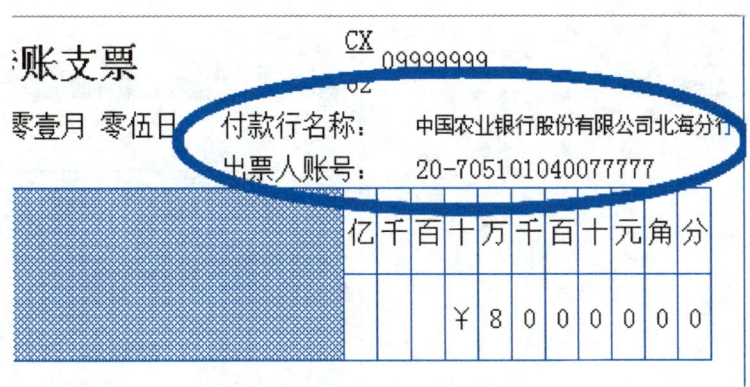

图 5-35　转账支票上的出票方信息

收款人信息:这是白小白预先设置好了格式打印了的。

金额:金额部分也就是依葫芦画瓢了,注意一下大小写要对应。另外记得小写金额的最前面一定要"￥"打头。

票据种类:转账支票。

票据号码:填写的是转账支票右上角的支票号。

不出两分钟,白小白就填好了进账单(见图5-36)。

中国农业银行广西区分行进账单
2015年 1月 6日

出票人	全称	北海中盛农业科技有限公司	收款人	全称	北海隆钜机器有限公司
	账号	20-705101040077777		账号	20-705101040088888
	开户银行	中国农业银行股份有限公司北海分行		开户银行	中国农业银行股份有限公司北海分行
金额	人民币(大写)	捌万圆整			亿千百十万千百十元角分　￥8 0 0 0 0 0 0
	票据种类	转账支票	票据张数	1	
	票据号码	09999999			
	复核:	记账:			开户银行签章

图 5-36　进账单

这样就可以拿着转账支票跟进账单去银行办理手续了。因为转账背书那里没写过,白小白带上了银行印鉴。来到对公柜台前,白小白在转账支票背面被背书人那里填上了银行

· 107 ·

的全称(工作人员告诉她,可以填两行的,但不要出那个框框),然后在下面那个框里写了"委托收款"四个字,在背书人签章下面的年月日那里填上了日期,最后在背书人签章那个框里盖上了银行印鉴。

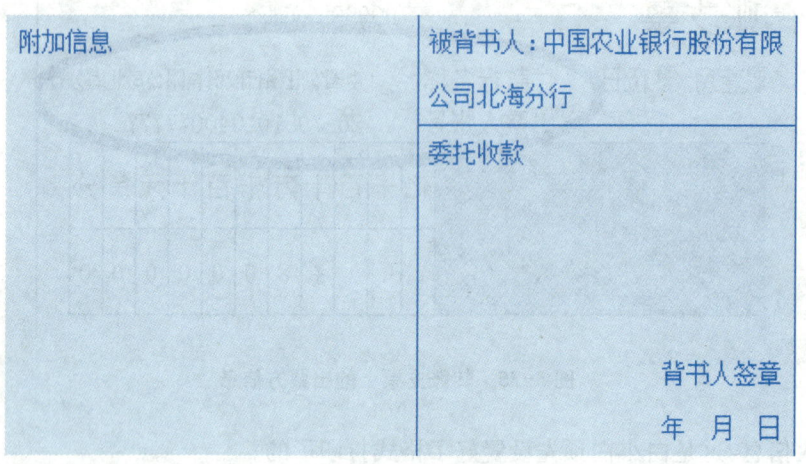

图 5-37 转账支票背面的转账背书

把全部填好盖章的转账支票、进账单交给柜员。一番审核办理后,递给白小白的是进账单的一联,也就是进账的证明,做账用的。

5.2 银行汇票结算业务

5.2.1 银行汇票的概念与特点

银行汇票是汇款人将款项交存当地银行,由银行签发给汇款人持往异地据以办理转账结算或支取现金的票据。银行汇票可以用于单位和个人的各种款项结算。银行汇票可以用于转账,填明"现金"字样的银行汇票也可用于支取现金,申请人或收款人为单位的,不得办理现金银行汇票,只有申请人和收款人均为个人的,才能向银行申请开立现金银行汇票。

采用银行汇票结算,不受是否在银行开户的限制,只要汇款人将款项交存可以签发和解付银行汇票的银行,汇款人即可取得所需的银行汇票;银行汇票由汇款人自己携带,人到钱到,使用资金时,既可转账,也可提现,从而避免了携带大量现金外出采购可能发生的意外。因而,采用银行汇票结算具有异地结算适用范围广、信用度高、安全可靠、使用灵活、适应性强、结算准确和余款自动退回等优点。

银行汇票一律记名,可以背书转让,汇款金额起点为 500 元,提示付款期限自出票日起 1 个月。

适用范围广	凡是单位或个人需要在异地进行商品交易、债权债务等的结算,都可以使用银行汇票
票随人走,钱货两清	比如A是采购方,B是销货方,A申请银行开票,这就是"票随人走";A单位采购给票,B单位验票发货,也就是"一手交票,一手交货"了,直到银行见票付款,这样,就实现了"钱货两清"
信用度高,安全可靠	银行汇票是银行在收到汇款人款项后(如果是开户的客户,即在申请后)签发的支付凭证,银行保证支付,收款人持有票据,可以安全及时地到银行支取款项
使用灵活,适应性强	就跟转账支票一样,持票人除了自己支取,也可以将汇票背书转让给下一家,这就有利于购货方灵活地采购物资
结算准确,余款自动退回	银行汇票结算,如果采购金额在汇票金额内,多余的金额也可以由银行自动退回

图 5-38 银行汇票结算特点

银行汇票一式四联,第一联为卡片联,如图 5-39 所示,是出票银行结清汇票时作汇出汇款的借方凭证。第二联为汇票联,如图 5-40 所示,是代理付款行付款后作联行往来账借方凭证的附件,由出票行签汇票专用章;第二联背面如图 5-41 所示,是持票人进账时在其指定位置签章后方可办理,另外用于背书时记载背书人与被背书人的有关信息。第三联为解讫通知联,如图 5-42 所示,是代理付款行兑付后随报单寄给出票行,由出票行作多余款的贷方凭证,由代理付款行签章。第四联为多余款收账通知联,如图 5-43 所示,是出票行结清多余款后交给申请人的作账依据,需出票行签章。

付款期限
壹个月

中 国 建 设 银 行
银行汇票 (卡片)　　1　　第　　号

出票日期(大写)　　年　月　日　代理付款行:　　行号:

收款人: 账号:										
出票全额人民币 (大写)										
实际结算全额人民币 (大写)	千	百	十	万	千	百	十	元	角	分

申请人:　　账号:
出票行:　　行号:
备注:

复核　　经办　　复核　　记账

此联出票行结清汇票时作汇出汇票款借方凭证

图 5-39　银行汇票第一联

付款期限
壹个月

中 国 建 设 银 行
银行汇票　　2　　第　　号

出票日期(大写)　　年　月　日　代理付款行:　　行号:

收款人: 账号:										
出票全额人民币 (大写)										
实际结算全额人民币 (大写)	千	百	十	万	千	百	十	元	角	分

申请人:　　账号:
出票行:　　行号:
备注:

凭票付款
出票行签章

密押:

多余金额									
千	百	十	万	千	百	十	元	角	分

复核　　记账

此联代理付款行付款后作联行往账借方凭证附件

图 5-40　银行汇票第二联正面

图 5-41　银行汇票第二联背面

图 5-42　银行汇票第三联

图 5-43　银行汇票第四联

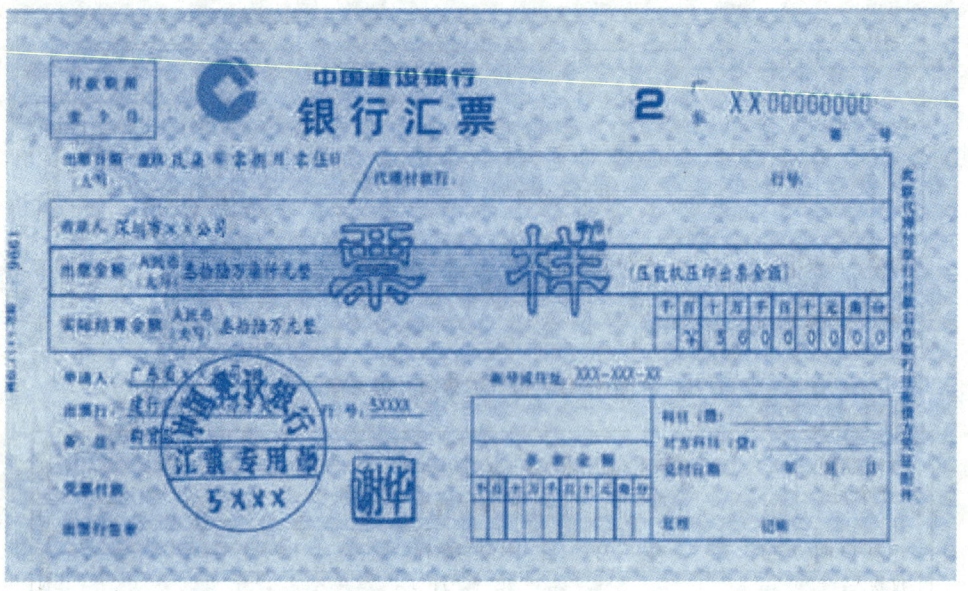

图 5-44　银行承兑汇票票样

5.2.2　银行汇票的内容

银行汇票（见图5-44）的内容也就是常说的"记载事项"包括：

① 表明"银行汇票"的字样；

② 无条件支付的委托；

③ 确定的金额；

④ 付款人名称；

⑤ 收款人名称；

⑥ 出票日期；

⑦ 出票人签章。

欠缺记载上列事项之一的，银行汇票无效。

5.2.3　银行汇票结算流程

1. 付款方业务操作流程

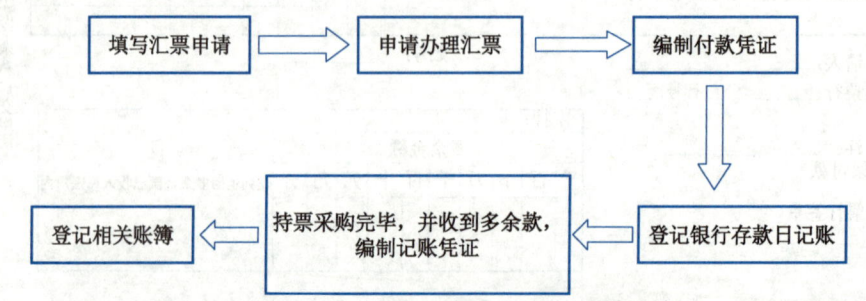

图 5-45　办理银行汇票付款的业务流程

第一步,正确填写银行汇票申请书一式三联,并在第二联加盖预留银行的印鉴。

第二步,出纳将填好的一式三联银行汇票申请书送交开户银行,银行柜员在办妥转账和收妥款项后,据以签发银行汇票,并将办理好的银行汇票第二联、第三联与加盖银行印章的银行汇票申请书的第一联一并交给申请人。

第三步,出纳将加盖银行印章的银行汇票申请书第一联传递给相关制证人员编制付款凭证作为记账依据。

第四步,出纳根据审核无误的付款凭证登记银行存款日记账。

第五步,采购完毕,相关制证人员依据增值税专用发票发票联和收料单编制转账凭证作为记账依据。另外相关制证人员依据收到的银行汇票第四联多余款收账通知联编制收款凭证作为记账依据。

第六步,记账人员依据审核无误的转账凭证、收款凭证登记相关账簿。

2. 收款方业务操作流程

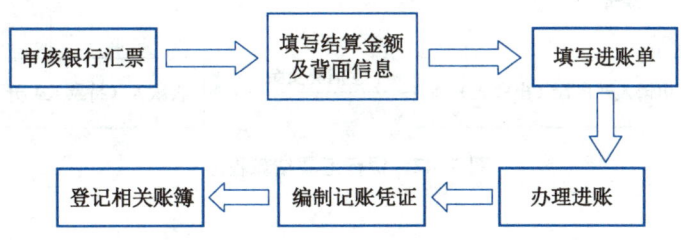

图 5-46　办理银行汇票进账的业务流程

第一步,审核收到的银行汇票。

① 审核收款人或背书人是否确为本单位或本人;
② 审核银行汇票是否在提示付款期内;
③ 审核记载事项是否齐全;
④ 审核出票行签章是否符合规定;
⑤ 审核是否有压数机压印的出票金额,与大写出票金额是否一致;
⑥ 审核出票金额、出票日期和收款人名称是否更改;
⑦ 审核银行汇票联和解讫通知联是否齐全、相符。

第二步,审核银行汇票无误后,在汇款金额以内,根据实际需要的款项办理结算,并将实际结算金额和多余金额准确、清晰地填入银行汇票第二联和第三联的有关栏内。全额解付的银行汇票,应在"多余金额"栏写上"0"符号。填写完结算金额和多余金额,在银行汇票背面加盖银行预留印鉴,收款人或被背书人将银行汇票第二联和第三联同时交与兑付银行,缺少任何一项均无效,银行不予受理。

第三步,填写进账单一式三联。

第四步,出纳将银行汇票第二联、第三联以及填写好的一式三联进账单交给开户银行办理进账。银行审核签章后,退回进账单第一联。收款人开户银行与银行汇票签发银行办理内部资金清算。银行汇票实际结算金额低于出票金额的,其多余金额由签发银行退交汇款人。

第五步,收款人开户银行受理银行汇票后,将实际结算金额划入收款人的账户上,并将进账单第三联收账通知联退回收款人。出纳将开户银行签章后退回的进账单第三联收账通知联传递给相关制证人员,制证人员依据进账单第三联收账通知联、增值税专用发票记账联、产品出库单编制记账凭证作为记账依据。

第六步,记账人员依据审核无误的转账凭证、收款凭证登记相关账簿。

3. 银行汇票结算程序

银行汇票结算程序一般如图 5-47 所示。

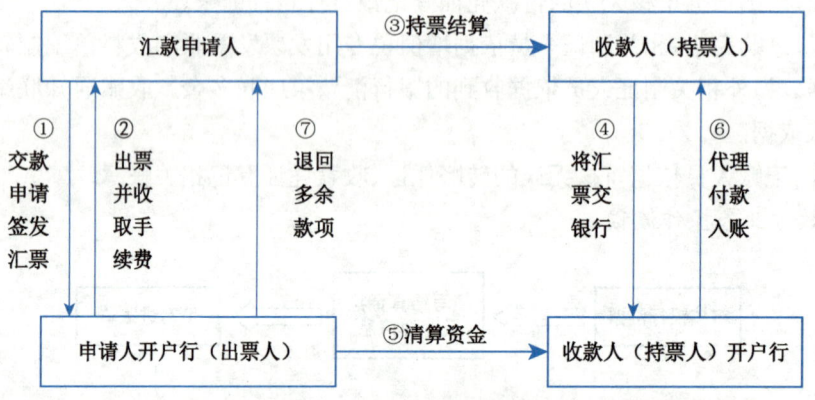

图 5-47　银行汇票结算程序

5.3　商业汇票结算业务

5.3.1 商业汇票的概念与分类

商业汇票是出票人(收款人、付款人或承兑申请人)签发,由承兑人承兑,并于票据指定到期日由付款人(或承兑人)无条件向收款人或持票人支付确定金额的票据。商业汇票是种约期付款工具,不仅具有支付功能,还具有信用和融资功能,是货币市场中重要的金融产品。

商业汇票的付款人为承兑人。商业汇票按其承兑人的不同,分为商业承兑汇票和银行承兑汇票两种。商业承兑汇票由银行以外的付款人承兑;银行承兑汇票由银行承兑。

5.3.2 商业汇票结算的相关规定

① 商业汇票只适用于在银行开立存款账户的法人以及其他组织之间,而且必须具有真实的交易关系或债权债务关系。

② 同城结算和异地结算均可使用,没有结算起点的限制。

③ 商业汇票的付款期限由交易双方共同商定,但最长不得超过 6 个月。属于分期付款的,应一次签发若干张不同期限的商业汇票。

④ 商业汇票可以背书转让,也可以向银行申请贴现。

⑤ 商业汇票的提示付款期限自汇票到期日起 10 日。

5.3.3 商业承兑汇票

商业承兑汇票是指由收款人签发经付款人承兑,或者由付款人签发并承兑在指定日期无条件支付确定的金额给收款人或者持票人的票据。商业承兑汇票一式三联,第一联由承兑人留存(见图 5-48);第二联由持票人开户银行随托收凭证寄付款人开户行作借方凭证附件(见图 5-49、图 5-50);第三联由出票人存查(见图 5-51)。

<u>商业承兑汇票(卡片)</u> 1

汇票号码:

付款人	全 称		收款人	全 称		此联承兑人留存
	账 号			账 号		
	开户银行			开户银行		
出票金额	人民币(大写)	亿 千 百 十 万 千 百 十 元 角 分				
汇票到期日(大写)			付款人开户行	行号		
				地址		
交易合同号码						
出票人签章			备注:			

出票日期(大写)　　年　月　日

图 5-48　商业承兑汇票第一联

1. 付款方业务操作流程

付款方办理商业承兑汇票的业务流程如图 5-52 所示。

2. 收款方业务操作流程

收款方办理商业承兑汇票的业务流程如图 5-53 所示。

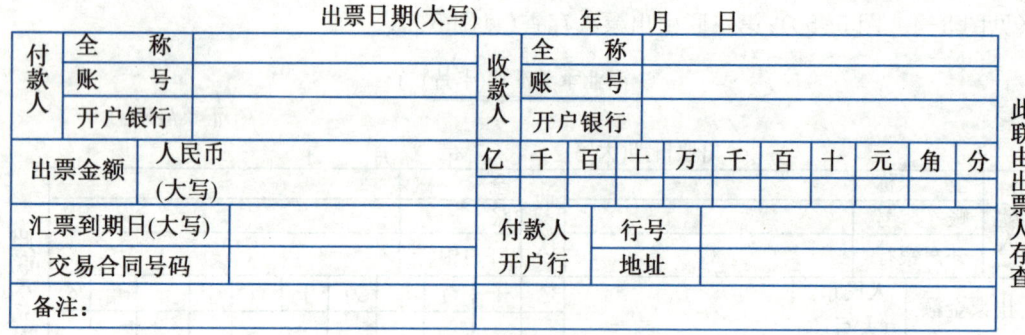

图 5-49 商业承兑汇票第二联正面

图 5-50 商业承兑汇票第二联背面

图 5-51 商业承兑汇票第三联

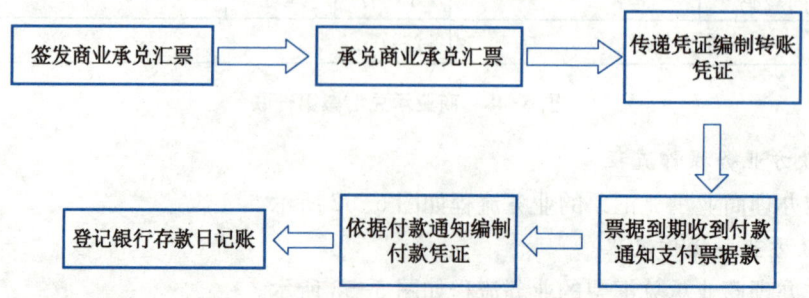

图 5-52 付款方办理商业承兑汇票的业务流程

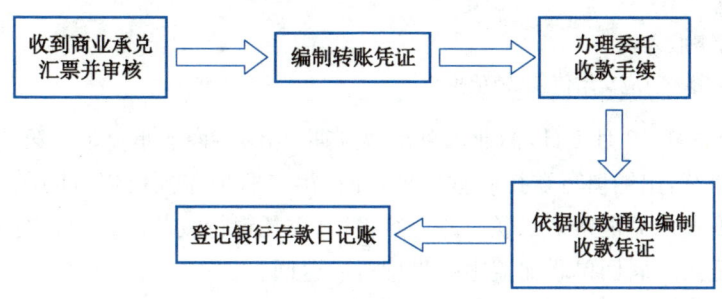

图 5-53 收款方办理商业承兑汇票的业务流程

【例 5-1】2016 年 7 月 1 日,天威集团有限公司(开户银行:中国建设银行 X 市开发区支行;账号:12345678;法人:王建国)向长城集团有限公司(开户银行:中国工商银行 Y 市中山支行;账号:23567891;法人:董浩然)销售产品一批,价款 600 000 元,增值税 102 000 元,已开出增值税专用发票,商品自提,交易合同号码为 1001,双方约定采用商业承兑汇票结算,期限为 5 个月,当日由付款方长城集团有限公司签发并承兑商业承兑汇票一份。2016 年 12 月 1 日,天威集团有限公司办理委托收款,长城集团有限公司如数付款。要求双方出纳办理商业承兑汇票结算业务。

(1) 长城集团有限公司(付款方)出纳办理付款业务操作步骤

第一步,签发商业承兑汇票一式三联。第三联留存企业。

第二步,承兑商业承兑汇票。将商业承兑汇票第二联加盖预留银行的印鉴后交予收款单位。

第三步,将商业承兑汇票第一联加盖预留印鉴,传递给相关制证人员,制证人员根据商业承兑汇票第一联、增值税专用发票发票联编制转账凭证,同时登记应付票据备查簿。

借:在途物资 600 000
　　应交税费——应交增值税(进项税) 102 000
　贷:应付票据 702 000

第四步,2016 年 12 月 1 日,商业承兑汇票到期,收到开户银行转来的委托收款凭证付款通知,审查无误后通知银行付款。

第五步,出纳将从开户银行转来的委托收款凭证付款通知传递给相关制证人员编制付款凭证。

借:应付票据 702 000
　贷:银行存款 702 000

第六步,出纳根据审核无误的付款凭证登记银行存款日记账。

(2) 天威集团有限公司(收款方)出纳办理收款业务操作步骤

第一步,出纳收到长城集团有限公司签发并承兑的商业承兑汇票第二联。

第二步,将审核无误的商业承兑汇票第二联传递给相关制证人员,制证人员根据增值税专用发票记账联和商业承兑汇票第二联的复印件编制转账凭证,并登记应收款项备查簿。

借：应收票据　　　　　　　　　　　　　　　　　　　　　　　　　702 000
　　贷：主营业务收入　　　　　　　　　　　　　　　　　　　　　600 000
　　　　应交税费——应交增值税(销项税)　　　　　　　　　　　102 000

第三步，2016年12月1日，商业承兑汇票到期，出纳持商业承兑汇票第二联到开户银行办理委托收款手续，出纳填写委托收款凭证，并在第二联加盖预留银行的印鉴，将托收凭证连同要到期的商业承兑汇票第二联一并交给银行，委托银行收款。开户银行受理后，将委托收款的托收凭证第一联回单联加盖银行受理章后退回。

第四步，出纳将开户银行转来的委托收款的托收凭证第四联收账通知联传递给相关制证人员编制收款凭证。

借：银行存款　　　　　　　　　　　　　　　　　　　　　　　　702 000
　　贷：应收票据　　　　　　　　　　　　　　　　　　　　　　　702 000

第五步，出纳根据审核无误的收款凭证登记银行存款日记账。

3. 商业承兑汇票结算程序

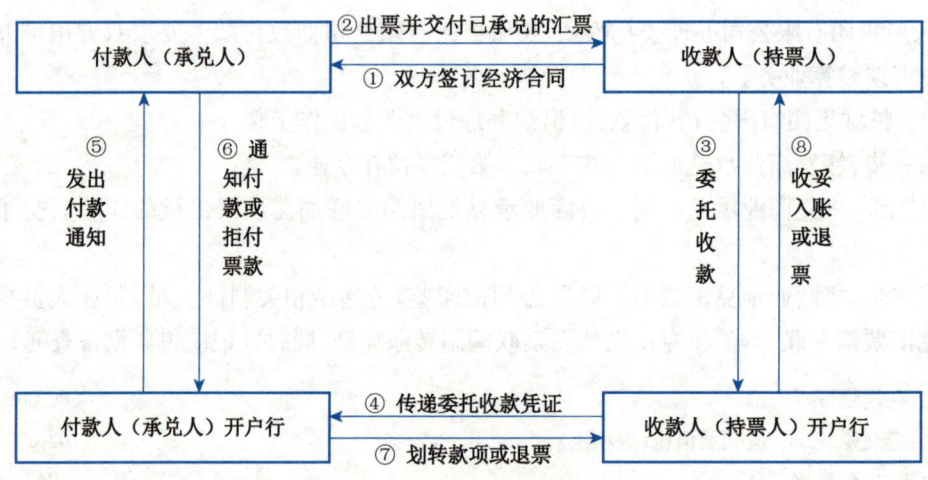

图 5-54　商业承兑汇票结算程序

5.3.4　银行承兑汇票

1. 银行承兑汇票的概念

银行承兑汇票是指由出票人(付款人或承兑申请人)签发，并由承兑申请人向开户银行申请，经银行审查同意承兑，在指定的日期无条件支付确定的金额给收款人或者持票人的票据。银行承兑汇票一式三联，第一联由承兑行留存备查，到期支付票款时作借方凭证附件(见图5-55)；第二联为收款人开户银行随托收凭证寄付款行作借方凭证附件(见图5-56、图5-57)；第三联由出票人存查(见图5-58)。

出票人：出票人是签发票据并将票据交付给他人的人。
付款人：付款人是指支付给持票人或收款人票面金额的人，付款人并不一定是出票人。
收款人：收款人是指收取票款的人(见图5-59)。

银行承兑汇票(卡片) 1

出票日期(大写)	年 月 日		汇票号码：	
出票人全称		收款人	全称	
出票人账号			账号	
付款行全称			开户银行	
出票金额	人民币(大写)		亿 千 百 十 万 千 百 十 元 角 分	
汇票到期日(大写)		付款行	行号	
承兑协议编号			地址	
本汇票请你行承兑，此项汇票我单位按承兑协议于到期日前足额交存你行，到期请予以支付。 出票人签章		备注：	复核 记账	

此联承兑行留存备查，作借方凭证附件到期支付票款时

图 5-55 银行承兑汇票第一联

银行承兑汇票 2

出票日期(大写)	年 月 日		汇票号码：	
出票人全称		收款人	全称	
出票人账号			账号	
付款行全称			开户银行	
出票金额	人民币(大写)		亿 千 百 十 万 千 百 十 元 角 分	
汇票到期日(大写)		付款行	行号	
承兑协议编号			地址	
本汇票请你行承兑，到期无条件付款。 出票人签章	本汇票已经承兑，到期日由本行付款。 承兑行签章 承兑日期 年 月 日 备注：		复核 记账	

此联收款人开户行随托收凭证寄付款行，作借方凭证附件

图 5-56 银行承兑汇票第二联正面

被背书人	被背书人	
背书人签章 年 月 日	背书人签章 年 月 日	(贴粘单处)

图 5-57 银行承兑汇票第二联背面

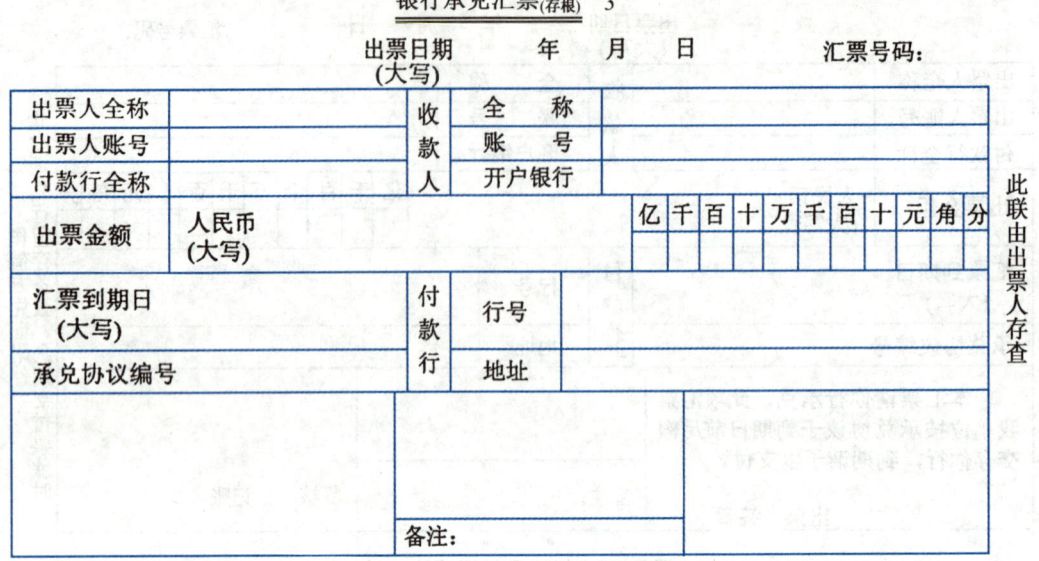

图 5-58 银行承兑汇票第三联

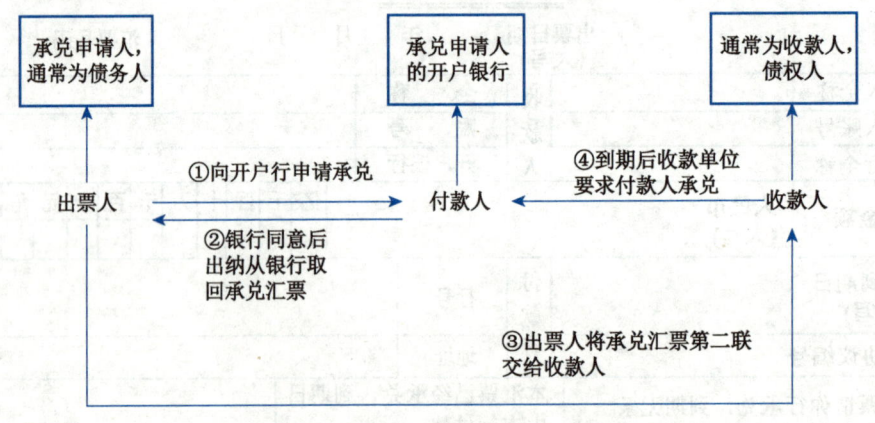

图 5-59 银行承兑汇票中的各方角色

除了上述几个"人",还有承兑人、背书人、持票人、保证人等。

承兑人:承兑人,就是承诺兑现汇票的人。如银行承兑汇票,银行就是承兑人。

背书人:票据的背书人是票据的背面书写(一般是签字或盖章)转给其他人,而这个"其他人"就是接受了背书票据的人,叫做被背书人,票据可以多次背书转让,但要连续。

持票人:持票人是其中一个收款人,是持有票据的人,他有权要求付款或承兑。

保证人:保证人是以自己的名义对票据付款加以保证的人。保证人可以为出票人、背书人、承兑人或参加承兑人提供担保。

2. 银行承兑汇票的使用范围

办理银行承兑汇票必须以商品交易为基础,严禁办理无真实贸易背景的银行承兑汇票。银行承兑汇票的出票人必须具备下列条件:

① 在承兑银行开立存款账户的法人以及其他组织；
② 与承兑银行具有真实的委托付款关系；
③ 资信状况良好,具有支付汇票金额的可靠资金来源。

3. 银行承兑汇票的风险

银行承兑汇票业务也是一项具有高风险的业务,和贷款业务一样。目前,我国银行承兑汇票的承兑手续费是票面金额的0.05%,与同档次贷款利息相比有很大差距。以一张1 000万元、期限为6个月的银行承兑汇票为例,承兑手续费只有5 000元,而银行按5.04%的贷款利率计算利息为252 000元。银行为了降低自身承兑风险,银行承兑汇票的申请人必须按承兑银行的要求存入一定的保证金,一般在票面金额的70%以下。目前,银行承兑汇票是我国使用率最高的商业汇票。一般情况下,银行会对开户单位进行信用评级,按客户信用等级收到保证金。

4. 银行承兑汇票业务流程

(1) 付款方业务操作流程

付款方办理银行承兑汇票的业务流程如图5-60所示。

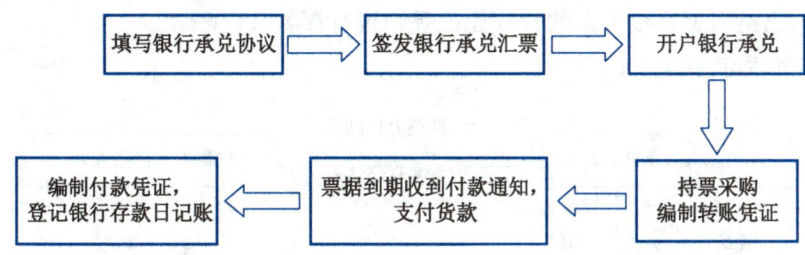

图5-60 付款方办理银行承兑汇票的业务流程

第一步,出纳填写银行承兑协议,并由承兑银行和出票人在银行承兑协议上盖章。

第二步,签发银行承兑汇票一式三联,并在第一联和第二联上加盖预留银行的印鉴。

第三步,出纳将填制好的银行承兑汇票交开户银行承兑,开户银行在银行承兑汇票第二联承兑银行盖章处签章。

第四步,将银行承兑汇票第二联交予采购员,前往采购货物,并将其交给销货方,制证人员根据银行承兑汇票第二联的复印件、增值税专用发票发票联编制转账凭证,同时登记应付票据备查簿。

第五步,银行承兑汇票到期,收到开户银行转来的委托收款凭证第五联付款通知联,审查无误后备足款项通知银行付款。

(2) 收款方业务操作流程

收款方办理银行承兑汇票的业务流程如图5-61所示。

第一步,出纳收到付款方采购员送交的银行承兑汇票第二联。

第二步,将审核无误的银行承兑汇票第二联传递给相关制证人员,制证人员根据增值税专用发票记账联和银行承兑汇票第二联的复印件编制转账凭证,并登记应收票据备查簿。

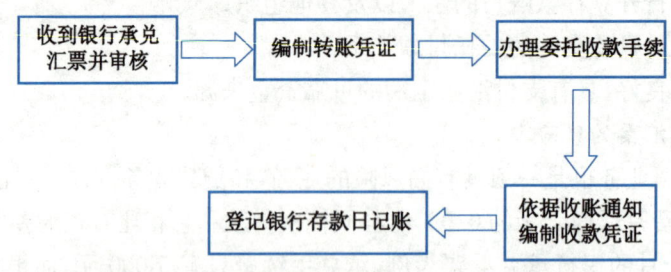

图 5-61 收款方办理银行承兑汇票的业务流程

第三步,银行承兑汇票到期,出纳持银行承兑汇票第二联到开户银行办理委托收款手续。出纳填写委托收款凭证,并在第二联加盖预留银行印鉴,将一式五联的托收凭证连同要到期的银行承兑汇票第二联一并交给银行,委托银行收款。开户银行受理后,将委托收款的托收凭证第一联回单联加盖银行受理章后退回。

第四步,出纳将开户银行转来的委托收款的托收凭证第四联收账通知联传递给相关制证人员编制收款凭证。

第五步,出纳根据审核无误的收款凭证登记银行存款日记账。

5. 银行承兑汇票结算程序

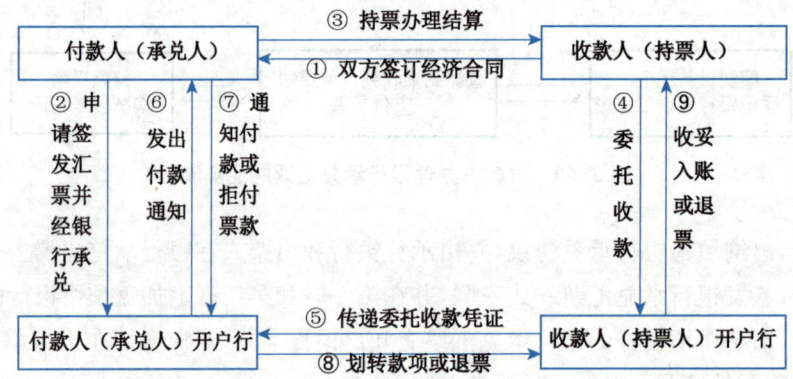

图 5-62 银行承兑汇票结算程序

5.3.5 商业汇票贴现

商业汇票贴现就是贴息取现,是指票据持有人在票据到期前需要资金时,为取得现款而将背书后的未到期票据"折价"转让给银行,向其开户银行申请贴现,银行受理后从票据到期值扣除按银行贴现率计算的贴现息后将剩余款项付给票据持有人。

1. 贴现条件和资料

符合条件的商业汇票的持票人可以持未到期的商业汇票连同贴现凭证向银行申请贴现。办理贴现应具备一定条件并提供必要资料(见图 5-63)。

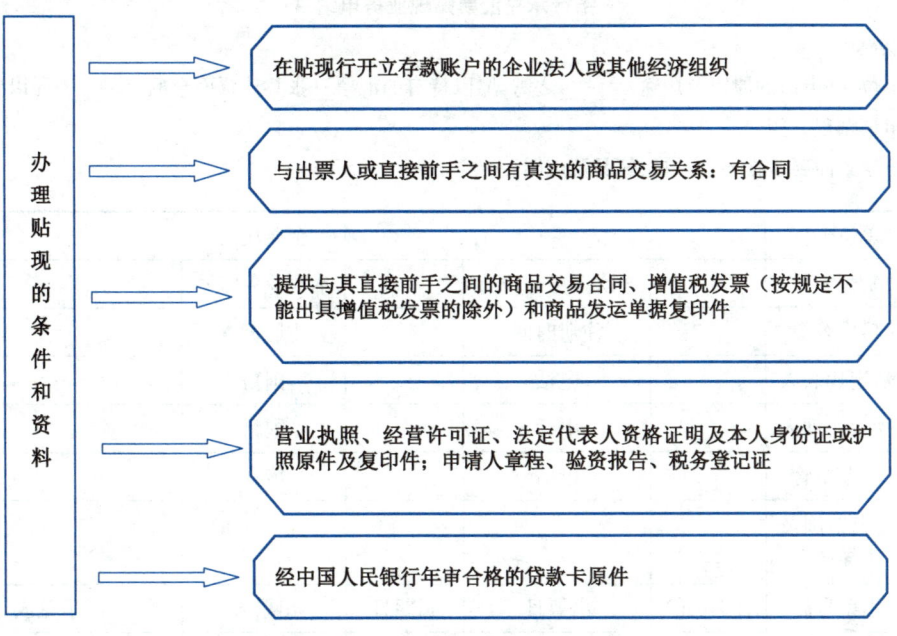

图 5-63　办理及贴现的条件和资料

2. 贴现程序

> **小白如是说：**
> 　　说白了贴现的目的是融资。融资的意思是指货币资金的持有者和需求者之间，直接或间接地进行资金融通的活动。从某种意义上说，融资其实就是当企业需要现金的时候，向银行或其他渠道筹集资金的行为。
> 　　所以说，用票据来贴现说明企业还是急需资金。不然就等几个月，票据到期后自然而然就可以兑换成资金了。

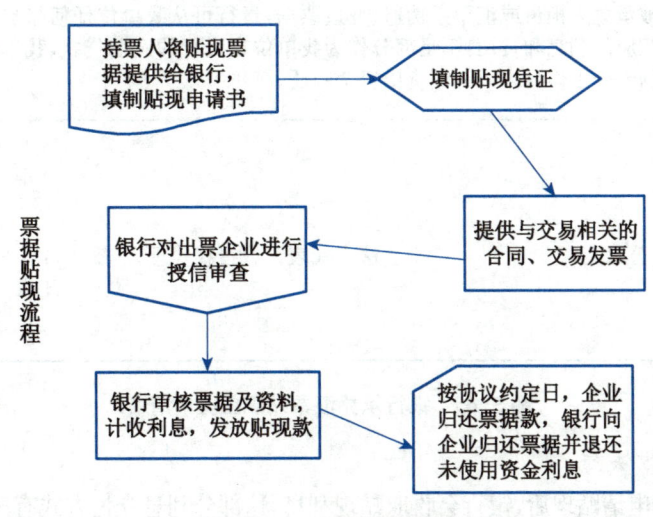

图 5-64　票据贴现流程

银行承兑汇票贴现业务申请书

中国建设银行_____分行：

  我单位因（申请的原因及用途）_____之需，愿以持有的汇票__张共计票面金额_____元以___利率向贵行申请贴现。望获准。

  附汇票票面要素提要、本单位简况及声明。

单位概况	单位全称			企业代码	
	贷款卡号		本次业务开户行	本次业务账号	
	信用等级		注册时间	注册资本	
	法定代表人		电话	国籍	
	授权代理人		电话	国籍	
	财务主管		电话	传真	
	经营范围及主导产品				
汇票要素提示	汇票号码	金额（元）	出票日	到期日	出票人	承兑人
	此栏未能列示出的汇票要素请见附件					
特别声明	我方为上述商业汇票合法持有人，均系真实、合法的商品、劳务交易所得，无恶意、过失或其他违法行为，汇票真实、合法、有效。上述商业汇票项下的交易合同和发票等证明交易确已履行的凭证真实、合法、有效。本次贴现已得到有权机构的必要授权，贴现利息计算同意按相关法律规定执行。如汇票到期被承兑人拒付或汇票系伪造、变造票据，贵行可从我单位任何帐户中扣收贴现票据等额资金以及相应的利息和费用，不足部分作为我单位在贵行的逾期贷款，我单位保证在收到你行通知之日起的十个工作日内以等额货币资金归还。					
	贴现申请人（公章）： 法定代表人或授权代理人（签章）： 年 月 日					

图5-65　银行承兑汇票贴现业务申请书

3. 贴现计算方法

  持票人向银行申请贴现后，银行会收取贴现利息，这部分利息支付方式有三种（见图5-66）。

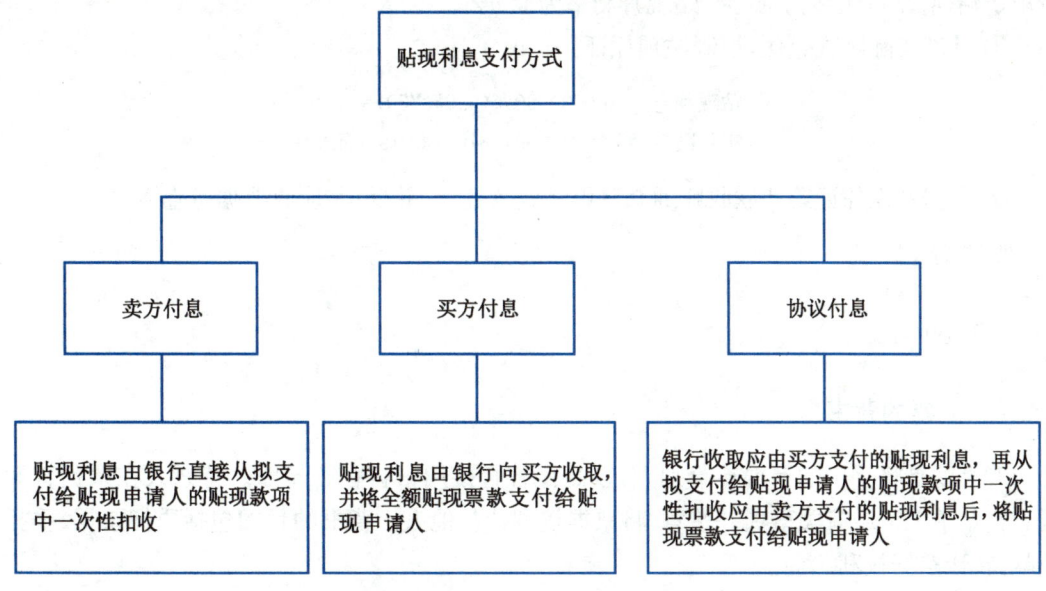

图 5-66　贴现利息的支付方式

银行根据市场利率以及票据的信誉程度规定一个贴现率,计算出贴现日至票据到期日的贴现利息。

$$贴现利息=票据到期值\times 贴现天数\times (年贴现率/360)$$
$$=票据到期值\times 贴现天数\times (月贴现率/30)$$
$$=票据到期值\times 贴现月数\times (年贴现率/12)$$
$$票据贴现净额=票据到期值-票据贴现利息$$

其中,票据到期值,对于无息票据是票据面值,对于带息票据是票据面值加利息。贴现天数应按日历天数从汇票贴现日算至汇票到期前一日止。贴现率由中国人民银行统一规定基准利率。

4. 到期贴现商业汇票不能兑付的处理

贴现的商业承兑汇票对收款人是存在风险的。已贴现的商业承兑汇票付款人的银行账户存款不足支付时,贴现银行将按规定将汇票退给贴现申请人,并从申请人账户收回贴现的票款,若此时贴现申请人账户存款不足,其余款作为短期贷款处理。

已贴现的银行承兑汇票到期,付款人的银行账户存款不足支付时,与贴现申请人无关。承兑银行应向贴现银行无条件支付票款,同时,承兑银行将向付款人执行扣款,并处以罚款。即付款人在票据到期时无力偿还票款,银行即将已贴现的票据退还申请贴现人(收款人),同时从其账户中将款项扣回,对收款人而言,"应收票据"转成了"应收账款";倘若此时收款人存款账户中资金也不足,对收款人而言,这笔已贴现的票款则是逾期贷款,"应收票据"形成了"短期借款"。

【例 5-2】2016 年 5 月 10 日,东风公司将金额为 30 000 元的银行承兑汇票向其开户银行申请贴现,贴现天数为 90 天,贴现月利率为 0.9%。

① 计算实际贴现金额,填制贴现凭证。

$$贴现利息 = 30\,000 \times 90 \times (0.9\%/30) = 810(元)$$
$$实际贴现金额 = 30\,000 - 810 = 29\,190(元)$$

② 根据贴现凭证第四联收账通知联编制收款凭证,并登记"应收票据备查簿"。

借:银行存款　　　　　　　　　　　　　　　　　　　　　　　　　29 190
　　财务费用　　　　　　　　　　　　　　　　　　　　　　　　　　 810
　　贷:应收票据　　　　　　　　　　　　　　　　　　　　　　　 30 000

5.3.6　汇票的背书

背书就是将手中的票据转给别人,以此代替直接用银行存款转账。持票人在票据背面或者粘贴单上记载有关事项并签章,将票据权利让与他人。背书的目的包括质押票据、委托收款、转让票据权利。

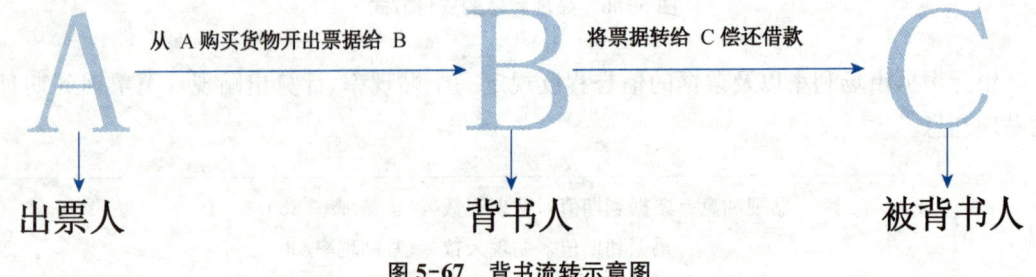

图 5-67　背书流转示意图

如图 5-67 所示,B 相对 A 是债权人,C 相对 B 是债权人。"背书"的背后其实是转换债权的行为。经过背书,票据的所有权由背书人转给被背书人。也就是 B 将票据所有权转给了 C。如果出票人到期不付款,则背书人必须承担偿付责任。也就是 B 需要承担支付责任。

经过背书转让的票据,背书人负有担保票据签发者到期付款的责任,一张票据可以多次背书、多次转让。

那么如何填写背书签章和背书日期?

> 《中华人民共和国票据法》第二十九条　背书由背书人签章并记载背书日期。背书未记载日期的,视为在汇票到期日前背书。

正确的背书应该是签了章之后还要把日期给补上的,但一般都很少写这个日期。所以,最后持票人拿去银行贴现时还要把日期全部填写上去才行。

被背书人的名字写在"被背书人"的框内(可以分行写,但一定要写在框内),字迹一定要规范而且清晰可辨(见图 5-68)。

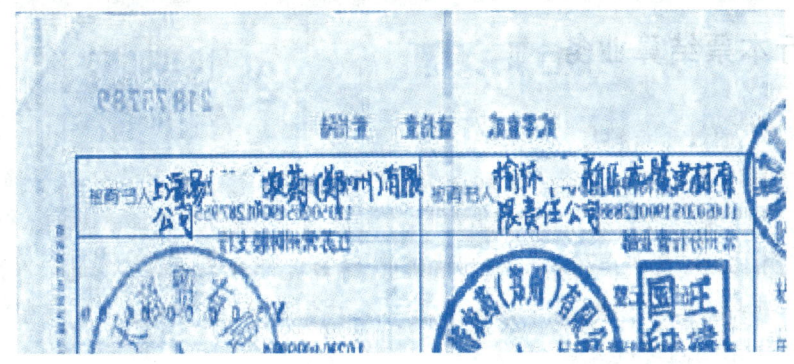

图 5-68 背书示意图

> 《中华人民共和国票据法》第三十条 汇票以背书转让或者以背书将一定的汇票权利授予他人行使时,必须记载被背书人名称。
>
> 《最高人民法院关于审理票据纠纷案件若干问题的规定》第四十九条 依据票据法第二十七条和第三十条的规定,背书人未记载被背书人名称即将票据交付他人的,持票人在票据被背书人栏内记载自己的名称与背书人记载具有同等法律效力。

所以建议大家还是在背书的时候写上收款人的名字。

> 《中华人民共和国票据法》第二十八条 票据凭证不能满足背书人记载事项的需要,可以加附粘单,粘附于票据凭证上。

因为一张汇票只有两个背书的框,所以背书人就要使用粘单,这个粘单就是因票据不能满足背书记载事项的需要而粘附于票据上的纸张,有种"承上启下"的作用,好比日记账中的"过次页承前页"。为了保证粘单的有效性和真实性,第一位使用粘单的背书人必须将粘单粘接在票据上,并且在粘接处签章,否则该粘单记载的内容即为无效(见图 5-69)。

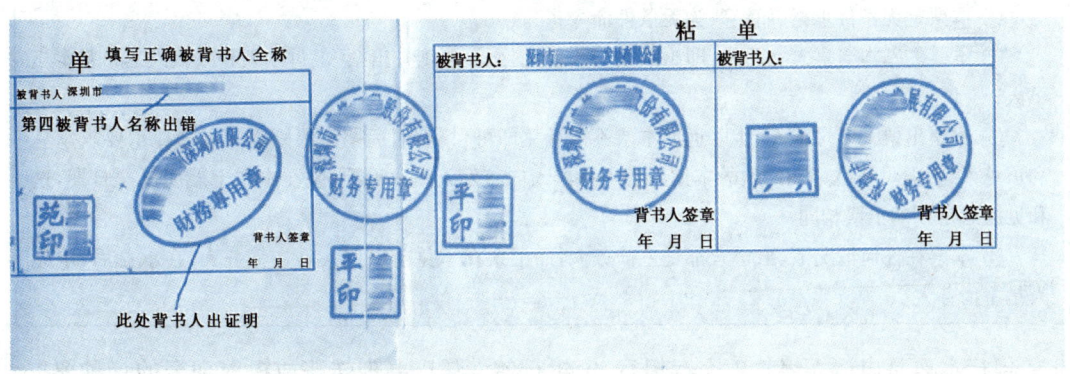

图 5-69 背书粘单示意图

5.4 银行本票结算业务

1. 银行本票的概念与种类

银行本票是申请人将款项交存银行,由银行签发给申请人,在同一票据交换区域内,承诺自己在见票时无条件支付确定的金额(转账或支取现金)给收款人或者持票人的票据。

2004年10月,《中国人民银行关于调整票据、结算凭证种类和格式的通知》(银发[2004]235号)规定,原来的定额本票、不定额本票统一合并为本票(不定额)。目前在各银行通用的银行本票都为不定额银行本票。

银行本票可以用于转账,称为转账银行本票;注明"现金"字样的银行本票可以用于支取现金,称为现金银行本票。现金银行本票的使用只限于申请人和收款人均为个人。银行本票一律记名,允许背书,不予挂失。银行本票的提示付款期限自出票日起最长不得超过2个月,按对月对日计算,到期日遇节假日顺延,超过付款期限的银行本票银行不予受理。

银行本票适用于单位和个人在同城或同一票据交换区域范围内的商品交易和劳务供应以及其他款项的结算。

本票是见票即付,它的流动性是最好的。因为在开具本票的时候,你的银行账户里必须有这样一笔钱,开具后,这笔款项就被冻结,你可以到任何银行或公司去支付时使用,等同于现金,信用比支票好(见图5-70)。

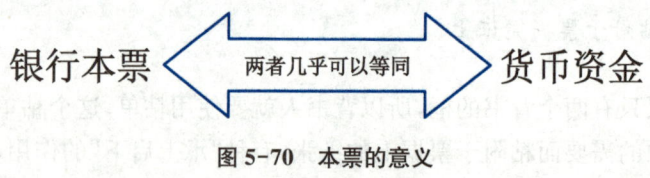

图5-70 本票的意义

> **汇票与本票的区别**
> ① 本票是无条件承诺,而汇票为无条件命令;
> ② 本票的基本当事人有两个,即出票人与收款人,而汇票则有出票人、付款人和收款人三个基本当事人;
> ③ 本票出票人即付款人,所以远期本票不需承兑即可付款,而远期汇票则必须办理提示要求承兑和承兑手续,但见票后定期付款的本票则要求持票人向签发人提示见票,并在本票上载明见票日期,这和见票后定期的汇票相同;
> ④ 本票在任何情况下,出票人都是主债务人,而汇票在承兑前出票人是主债务人,在承兑后,承兑人是主债务人。

银行本票是申请人将款项交存银行,由银行签发凭以办理转账或提取现金的一种票据。本票是自付证券,它是由出票人自己对收款人支付并承担绝对付款责任的票据。这是本票和汇票、支票最重要的区别。在本票法律关系中,基本当事人只有出票人和收款人,债权债务关系相对简单。

2. 银行本票结算的相关规定

① 银行本票应记载的事项

a. 表明"银行本票"的字样；

b. 无条件支付的委托；

c. 确定的金额；

d. 付款人名称；

e. 收款人名称；

f. 出票日期；

g. 出票人签章。

② 银行本票的提示付款期限为自出票日起两个月。逾期的银行本票，兑付银行不予受理。

③ 银行本票一律记名，即本票上必须注明收款人。

④ 银行本票允许背书转让。

⑤ 银行本票适用于单位或个人在同一票据交换区域内各种款项的结算，根据实际需要，既可以用于转账，也可以用于支取现金。申请人和收款人均为个人才能申请签发现金银行本票；申请人或收款人为单位的，不得申请签发现金银行本票。

银行本票一式两联，第一联为卡片联，如图 5-71 所示，由出票行留存，结清本票时作借方凭证的附件。第二联为本票联，如图 5-72 所示，为出票行结清本票时作借方凭证；其背面如图 5-73 所示。

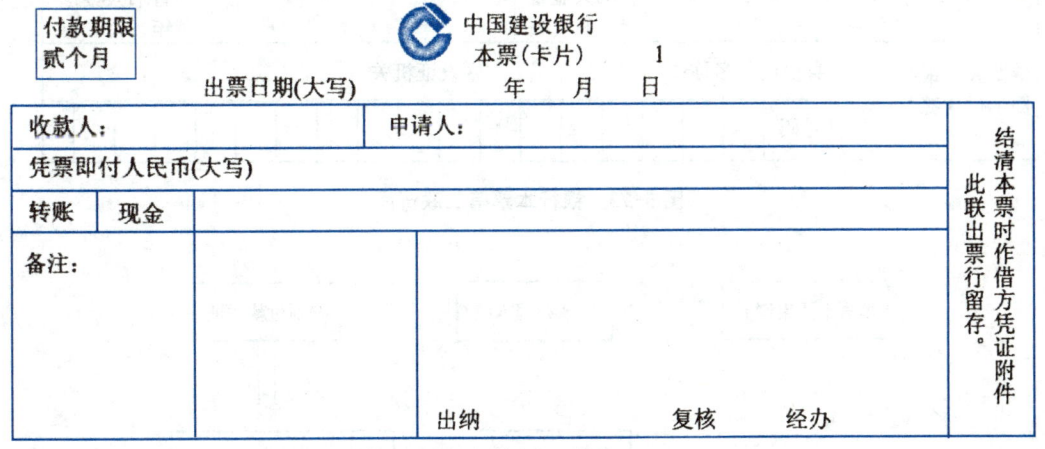

图 5-71 银行本票第一联

3. 银行本票结算的业务流程

(1) 付款方业务操作流程

2018 年 5 月 1 日，天威集团有限公司（开户银行：建行×市开发区支行；账号：12345678；法人：王建国）出纳李雪向开户银行申请银行本票 11 700 元，用于支付恒利集团有限公司的材料款。请填写银行本票申请书一式三联并办理相关业务。

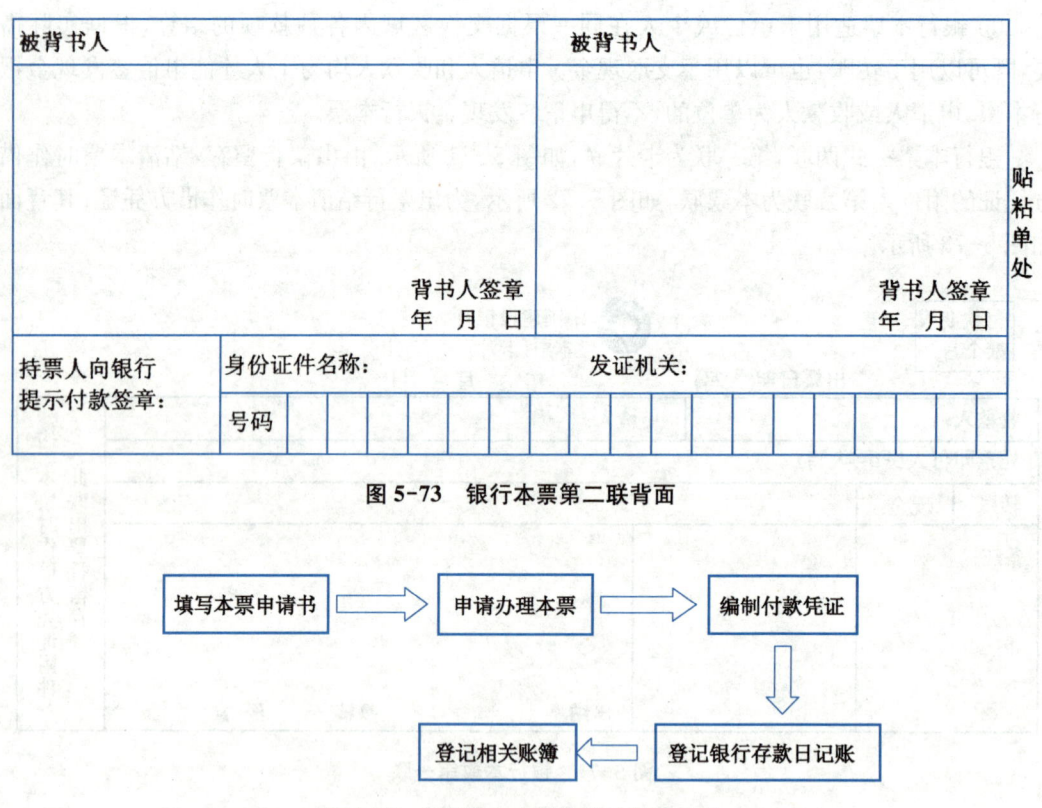

图 5-72 银行本票第二联正面

图 5-73 银行本票第二联背面

图 5-74 办理银行本票付款的业务流程

第一步,正确填写银行本票申请书一式三联,并在第二联加盖预留银行印鉴。

第二步,出纳将填好的一式三联银行本票申请书送交开户银行,银行柜员在办妥转账和收妥款项后,据以签发银行本票,并将加盖银行印章的银行本票申请书第一联一并交给申请人。按银行规定还应交纳一定的手续费。

第三步,出纳将加盖银行印章的银行本票申请书第一联传递给相关制证人员编制付款凭证作为记账依据。

  借:其他货币资金   11 700
   贷:银行存款   11 700

第四步,出纳根据审核无误的付款凭证登记银行存款日记账。

第五步,2018年5月2日,天威集团有限公司采购员持此银行本票向恒利集团有限公司采购A材料,取得增值税专用发票抵扣联和发票联,发票上注明A材料价款10 000元,增值税1 700元,材料已运回并入库。相关制证人员依据增值税专用发票发票联和收料单编制转账凭证作为记账依据。

第六步,相关记账人员依据审核无误的转账凭证登记相关账簿。

（2）收款方业务操作流程

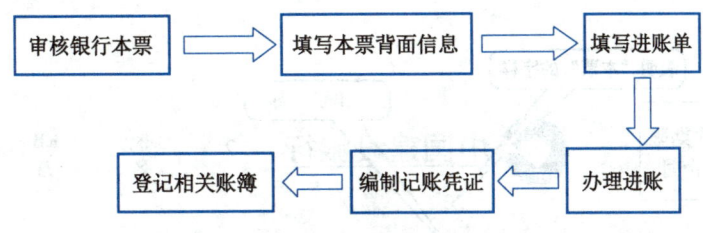

图5-75　办理银行本票收款的业务流程

第一步,出纳审核收到的银行本票。
① 审核收款人是否确为本单位或本人;
② 审核银行本票是否在提示付款期内;
③ 审核记载事项是否齐全;
④ 审核出票行签章是否符合规定;
⑤ 审核不定额银行本票是否有压数机压印的出票金额,并与大写出票金额一致;
⑥ 审核出票金额、出票日期是否更改;
⑦ 审核背书是否连续,背书人签章是否符合规定,背书使用粘单的是否按规定签单。

第二步,审核银行本票无误后,在本票背面加盖银行预留印鉴。如果收款人为个人,在本票背面加盖个人的印章,同时填写身份证件的名称和号码。

第三步,填写进账单一式三联。

第四步,出纳将银行本票和填写好的一式三联进账单交给开户银行办理进账。银行审核签章后,退回进账单第一联。收到银行签章退回的第一联回单,表示已办妥手续,其开户银行接受委托同意向付款人收取款项。

第五步,出纳将开户银行签章后退回的进账单第三联收账通知联传递给相关制证人员,制证人员依据进账单第三联收账通知联、增值税专用发票记账联、产品出库单编制记账凭证作为记账依据。

第六步,记账人员根据审核无误的收款凭证、转账凭证登记相关账簿。

4. 银行本票结算程序

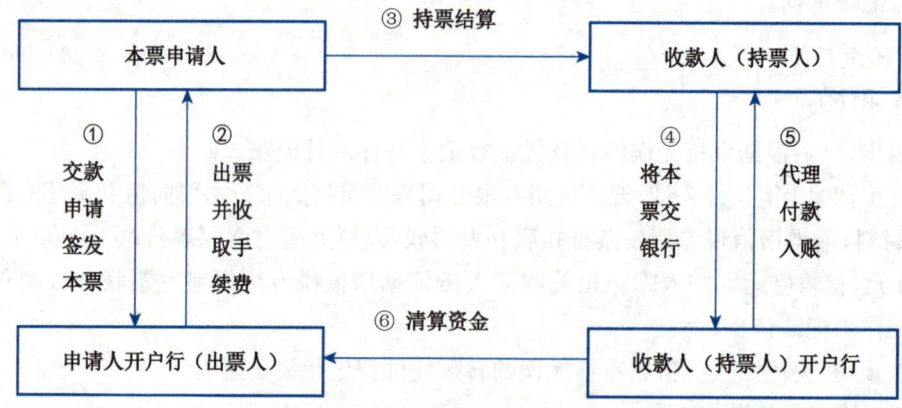

图 5-76 银行本票结算程序

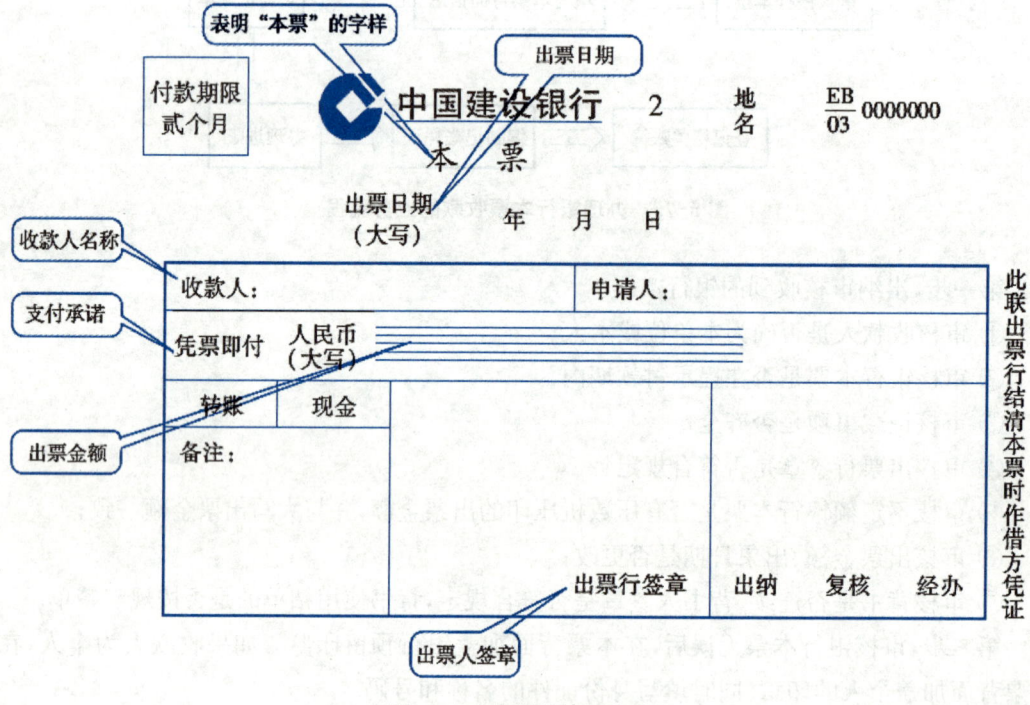

图 5-77 本票的填写方法

随着时代的发展,本票在我国渐成历史。作为一名优秀的出纳,或许极少可能接触本票,但我们至少要认识这样东西。

5.5 委托收款结算

1. 委托收款的概念和种类

委托收款是根据购销合同由收款人发货后委托银行向付款人收取款项的结算方式。委托收款结算款项的划回方式有两种：邮寄和电汇。邮寄是指收款人委托银行通过邮寄方式将款项划给收款人的结算方式。电划是指收款人委托银行通过电报将款项划给收款人的结算方式。

2. 委托收款的特点

委托收款结算没有金额起点限制，也没有最高限额；不受地点的限制，在同城、异地均可以使用，具有方便灵活、适用面广等特点。

3. 委托收款的适用范围

单位和个人凭已承兑的商业汇票、债券、存单等付款人债务证明办理款项的结算，均可以使用委托收款结算方式。债务证明包括债券、存单、已承兑的商业汇票、银行承兑汇票等，仅凭发票不能作为委托收款的债务证明，其中银行承兑汇票、存单、债券等债务证明的付款人为银行，已承兑的商业汇票等债务证明的付款人为单位。

委托收款适用于在银行或其他金融机构开立账户的单位和个体经济户的商品交易；公共事业单位需要向用户收取水电费、电话费等劳务款项及其他应收款。

4. 委托收款结算规定

① 收款人办理委托收款应向银行填写"托收凭证"，提供托收依据。

② 付款人的付款期限为 3 天，从付款人开户银行发出付款通知的次日算起。付款人在付款期内未向银行提出异议，银行视为同意付款，出具付款委托书。

③ 付款人审查有关债务证明后，对收款人委托收取的款项需要拒付的，可以办理拒绝付款。

5. 委托收款操作流程

(1) 收款方操作流程

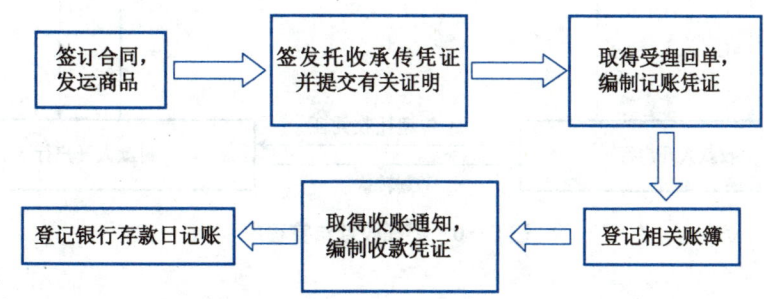

图 5-78 收款方办理委托收款的业务流程

第一步，出纳按规定逐项填写委托收款凭证（一式五联），记载事项要齐全，并在第二联加盖预留银行印鉴。出纳持增值税专用发票及委托收款凭证到开户银行办理委托收款手续。

第二步，收款单位开户银行收到收款单位送交的委托收款凭证和有关单证后，按照委托收款的有关规定和填写凭证的有关要求进行认真审查，审查无误后办理委托收款手续。

出纳将受理回单、增值税专用发票记账联、产品出库单传递给相关制证人员编制转账凭证。

第三步,记账人员根据审核无误的转账凭证登记相关明细账簿。

第四步,收到开户银行发来的收账通知。出纳从开户银行取来委托收款凭证的第四联收账通知联,并将此联传递给相关制证人员编制收款凭证。

第五步,出纳根据审核无误的收款凭证登记银行存款日记账。

(2) 付款方操作流程

图 5-79　付款方办理委托收款的业务流程

第一步,出纳从开户银行取回委托收款凭证第五联付款通知联及增值税专用发票等债务证明,审查无误后应通知银行付款。

第二步,出纳将委托收款凭证第五联付款通知联及增值税专用发票、产品入库单传递给相关制证人员编制付款凭证。

第三步,出纳根据审核无误的付款凭证登记银行存款日记账。

6. 委托收款结算程序

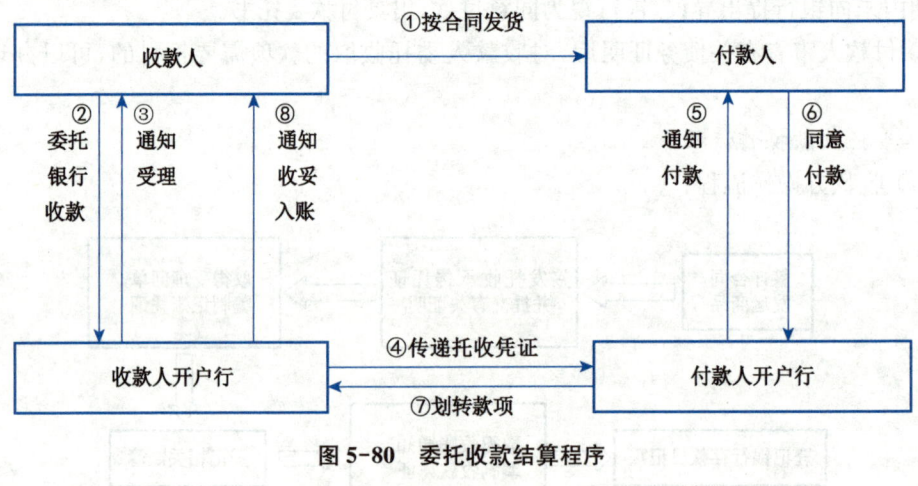

图 5-80　委托收款结算程序

5.6　互联网＋出纳

现在的银行转账业务就是用网银进行转账了。开户的时候银行也会建议你开通网银的,开通了网银就可以在电脑上进行转账结算业务,省去了填转账支票、跑银行的麻烦。这也是未来的发展趋势。互联网＋出纳,也让我们出纳的工作内容和性质悄然发生变化。

网上转账的操作并不难,只要每个细节合规,主管与出纳之间权责明确,各环节审查严格,就可以将风险控制在可控的范围内。

首先,用 U 盾登录网上银行后,先点击"转账付款",然后再根据同行还是跨行等情况进行分别操作(见图 5-81)。最后,填写汇款方账户信息、付款金额、用途就可以了(见图 5-82)。

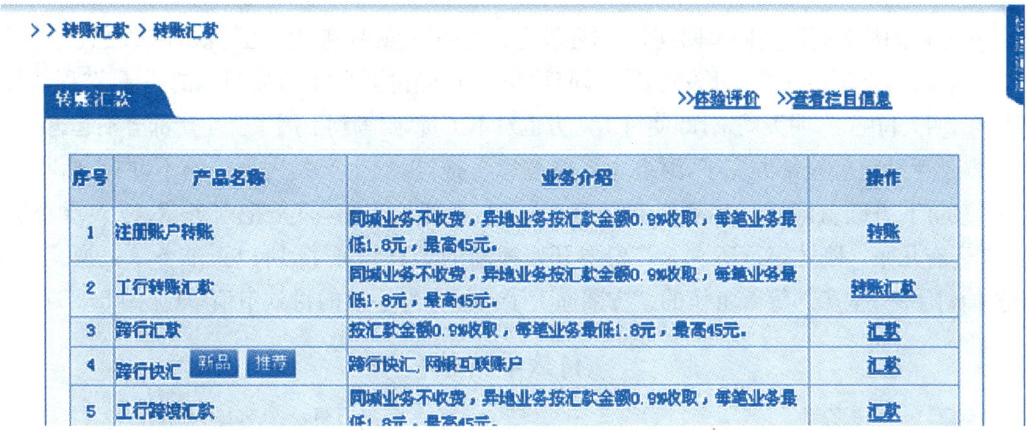

图 5-81　网上银行转账汇款

一般单位都会开通有操作员与复核员,以上就是操作员做的。

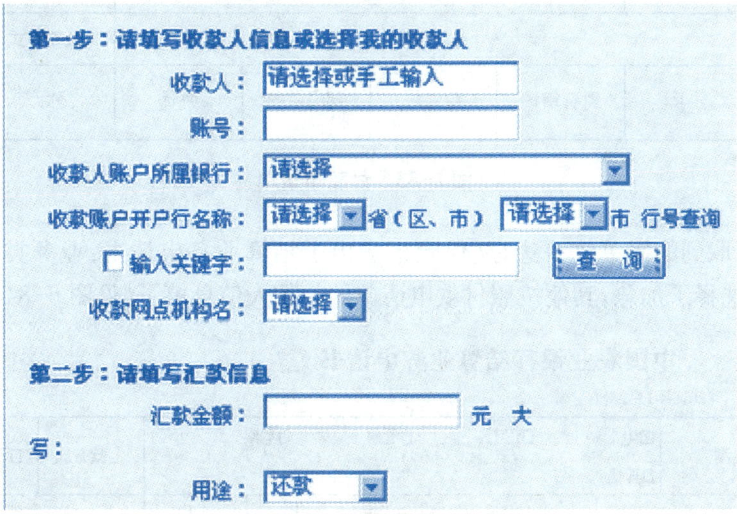

图 5-82　填写汇款方等相关信息

> **什么是银行落地与不落地?**
> 　　这个主要是由网上银行的诞生而衍生出来的概念,所谓"落地"就是指单位进行网上银行的操作,传到银行,银行打出纸质凭证,再按纸质凭证内容办理相关业务。"不落地"就是单位进行网上银行操作,由银行系统直接进行发送的业务处理模式,也可以说没落到银行这块土地上。所以,一般来说,"不落地"的速度比"落地"的快。

在互联网还没有这么发达的时候,托收承付、电汇也是被广泛使用。即使现在,一些没有开通网上银行的公司依然采取电汇等传统支付方式。因此处在转型时期的我们,也需要对这两项内容了解学习!

实训演练 18 小白填写结算凭证

白小白刚从银行取完回单回到公司,还没走到办公室,就听到里面为付款的事发愁了。

"这次,供应商要付了款才发货。""你跟对方说款已经付了。""对方要付款的凭证。""程部长明天回来,明天付吧。""明天周末,即使付了对方也发不了货,要等到下周了。生产部等不起。"

既然手续已经全部办完了,财务也不好意思再拖,影响生产是大事。这不,白小白刚跨进办公室的门,方圆就问她:"你那里有结算凭证吧,程部长出差,只是把财务章、法人章交了出来。""还有几张。刚才银行还说3月份要开始换新的结算凭证了,所以正准备拿去换。""把这个款给付了吧,生产部等着工作的。"方圆递上了已经办好手续的付款申请单(见图5-83)。

付款申请单

部门	采购部			日期:	2015年1月23日	
收款人	深州零部件有限公司		收款人开户行		深州零部件有限公司	
			收款人账号		310440135044444	
付款金额(大写)	佰 ⊗拾 贰万 零仟 零佰 零圆 零角 零分				(小写)	¥20,000.00
款项用途	付货款				付款方式	
领导审批	洪兵	财务审核	程海峰	部门审核	姚远	经办人	宁夏

图 5-83 付款申请单

白小白把取到的回单放一边,从保险柜拿出了结算业务申请书:业务类型当然是电汇了,汇款方式选择了加急,其他按照付款申请单的收款人信息填了(见图5-84)。

中国农业银行结算业务申请书

XVII8888888888

申请日期 2015年1月23日

		业务类型	☑电汇 □信汇 □其他	□汇票	□本票		汇款方式	□普通 ☑加急	
客户填写	申请人	全称	北海隆钜机器有限公司			收款人	全称	深州零部件有限公司	
		账号或地址	20-705101040088888				账号或地址	310440135044444	
		开户行名称	中国农业银行股份有限公司北海分行				开户行名称	中国银行广东分行	
	金额(大写)人民币		贰万圆整					亿千百十万千百十元角分 ¥ 2 0 0 0 0 0 0	
	上列款项及相关费用从我账户内支付。					支付密码			
						附加信息及用途:			
	申请人签章					货款			
银行打印									

图 5-84 业务结算申请书

最后，方会计就在结算申请书上的"申请人签章"那里盖上了银行印鉴。

回来后，白小白把回单复印了一份给了采购部，原件及付款申请单给了会计做账（见图5-85）。

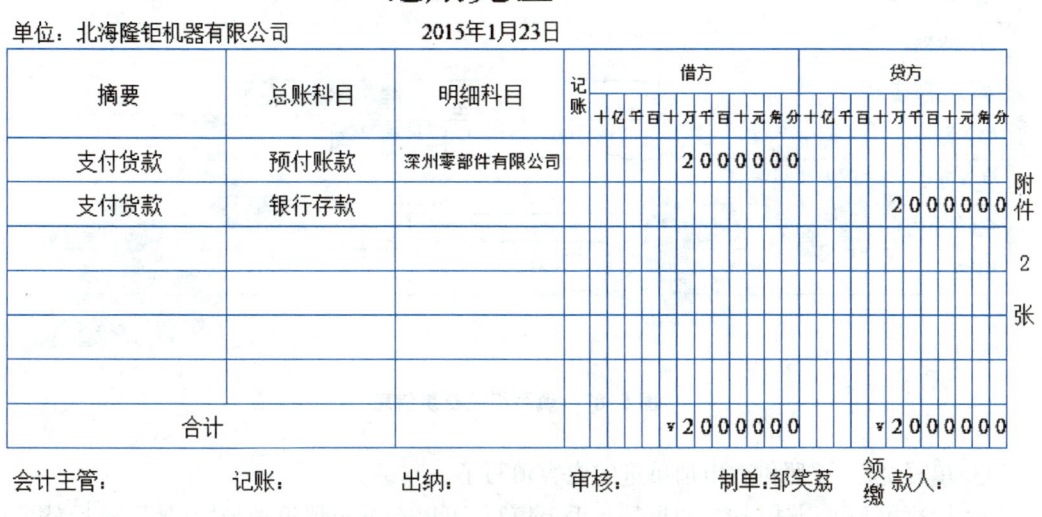

图 5-85　支付货款的记账凭证

实训演练 19　小白进行网银转账

有了网银，减少了出纳跑银行的次数。现在，转账业务都能在网上搞定了。

今天是分公司的转账业务，同样的，根据会计审核完的付款申请单进行网银录入及提交。

首先，进入网银，选择"付款业务"—"转账"—"单笔转账"后，点击"新建"（见图5-86）。

图 5-86　网银转账新建单笔转账

然后，就按付款申请单内容输入交易信息（按图5-87至图5-89上标注的1～7进行操作）。

因为都不是第一次进行网上转账了，所以收款人信息都会保存在用户的网银信息中，除了金额要手输以外，剩下的都可以从下拉列表中选择了。

① 选择转出账户：也就是付款方的信息，就是你该用哪个公司进行转账；

② 选择收款方信息：根据付款申请单上的收款人名称、账号、开户行进行选择，一般先选择分组，然后再选择账户信息，一般收款方数量多的话才选择分组的，如果是新的收款单位，要点转入账户那行的"登记"进行录入了。

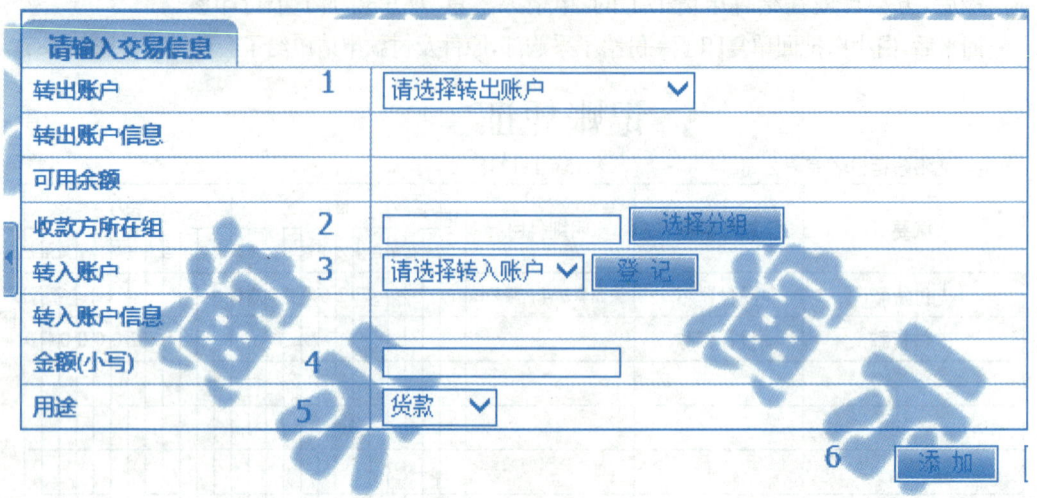

图 5-87 填写相关交易信息

③ 填写金额:按照付款申请单进的内容填写了。

④ 用途也是可以选择的,如果是要手工填写,可以在下拉那里选择"其他",然后就可以在弹出的文本框内手工录入了。

填好后的大概就是如图 5-88 所示的这样了。

图 5-88 已填好的相关交易信息

再核对一下,确定没问题了,就点击下面的"添加",那么刚才录入的信息就会显示到下方的框中,点击"确定"后录入的信息就提交到了复核员那里了(见图 5-89)。

实训演练20　小白登录网银查客户回款

白小白总习惯每天登一下网上银行,这次也不例外。正准备登呢,销售部来了电话"小白童鞋,帮忙查一下正美的钱到账了没?""小黄童鞋,我们是不是心有灵犀呢,我正登呢,查好后再给你信哈。"

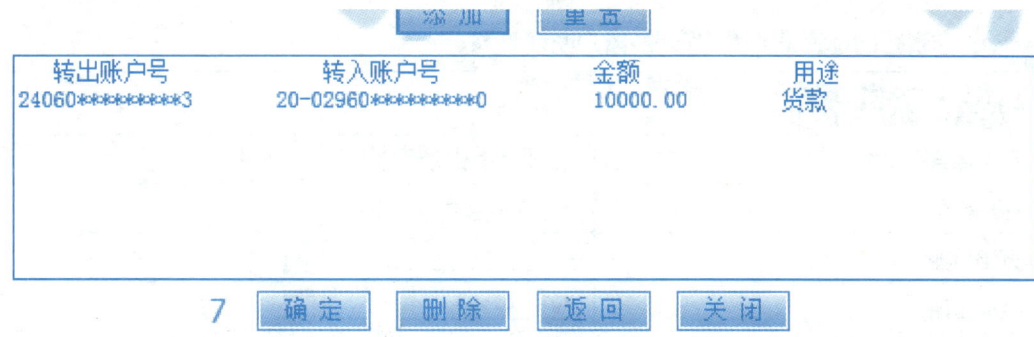

图 5-89　提交交易信息

（以下操作操作为演示版）

白小白是操作员权限的，所以以操作员身份登录网上银行（见图 5-90）。

图 5-90　操作员登录网上银行

打开了页面，点击"账户管理"下面的"账户明细查询"（见图 5-91）。

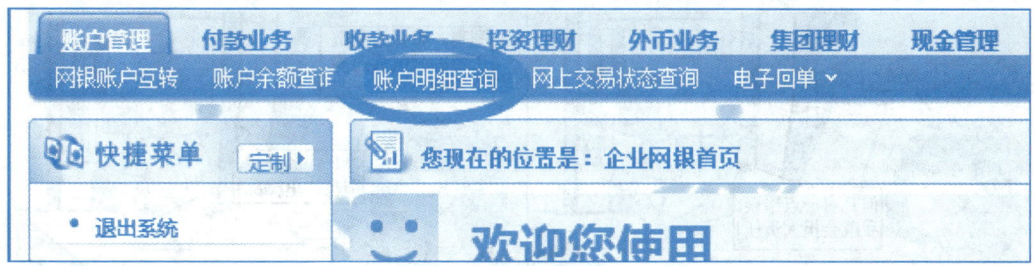

图 5-91　网银的账户明细查询

在弹出的"账户明细查询"里输入查询的条件，也就是选择要查询的账户、开始日期、结束日期（见图 5-92）。

点击确定后就可以查出明细了。

查完后，电话打过去，"没有回款"。

图 5-92 网银账户明细查询

5.7 发放工资

在互联网并不发达的以前,发工资对出纳而言最为头疼。并且有的公司并不通过银行转账,而是发放现金。这给我们出纳工作就带来很多麻烦。而如今发工资基本是通过银行代发,出纳的工作减轻不少。又因为发放工资基本采用转账方式,而非现金发放。因而将出纳的这项业务放到本章来讲。

虽然,计算工资的不是出纳,但是作为发放工资的最后一关,出纳也是要复核的。所以,出纳一定要知道工资的核算方法。

工资最主要的依据还是人力资源部做的考勤表,电脑化的办公,考勤表自然也是电子版的了。

现在大部分单位的工资都是根据原劳动社会保障部发布的《关于职工全年月平均工作时间和工资折算问题的通知》来定的。

> 日工资、小时工资的折算
> 按照《中华人民共和国劳动法》第五十一条的规定,法定节假日用人单位应当依法支付工资,即折算日工资、小时工资时不剔除国家规定的11天法定节假日。据此,日工资、小时工资的折算为:
> 日工资=月工资收入÷月计薪天数
> 小时工资=月工资收入÷(月计薪天数×8小时)
> 月计薪天数=(365天-104天)÷12月=21.75天

还有一些私企实行的是单休,也会根据实际应出勤天数来核算月薪工资:天数就是全月天数减出周日的天数,就不止21.75天了。

那么月薪的工资计算,就以基本工资/应出勤天数*实际出勤天数来算了。

那么如何计算加班工资呢?现在私人企业很多都不按规定算加班工资,有的只能是"补休"来代替。正确的加班工资是这样算的。

> 《中华人民共和国劳动法》第四十四条规定 有下列情形之一的,用人单位应当按照下列标准支付高于劳动者正常工作时间工资的工资报酬:
> (一)安排劳动者延长工作时间的,支付不低于工资的百分之一百五十的工资报酬;
> (二)休息日安排劳动者工作又不能安排补休的,支付不低于工资的百分之二百的工资报酬;
> (三)法定休假日安排劳动者工作的,支付不低于工资的百分之三百的工资报酬。

工资表,大体上包括应发部分和代扣部分,最后的就是实发的工资了。像填制式的工资表像空白凭证一样,都是可以购买的(见图5-93)。

现在多数单位都是编制电子表,表里全部设置公式,再与考勤表、绩效表等比对,剩下的内容直接生成,编制审核完成直接打印出来了。

工资计算过程中,有一项工作和我们财务人员息息相关,那就是代扣个人所得税。影响代扣个人所得税的因素包括应付工资,还有五险一金。

> 《中华人民共和国个人所得税法实施条例》第二十五条 按照国家规定,单位为个人缴付和个人缴付的基本养老保险费、基本医疗保险费、失业保险费、住房公积金,从纳税义务人的应纳税所得额中扣除。

员工工资表　　　年　月　日

编号	姓名	出勤	应发金额				应扣金额						应扣合计（元）	实发工资（元）	签字
			基本工资				代缴费用								
			岗位工资	全勤奖	补助	合计（元）	社保（元）	住房公积金（元）	个税（元）	请假扣款（元）	迟到扣款（元）	其他扣款（元）			
1						0.00							0.00	0.00	
2						0.00							0.00	0.00	
3						0.00							0.00	0.00	
4						0.00							0.00	0.00	
5						0.00							0.00	0.00	
6						0.00							0.00	0.00	
7						0.00							0.00	0.00	
8						0.00							0.00	0.00	
9						0.00							0.00	0.00	
10						0.00							0.00	0.00	

图 5-93　员工工资表图示

计算公式为：

个人所得税 ＝(工资－"三险一金"－个税起征点)＊税率－速算扣除数

其中，小括号里的"工资－'三险一金'－个税起征点"通常被称为"应纳税所得额"或"应纳税额"；工资指应发工资；"三险一金"指养老保险、医疗保险、失业保险、住房公积金（属于"五险一金"的工伤保险和生育保险不算在这里）

个人所得税现在的起征点是 3 500 元，看看你达到标准了吗？算出了应纳税额，就能在表 5-3 中查出应乘以的税率是多少，应减去的速算扣除数是多少了。

表 5-3　个人所得税税率表（工资薪金所得适用）

级数	全月应纳税所得额（含税级距）	全月应纳税所得额（不含税级距）	税率（％）	速算扣除数
1	不超过 1 500 元	不超过 1 455 元的	3	0
2	超过 1 500 元至 4 500 元的部分	超过 1 455 元至 4 155 元的部分	10	105
3	超过 4 500 元至 9 000 元的部分	超过 4 155 元至 7 755 元的部分	20	555
4	超过 9 000 元至 35 000 元的部分	超过 7 755 元至 27 255 元的部分	25	1 005
5	超过 35 000 元至 55 000 元的部分	超过 27 255 元至 41 255 元的部分	30	2 755
6	超过 55 000 元至 80 000 元的部分	超过 41 255 元至 57 505 元的部分	35	5 505
7	超过 80 000 元的部分	超过 57 505 元的部分	45	13 505

举个例子，算出来个税的应纳税额是 500 元，那么，就属于表中的 1 级数，然后税率是 3％，速算扣除数是 0，所以应交的个税就是 500＊3％＝15 元了。

那么如何运用 EXCEL 制作员工工资条呢？

第一步,复制工资表,在工资表最后一空白列输入1,2,3……注意:输入的数字与工资表的行数相同(见图5-94)。

工号	姓名	基本工资	提成	奖金	小计	迟到	事假	旷工	小计	应付工资	代扣个税	实付工资	
NO.0001	罗**	2,300.00	2,200.00	200.00	4,700.00		50.00		50.00	4,650.00	453.75	4,196.25	1
NO.0002	张**	2,500.00	2,300.00	200.00	5,000.00				-	5,000.00	506.25	4,493.75	2
NO.0003	欧**	2,000.00	2,300.00	200.00	4,500.00		50.00		50.00	4,450.00	423.75	4,026.25	3
NO.0004	李**	2,000.00	3,300.00	200.00	5,500.00				-	5,500.00	581.25	4,918.75	4
NO.0005	艾**	2,000.00	2,300.00	200.00	4,500.00				-	4,500.00	431.25	4,068.75	5
NO.0006	刘**	2,000.00	2,000.00	200.00	4,200.00		150.00		150.00	4,050.00	363.75	3,686.25	6
NO.0007	杨**	1,800.00	3,500.00	200.00	5,500.00				-	5,500.00	581.25	4,918.75	7
NO.0008	陈**	1,800.00	3,800.00	200.00	5,800.00				-	5,800.00	626.25	5,173.75	8
NO.0009	周**	1,800.00	3,000.00	200.00	5,000.00				-	5,000.00	506.25	4,493.75	9
NO.0010	王**	1,800.00	3,200.00	200.00	5,200.00				-	5,200.00	536.25	4,663.75	10

图5-94 工资表空白列输入数字

第二步,在刚输入的数字下面向下输入1.1,2.1……(见图5-95)。

工号	姓名	基本工资	提成	奖金	小计	迟到	事假	旷工	小计	应付工资	代扣个税	实付工资	
NO.0001	罗**	2,300.00	2,200.00	200.00	4,700.00		50.00		50.00	4,650.00	453.75	4,196.25	1
NO.0002	张**	2,500.00	2,300.00	200.00	5,000.00				-	5,000.00	506.25	4,493.75	2
NO.0003	欧**	2,000.00	2,300.00	200.00	4,500.00		50.00		50.00	4,450.00	423.75	4,026.25	3
NO.0004	李**	2,000.00	3,300.00	200.00	5,500.00				-	5,500.00	581.25	4,918.75	4
NO.0005	艾**	2,000.00	2,300.00	200.00	4,500.00				-	4,500.00	431.25	4,068.75	5
NO.0006	刘**	2,000.00	2,000.00	200.00	4,200.00		150.00		150.00	4,050.00	363.75	3,686.25	6
NO.0007	杨**	1,800.00	3,500.00	200.00	5,500.00				-	5,500.00	581.25	4,918.75	7
NO.0008	陈**	1,800.00	3,800.00	200.00	5,800.00				-	5,800.00	626.25	5,173.75	8
NO.0009	周**	1,800.00	3,000.00	200.00	5,000.00				-	5,000.00	506.25	4,493.75	9
NO.0010	王**	1,800.00	3,200.00	200.00	5,200.00				-	5,200.00	536.25	4,663.75	10
													1.1
													2.1
													3.1
													4.1
													5.1
													6.1
													7.1
													8.1
													9.1
													10.1

图5-95 工资表空白列数字下继续输入数据

第三步,刚才输入的列进行升序排列(见图5-96)。

工号	姓名	基本工资	提成	奖金	小计	迟到	事假	旷工	小计	应付工资	代扣个税	实付工资	
NO.0001	罗**	2,300.00	2,200.00	200.00	4,700.00		50.00		50.00	4,650.00	453.75	4,196.25	1
													1.1
NO.0002	张**	2,500.00	2,300.00	200.00	5,000.00				-	5,000.00	506.25	4,493.75	2
													2.1
NO.0003	欧**	2,000.00	2,300.00	200.00	4,500.00		50.00		50.00	4,450.00	423.75	4,026.25	3
													3.1
NO.0004	李**	2,000.00	3,300.00	200.00	5,500.00				-	5,500.00	581.25	4,918.75	4
													4.1
NO.0005	艾**	2,000.00	2,300.00	200.00	4,500.00				-	4,500.00	431.25	4,068.75	5
													5.1
NO.0006	刘**	2,000.00	2,000.00	200.00	4,200.00		150.00		150.00	4,050.00	363.75	3,686.25	6
													6.1
NO.0007	杨**	1,800.00	3,500.00	200.00	5,500.00				-	5,500.00	581.25	4,918.75	7
													7.1
NO.0008	陈**	1,800.00	3,800.00	200.00	5,800.00				-	5,800.00	626.25	5,173.75	8
													8.1
NO.0009	周**	1,800.00	3,000.00	200.00	5,000.00				-	5,000.00	506.25	4,493.75	9
													9.1
NO.0010	王**	1,800.00	3,200.00	200.00	5,200.00				-	5,200.00	536.25	4,663.75	10
													10.1

图5-96 工资表输入列升序排列

第四步,选定工作表,按CRTL+G进行定位,定位条件选择"空值"(见图5-97)。

第五步,在编辑栏中输入"=A$1",然后按住Ctrl键不放按回车键。把刚才的排序列删除,在工资表加个边框,就大功告成了(见图5-98)。

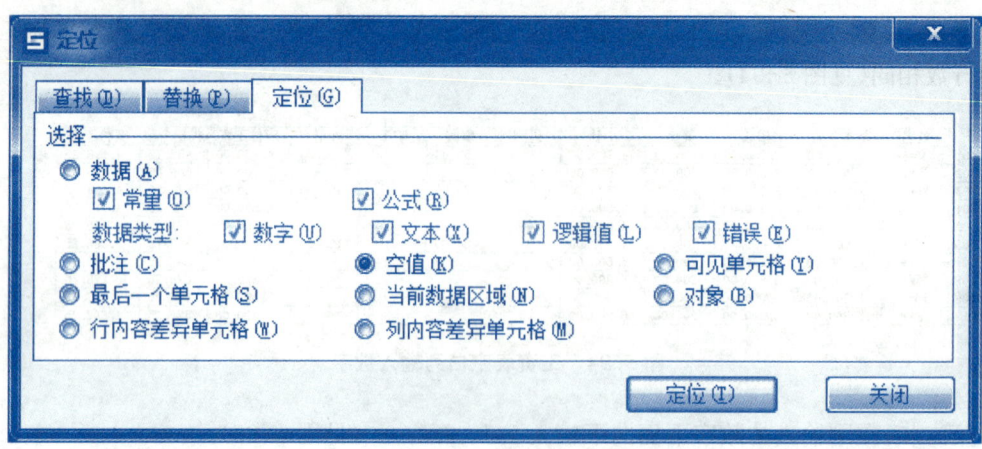

图 5-97　工作表定位操作

工号	姓名	基本工资	提成	奖金	小计	迟到	事假	旷工	小计	应付工资	代扣个税	实付工资
NO.0001	罗**	2,300.00	2,200.00	200.00	4,700.00	-	50.00	-	50.00	4,650.00	453.75	4,196.25
工号	姓名	基本工资	提成	奖金	小计	迟到	事假	旷工	小计	应付工资	代扣个税	实付工资
NO.0002	张**	2,500.00	2,300.00	200.00	5,000.00	-	-	-	-	5,000.00	506.25	4,493.75
工号	姓名	基本工资	提成	奖金	小计	迟到	事假	旷工	小计	应付工资	代扣个税	实付工资
NO.0003	欧**	2,000.00	2,300.00	200.00	4,500.00	-	50.00	-	50.00	4,450.00	423.75	4,026.25
工号	姓名	基本工资	提成	奖金	小计	迟到	事假	旷工	小计	应付工资	代扣个税	实付工资
NO.0004	李**	2,000.00	3,300.00	200.00	5,500.00	-	-	-	-	5,500.00	581.25	4,918.75
工号	姓名	基本工资	提成	奖金	小计	迟到	事假	旷工	小计	应付工资	代扣个税	实付工资
NO.0005	艾**	2,000.00	2,300.00	200.00	4,500.00	-	-	-	-	4,500.00	431.25	4,068.75
工号	姓名	基本工资	提成	奖金	小计	迟到	事假	旷工	小计	应付工资	代扣个税	实付工资
NO.0006	刘**	2,000.00	2,000.00	200.00	4,200.00	-	150.00	-	150.00	4,050.00	363.75	3,686.25
工号	姓名	基本工资	提成	奖金	小计	迟到	事假	旷工	小计	应付工资	代扣个税	实付工资
NO.0007	杨**	1,800.00	3,500.00	200.00	5,500.00	-	-	-	-	5,500.00	581.25	4,918.75
工号	姓名	基本工资	提成	奖金	小计	迟到	事假	旷工	小计	应付工资	代扣个税	实付工资
NO.0008	陈**	1,800.00	3,800.00	200.00	5,800.00	-	-	-	-	5,800.00	626.25	5,173.75
工号	姓名	基本工资	提成	奖金	小计	迟到	事假	旷工	小计	应付工资	代扣个税	实付工资
NO.0009	周**	1,800.00	3,000.00	200.00	5,000.00	-	-	-	-	5,000.00	506.25	4,493.75
工号	姓名	基本工资	提成	奖金	小计	迟到	事假	旷工	小计	应付工资	代扣个税	实付工资
NO.0010	王**	1,800.00	3,200.00	200.00	5,200.00	-	-	-	-	5,200.00	536.25	4,663.75

图 5-98　制作完成的工资表

最后，你也可以美化一下，用刚才的方法，各增加一空白行（见图 5-99）。

工号	姓名	基本工资	提成	奖金	小计	迟到	事假	旷工	小计	应付工资	代扣个税	实付工资
NO.0001	罗**	2,300.00	2,200.00	200.00	4,700.00	-	50.00	-	50.00	4,650.00	453.75	4,196.25
工号	姓名	基本工资	提成	奖金	小计	迟到	事假	旷工	小计	应付工资	代扣个税	实付工资
NO.0002	张**	2,500.00	2,300.00	200.00	5,000.00	-	-	-	-	5,000.00	506.25	4,493.75
工号	姓名	基本工资	提成	奖金	小计	迟到	事假	旷工	小计	应付工资	代扣个税	实付工资
NO.0003	欧**	2,000.00	2,300.00	200.00	4,500.00	-	50.00	-	50.00	4,450.00	423.75	4,026.25
工号	姓名	基本工资	提成	奖金	小计	迟到	事假	旷工	小计	应付工资	代扣个税	实付工资
NO.0004	李**	2,000.00	3,300.00	200.00	5,500.00	-	-	-	-	5,500.00	581.25	4,918.75
工号	姓名	基本工资	提成	奖金	小计	迟到	事假	旷工	小计	应付工资	代扣个税	实付工资
NO.0005	艾**	2,000.00	2,300.00	200.00	4,500.00	-	-	-	-	4,500.00	431.25	4,068.75
工号	姓名	基本工资	提成	奖金	小计	迟到	事假	旷工	小计	应付工资	代扣个税	实付工资
NO.0006	刘**	2,000.00	2,000.00	200.00	4,200.00	-	150.00	-	150.00	4,050.00	363.75	3,686.25
工号	姓名	基本工资	提成	奖金	小计	迟到	事假	旷工	小计	应付工资	代扣个税	实付工资
NO.0007	杨**	1,800.00	3,500.00	200.00	5,500.00	-	-	-	-	5,500.00	581.25	4,918.75
工号	姓名	基本工资	提成	奖金	小计	迟到	事假	旷工	小计	应付工资	代扣个税	实付工资
NO.0008	陈**	1,800.00	3,800.00	200.00	5,800.00	-	-	-	-	5,800.00	626.25	5,173.75
工号	姓名	基本工资	提成	奖金	小计	迟到	事假	旷工	小计	应付工资	代扣个税	实付工资
NO.0009	周**	1,800.00	3,000.00	200.00	5,000.00	-	-	-	-	5,000.00	506.25	4,493.75
工号	姓名	基本工资	提成	奖金	小计	迟到	事假	旷工	小计	应付工资	代扣个税	实付工资
NO.0010	王**	1,800.00	3,200.00	200.00	5,200.00	-	-	-	-	5,200.00	536.25	4,663.75

图 5-99　工资表增加空白行

现在单位都会跟银行签订工资代发的协议(见图5-100)。

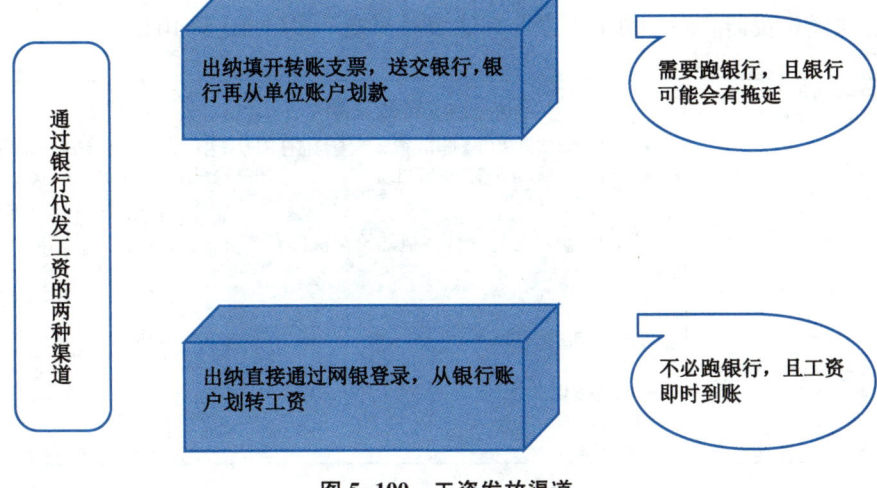

图 5-100　工资发放渠道

实训演练 21　小白发工资

2015年1月15日,一大早,白小白的手机响了"终于等到你,还好我没放弃～",真的如铃声所唱的那样,终于等到了发工资的日子。隆钜公司的工资是银行代发的,所以要按银行代发工资的程序走,虽然是第二次发放工资,但白小白还是很熟悉了。工资表是行政部做的,会计审核好后交给了白小白。白小白打印出了U盘的工资表,这个U盘的工资表是按银行的格式做的(见图5-101)。

北海隆钜机器有限公司2015年1月工资表

序号	姓名	账号	金额
1	洪兵	622848************	4,170.00
2	胡媛	622848************	3,685.00
3	程海峰	622848************	2,600.00
4	黄凯芸	622848************	4,649.00
5	黄诗桦	622848************	2,500.00
6	袁媛	622848************	1,700.00
7	莫莉	622848************	1,700.00
8	甄晴	622848************	1,700.00
9	蓝歌	622848************	2,700.00

图 5-101　工资表示例

接下来是填写转账支票和进账单了。

填写转账支票对于白小白来说也是小菜一碟，只是填写支付工资的转账支票收款人这里应写"北海隆钜机器有限公司工资户"，其他填写都差不多（见图5-102）。

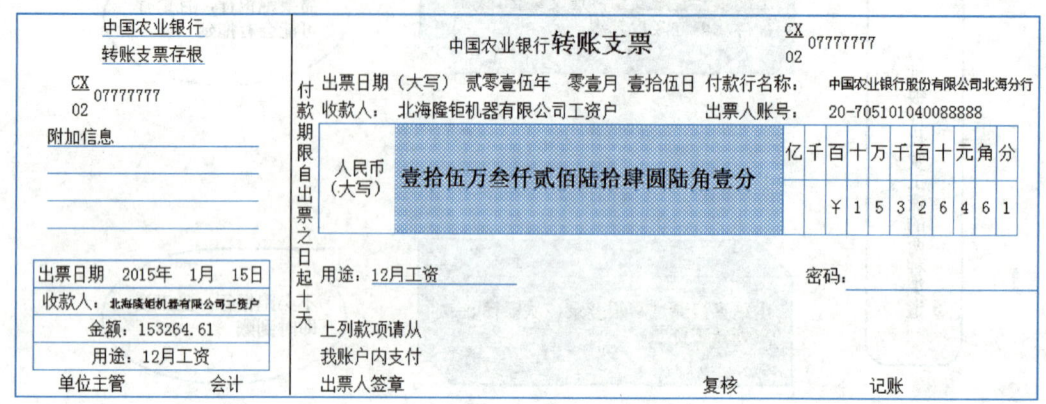

图 5-102 支付工资的转账支票

相应地，也要填进账单。这个进账单也是收款人这里特别一点，在公司全称后面加上"工资户"，开户行也一样，账号不用填（银行会帮你填的），然后就是票据种类、张数、号码了。当然，出票人这里也是提前填好的，所以进账单不一会就填好了（见图5-103）。

中国农业银行广西区分行进账单

2015年 1月 15日

出票人	全称	北海隆钜机器有限公司	收款人	全称	北海隆钜机器有限公司工资户										
	账号	20-705101040088888		账号											
	开户银行	中国农业银行股份有限公司北海分行		开户银行	中国农业银行股份有限公司北海分行										
金额	人民币（大写）	壹拾伍万叁仟贰佰陆拾肆圆陆角壹分				亿	千	百	十	万	千	百	十	元	角	分
							¥	1	5	3	2	6	4	6	1
票据种类	转账支票	票据张数	1												
票据号码		07777777													

复核： 记账： 开户银行签章

图 5-103 进账单

U盘的工资表是为了银行方便批量发放的，纸质的工资表是银行保存的，转账支票是从公司账上划款用的，进账单是该笔工资发放业务入账时的凭证单据。这个白小白虽说以前没接触过，但第一次发工资后她就总结出来了。

U 盘、银行格式的工资表、转账支票、进账单全部整理完毕后，白小白只要到银行去就可以完成工资发放的工作了。

回到公司，白小白把原始凭证拿给了会计。这原始凭证包括：工资表（见图 5-104）、转账支票存根（见图 5-105）、进账单回单（见图 5-106）。

2015年1月份员工工资表

序号	姓名	工资标准	出勤天数	加班天数	工作计划考核	工资							应发工资	应扣款				实发工资
						基本工资	职务工资	效益工资	考勤工资	工龄工资	加班工资	其他		个人所得税	电话费	水电费	饭卡	
1	洪兵	4,500.00	27		100%	4,500.00					-		4,500.00	30.00			300.00	4,170.00
2	胡媛	4,000.00	27		100%	4,000.00					-		4,000.00	15.00			300.00	3,685.00
3	程海峰	2,600.00	27		100%	2,600.00					-		2,600.00	-				2,600.00
5	黄凯芸	5,000.00	27		100%	5,000.00					-		5,000.00	45.00		6.00	300.00	4,649.00
9	黄诗桦	2,800.00	27		100%	2,800.00					-		2,800.00	-			300.00	2,500.00
12	袁媛	2,000.00	27		100%	2,000.00					-		2,000.00	-			300.00	1,700.00
13	莫莉	2,000.00	27		100%	2,000.00					-		2,000.00	-			300.00	1,700.00
14	甄晴	2,000.00	27		100%	2,000.00					-		2,000.00	-			300.00	1,700.00
15	蓝歌	3,000.00	27		100%	3,000.00					-		3,000.00	-			300.00	2,700.00

图 5-104　工资表

中国农业银行
转账支票存根
CX
02 07777777
附加信息

出票日期	2015年　1月　15日
收款人：	北海陵钜机器有限公司工资户
金额：	153264.61
用途：	12月工资

单位主管　　　会计

图 5-105　转账支票存根

当然，还包括银行发放工资的明细，这个等银行发完工资后才打印出来的，所以只有到下次去银行才能拿了。这个，已经写在了白小白的工作备忘录里了。

最后，白小白收到了会计做的记账凭证（见图 5-107）。

中国农业银行广西区分行进账单

2015年 1月 15日

出票人	全称	北海隆钜机器有限公司	收款人	全称	北海隆钜机器有限公司工资户
	账号	20-705101040088888		账号	
	开户银行	中国农业银行股份有限公司北海分行		开户银行	中国农业银行股份有限公司北海分行

金额	人民币（大写）	壹拾伍万叁仟贰佰陆拾肆圆陆角壹分	亿	千	百	十	万	千	百	十	元	角	分
				¥	1	5	3	2	6	4	6	1	

票据种类	转账支票	票据张数	1
票据号码		07777777	

复核：　　记账：　　　　　　　　　　　　　　　　　　开户银行签章

图 5-106　进账单回单

记账凭证

第　　号

单位：北海隆钜机器有限公司　　2015年1月15日

摘要	总账科目	明细科目	记账	借方 十亿千百十万千百十元角分	贷方 十亿千百十万千百十元角分	
发放12月份员工工资	应付职工薪酬			1 7 0 0 0 0 0 0		附件4张
发放12月份员工工资	应交个人所得税				1 8 0 3 9	
发放12月份员工工资	管理费用	水电费			5 5 0 0	
发放12月份员工工资	管理费用	员工福利			1 6 5 0 0 0 0	
发放12月份员工工资	银行存款				1 5 3 2 6 4 6 1	
合计				¥1 7 0 0 0 0 0 0	¥1 7 0 0 0 0 0 0	

会计主管：　　记账：　　出纳：　　审核：　　制单：邹笑荔　　领缴款人：

图 5-107　工资发放的记账凭证

> **白小白的分享：**
> 对于已经做了记账凭证附件不全的,要拿本子记录好,补进去了再划掉。

第六章 账簿登记与管理

【情景导入】

出纳完成了当月工作,但如何做好当月工作的总结十分重要。月末出纳要核对银行对账单与公司银行账是否一致。出纳发现公司银行存款明细账有一笔5万元的付款,但是从银行打出的银行流水明细账并没有该笔业务。同时月末银行存款余额表与银行账户实际存在着5万元的差距。银行存款账户多出5万元。出纳判断该5万元并没有实际支出。后经出纳查实,该5万元是出纳开具一张转账支票,由于是月末开出,对方并没有当月送交银行承兑,造成了公司账上已经支付的5万元,而银行实际存款未发生变化,即所谓的"企付银未付"。

思考

1. 银行对账单有什么作用?
2. 银行调节表的价值是什么?
3. 银行流水账与公司银行存款日记账不符是由什么原因造成的呢?

6.1 编制流水明细账

我们平时在用借记卡或者是信用卡消费、转账的时候,如果次数较少,大脑还可以清楚记得,但交易频繁很多业务就会忘记。对于一家公司而言,无论是现金还是银行转账,更是要求账目清晰。对于出纳而言最离不开的是日记账。日记账会帮着出纳更好的管理现金及银行存款。如果将公司资金比作潺潺流水,汇入流出,出纳通过日记账会让流水清澈见底,水流清晰(见图6-1)。

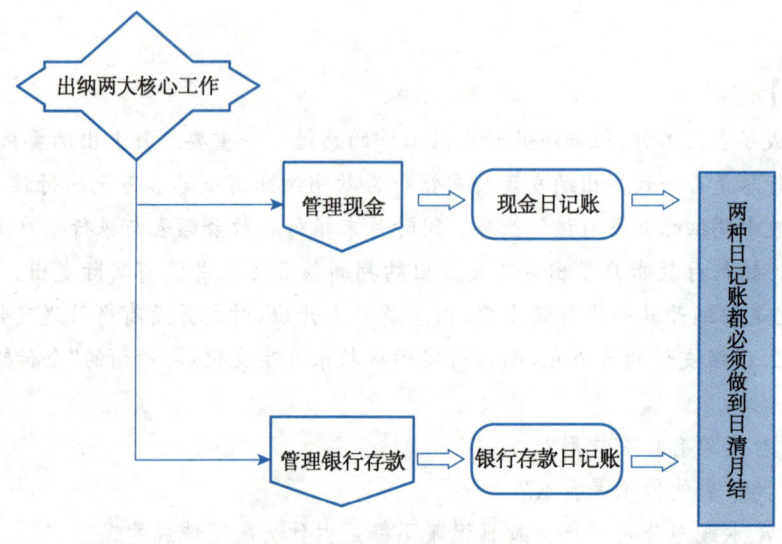

图6-1 出纳两大核心工作

从图6-1我们可以发现,出纳是通过日记账的方式来更加清晰的管理现金和银行存款账户。日记账正是出纳的流水账。最终实现两类账日清月结。

> **白小白提示:**
> "日清月结"可是出纳必须要做的,可拖延不得。"日清"关系到每天出纳手头上的钱是否与账对得上,当然,"日"不及时"清","月"就不能"结",更不用谈与会计对账了,影响的不只是出纳自己——会计与出纳对完账后还得报税日前加班加点做完所有的工作。

日清月结是出纳员办理现金出纳工作的基本原则和要求,也是避免出现长款、短款的重要措施。日清月结是通俗的说法,会计上是指按时、逐笔、序时的登记、结转账簿,主要用在现金、银行存款日记账等"流水账"的管理中。

不同的单位,由于经济性质、规模大小等的不同,设置的出纳日记账种类及格式也就大同小异了。比如,只涉及现金的单位,只要设置库存现金日记账就可以了;涉及银行存款的单位,如果只开一个银行账户,就是需设立一本银行存款日记账,如果开了几个银行账户,则需要几本或者在一本日记账上登记几个业务不多的银行日记账(但这个要计划好,因为日记账是"订本式"账簿,不能随便撕毁的)。设置日记账的目的就是为了使经济业务的时间顺序清晰地反映在账簿记录中。

6.2 现金日记账的编写

小白如是说：
看到了"日记"二字，想起小学的时候了，语文老师安排每天的作业之一就是"日记"。没想到，做了出纳后，"日记"还是阴魂不散啊。日记账，就是每天（日）按照经济业务发生或完成的时间先后顺序逐笔进行登"记"的"账"簿。一般分为现金日记账和银行存款日记两种。当然，也有普通日记账和转账日记账。

现金日记账是由出纳人员根据库存现金收付有关的记账凭证，按时间顺序逐日逐笔进行登记，逐日结出现金余额，并与库存现金实存数核对，以检查每日现金收付是否有误。它是用来核算和监督库存现金每天的收入、支出和结存情况的账簿。

无论是现金日记账还是银行存款日记账，主要有两种（见图6-2）。

一般常见的就是三栏式。三栏式现金日记账设借方、贷方和余额三个基本的金额栏目，也有称为收入、支出和结余的（见图6-3）。

多栏式现金日记账是在三栏式现金日记账基础上发展起来的。这种日记账的借方（收入）和贷方（支出）金额栏都按对方科目设专栏，也就是按收入的来源和支出的用途设专栏。这种格式在月末结账时，可以结出各收入来源专栏和支出用途专栏的合计数，方便对现金收支的合理性、合法性进行审核分析，以及检查财务收支计划的执行情况（见图6-4）。

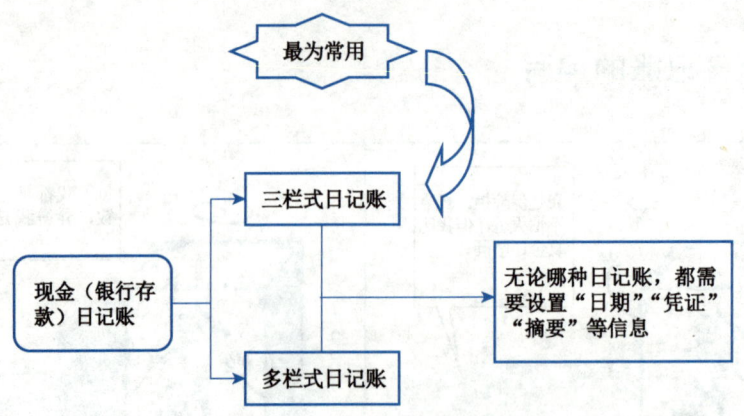

图 6-2 现金日记账的种类

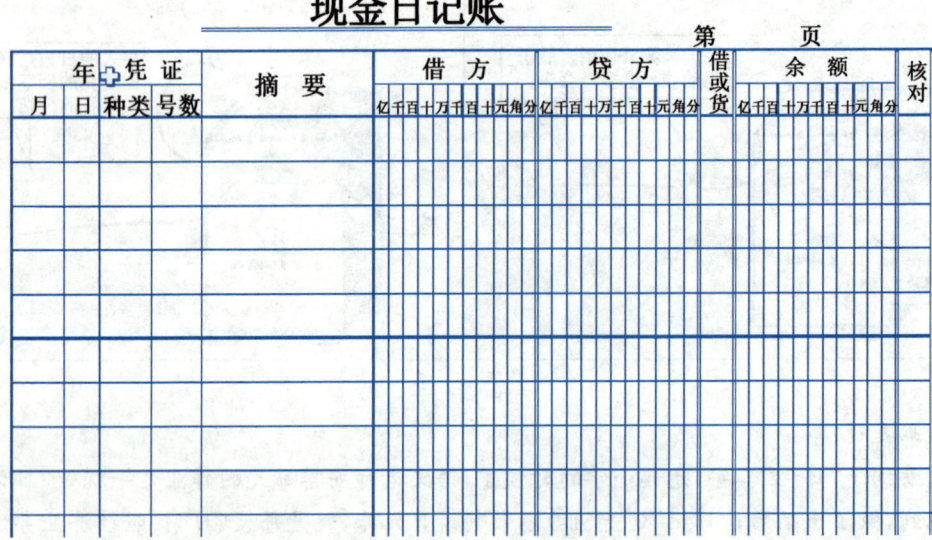

图 6-3 三栏式现金日记账

图 6-4 多栏式现金日记账

日记账填写的方法都是一样的。出纳员根据与现金收付相关的记账凭证,按时间顺序逐日逐笔进行登记,并根据"上日余额＋本日收入－本日支出＝本日余额"的公式,逐日结出余额(见图 6-5)。

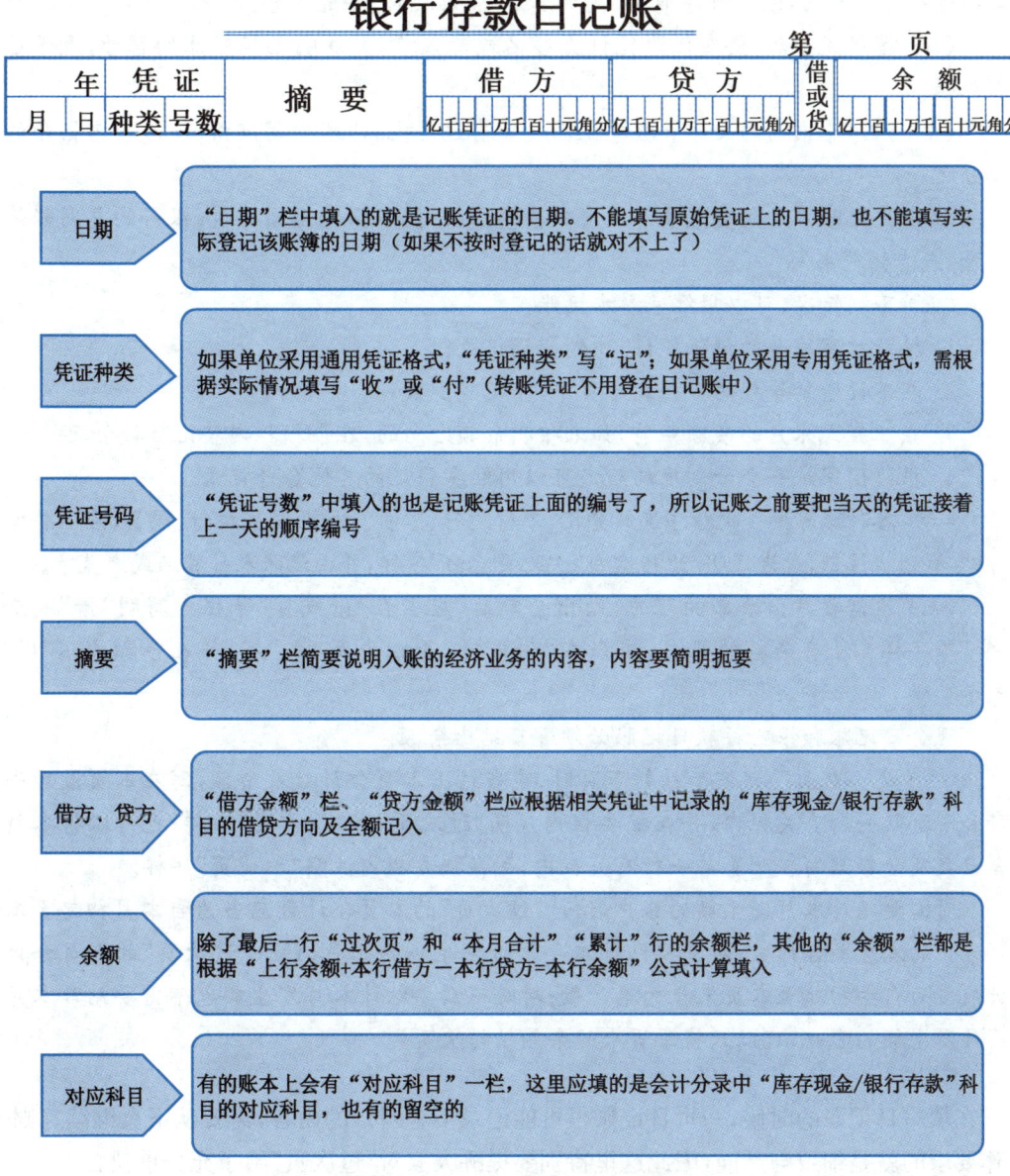

图 6-5　银行存款日记账的编制方法

对于"余额"这栏需要重点说一下,不论什么情况下,库存现金或银行存款都不允许出现贷方余额(也就是常说的赤字),所以,日记账余额栏前如果没有印有借贷方向一列,余额方向都默认为借方。如果在登记日记账过程中,由于登账顺序等特殊原因出现了贷方余额,应该进行凭证的调整。

下面是登记账簿的一些基本要求,各位出纳需要注意这些事项。

《会计基础工作规范》第六十条 会计人员应当根据审核无误的会计凭证登记会计账簿。登记账簿的基本要求是：

（一）登记会计账簿时，应当将会计凭证日期、编号、业务内容摘要、金额和其他有关资料逐项记入账内，做到数字准确、摘要清楚、登记及时、字迹工整。

（二）登记完毕后，要在记账凭证上签名或者盖章，并注明已经登账的符号，表示已经记账。

（三）账簿中书写的文字和数字上面要留有适当空格，不要写满格；一般应占格距的二分之一。

（四）登记账簿要用蓝黑墨水或者碳素墨水书写，不得使用圆珠笔（银行的复写账簿除外）或者铅笔书写。

（五）下列情况，可以用红色墨水记账：

1. 按照红字冲账的记账凭证，冲销错误记录；
2. 在不设借贷等栏的多栏式账页中，登记减少数；
3. 在三栏式账户的余额栏前，如未印明余额方向的，在余额栏内登记负数余额；
4. 根据国家统一会计制度的规定可以用红字登记的其他会计记录。

（六）各种账簿按页次顺序连续登记，不得跳行、隔页。如果发生跳行、隔页，应当将空行、空页划线注销，或者注明"此行空白"、"此页空白"字样，并由记账人员签名或者盖章。

（七）凡需要结出余额的账户，结出余额后，应当在"借或贷"等栏内写明"借"或者"贷"等字样。没有余额的账户，应当在"借或贷"等栏内写"平"字，并在余额内用"Q"表示。

现金日记账和银行存款日记账必须逐日结出余额。

（八）每一账页登记完毕结转下页时，应当结出本页合计数及余额，写在本页最后一行和下页第一行有关栏内，并在摘要栏内注明"过次页"和"承前页"字样；也可以将本页合计数及金额只写在下页第一行有关栏内，关在摘要栏内注明"承前页"字样。

对需要结计本月发生额的账户，结计"过次页"的本页合计数应当为自本月初起至本页末止的发生额合计数；对需要结计本年累计发生额的账户，结计"过次页"的本页合计数应当为自年初起至本页末止的累计数；对既不需要结计本月发生额也不需要结计本年累计发生额的账户，可以只将每页末的余额结转次页。

在填写日记账的时候，一页日记账很可能记录不全当日的内容，需要从下页继续。财务工作要求的就是细致与严谨，因此这里特别要提醒大家对"过次页"给予充分重视。

登完本月账后正好是倒数第二行，那么就在最后一行把发生额、余额都"过"到"次页"，下页第一行中"承"了"前页"的发生额、余额后，再结账。

结完本月账后还有一行，那么只要在最后一行把余额"过"到"次页"，下页中的第一行也只需要"承"一下"前页"的余额。

如果本月结完账后没有行次了，就不要"过次页"了，因为没地方"过"了，当然在下页也直接登下月的账，不需要"承前页"了。这里可以看出"过次页"和"承前页"是紧密相连的。

对于账簿记录中所发生的错误,现在用得最多的就是划线更正法了,对于"红字更正法""补充登记法"都不太适用了,因为凭证做错了撕了重做,没必要另外做凭证再多登记一笔账。

表6-1 账簿记录更正方法

方法	什么情况下用到	操作方法	注意
划线更正法	在结账前发现账簿记录有文字或数字错误,而记账凭证没有错误	更正时,可在错误的文字或数字上划一条红线,在红线的上方填写正确的文字或数字,并由记账及相关人员在更正处盖章,以明确责任	更正时不得只划销错误数字,应将全部数字划销,并保持原有数字清晰可辨,以便审查
红字更正法	记账后发现记账凭证中的应借、应贷会计科目有错误,从而引起记账错误	用红字填写一张与原记账凭证完全相同的记账凭证,以示注销原记账凭证,然后用蓝字填写一张正确的记账凭证,并据以记账	
红字更正法	记账后发现记账凭证和账簿记录中应借、应贷会计科目无误,只是所记金额大于应记金额	按多记的金额用红字编制一张与原记账凭证应借、应贷科目完全相同的记账凭证,以冲销多记的金额,并据以记账	
补充登记法(又称补充更正法)	记账后发现记账凭证和账簿记录中应借、应贷会计科目无误,只是所记金额小于应记金额。	按少记的金额用蓝字编制一张与原记账凭证应借、应贷科目完全相同的记账凭证,以补充少记的金额,并据以记账	

无论是银行日记账还是现金日记账,除了手工登记,我们还采用EXCEL登记日记账。之所以刚才讲很多手工登记日记账的方法和注意事项,目的还是要让大家知道其中的原理。小白会在接下来的实训演练中通过基础的EXCEL操作及基本的公式编制和登记日记账。

实训演练22 小白进行现金日记账登记

每天下午把当天收到的钱存进银行后,白小白也开始了每天的登账工作了。这一天没有收到现金,所以省去了跑银行这关,趁这个时间,到会计论坛里转了一圈,又收获了很多。一到每天固定的下午5点,白小白就拿出了这一天的会计凭证。

这天的凭证很少,只有三张凭证与库存现金有关(见图6-6)。

登记顺序为:日期、摘要、金额。白小白先是用铅笔标志凭证号(会计入账时自然会用水笔写上的),会计结账后再登记凭证号。因为防止会计做的一些与现金不相关的凭证忘记给她了。

第一笔,提取备用金20 000元,按照记账凭证的日期及记账凭证"库存现金"科目那行做登记(见图6-7)。

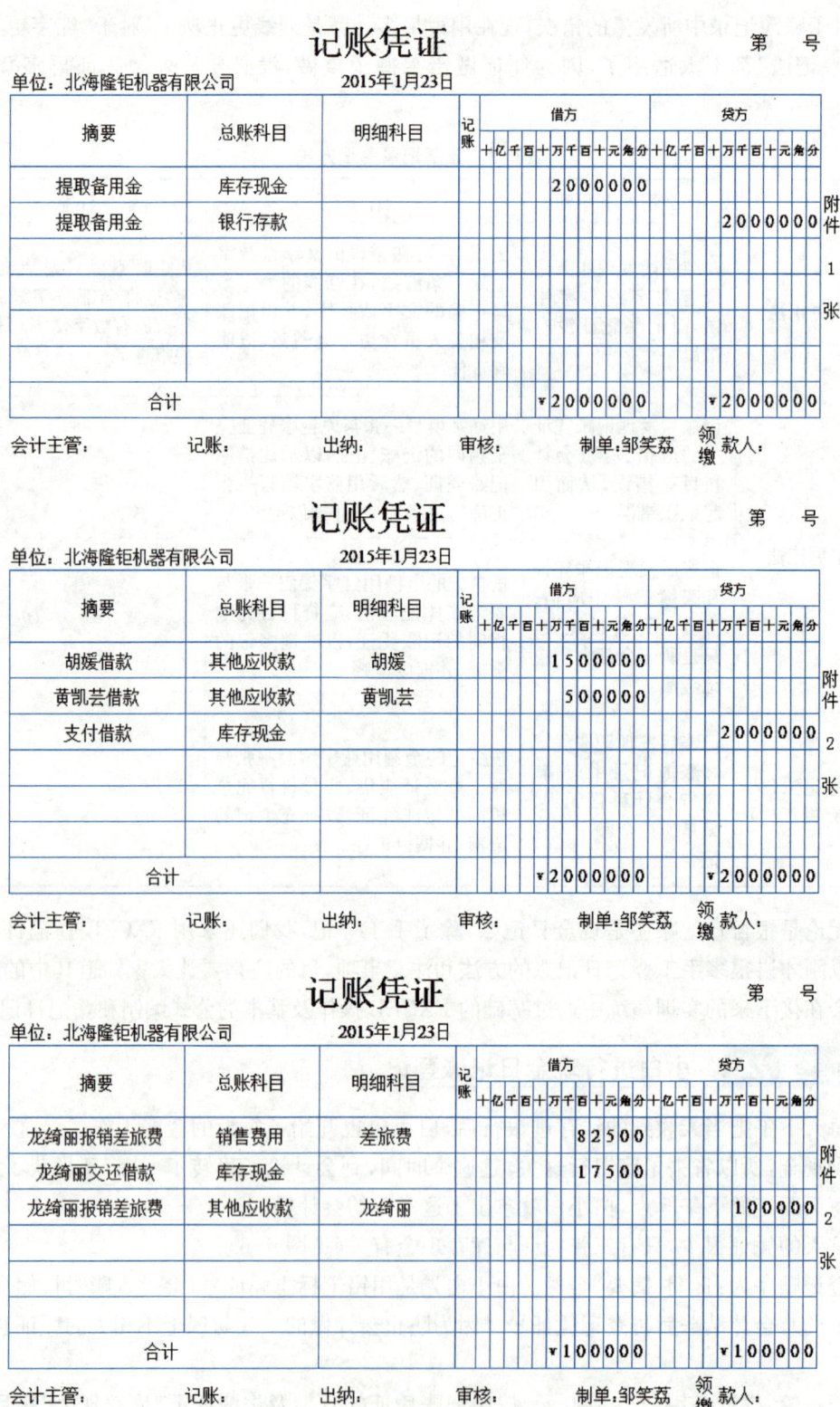

图 6-6　与库存现金有关的三张凭证

单位：北海隆钜机器有限公司　　　　　2015年1月23日

摘要	总账科目	明细科目	记账	借方 十亿千百十万千百十元角分
提取备用金	库存现金			2 0 0 0 0 0 0

图 6-7　登记时依据的凭证相关信息

在日期"月""日"那里分别写上"1""23"；凭证种类写上"记"；摘要处写"提取备用金"，在借方金额填写"20 000"；最后，用上行金额 933.29 加上本行借方金额 20 000，得出了本行余额 20 933.29。

第二笔，支付胡媛、黄凯芸借款 20 000 元。所以这笔日记账可以写一行"胡媛、黄凯芸借款 20 000 元"或分别写两行"胡媛借款 15 000 元""黄凯芸借款 5 000 元"。如果按第一行写，只能知道胡媛、黄凯芸共借款 20 000 元，而不知道他们分别借款多少钱，所以按第二种写法就很方便查账了。

同样，根据"库存现金"科目那行进行贷方金额的登记，但是分开两行记，就根据借条或借方金额记了（见图 6-8、图 6-9）。

记账凭证　　　　　　　　　　　　　第　　号

单位：北海隆钜机器有限公司　　　　2015年1月23日

摘要	总账科目	明细科目	记账	借方 十亿千百十万千百十元角分	贷方 亿千百十万千百十元角分	附件
胡媛借款	其他应收款	胡媛		1 5 0 0 0 0 0		
黄凯芸借款	其他应收款	黄凯芸		5 0 0 0 0 0		
支付借款	库存现金				2 0 0 0 0 0 0	2

图 6-8　借款的记账凭证

2015年		凭证		摘　　要	借方金额 亿千百十万千百十元角分	贷方金额 亿千百十万千百十元角分
月	日	种类	号数			
				……		
1	23	记		胡媛借款		1 5 0 0 0 0 0
1	23	记		黄凯芸借款		5 0 0 0 0 0

图 6-9　借款的现金日记账

最后，计算余额——用上行金额 20 933.29 减去本行贷方金额 15 000，得出了本行余额 5 933.29；用上行金额 5 933.29 减去本行贷方金额 50 000，得出本行余额 933.29（见图 6-10）。

第三笔，龙绮丽报销差旅费，交回借款。这是一笔现金增加的业务，所以登记金额在借方（见图 6-11）。

1 月 23 日当日的现金日记账就登记完毕了（见图 6-12）。

现金日记账

2015年		凭证		摘要	借方金额 亿千百十万千百十元角分	贷方金额 亿千百十万千百十元角分	借或贷	余额 亿千百十万千百十元角分	√
月	日	种类	号数						
				……			借	2 0 9 3 3 2 9	
1	23	记		胡媛借款		1 5 0 0 0 0 0	借	5 9 3 3 2 9	
1	23	记		黄凯芸借款		5 0 0 0 0 0	借	9 3 3 2 9	

图 6-10 现金日记账上的余额

现金日记账

2015年		凭证		摘要	借方金额 亿千百十万千百十元角分	贷方金额 亿千百十万千百十元角分	借或贷	余额 亿千百十万千百十元角分	√
月	日	种类	号数						
				……			借	9 3 3 2 9	
1	23	记		龙绮丽报销差旅费交还借款	1 7 5 0 0		借	1 1 0 8 2 9	

图 6-11 交回借款的现金日记账

现金日记账

2015年		凭证		摘要	借方金额 亿千百十万千百十元角分	贷方金额 亿千百十万千百十元角分	借或贷	余额 亿千百十万千百十元角分	√
月	日	种类	号数						
				……			借	9 3 3 2 9	
1	23	记		提取备用金	2 0 0 0 0 0 0		借	2 0 9 3 3 2 9	
1	23	记		胡媛借款		1 5 0 0 0 0 0	借	5 9 3 3 2 9	
1	23	记		黄凯芸借款		5 0 0 0 0 0	借	9 3 3 2 9	
1	23	记		龙绮丽报销差旅费交还借款	1 7 5 0 0		借	1 1 0 8 2 9	

图 6-12 当日现金日记账的登记

> **白小白的分享：**
> 当日事当日毕。有些事情，现在不去做，以后很有可能永远也做不了了。不是没时间，就是因为有时间，你才会一拖再拖，放心让它们搁在那里，任凭风吹雨打，铺上厚厚的灰尘。

实训演练23　小白发现账簿登错了

这天是发工资的日子，白小白登完账盘点的时候发现，手头上的现金数比账上少了

10 000元。10 000块,可是整整的一沓"红牛"呢。白小白开始回忆了,今天都是转账的业务,只有一笔现金的业务,是不是现金与银行的搞混了?

继续回忆,铃声响起了"回忆过去,痛苦的相思忘不了",也太应时了吧。也就是这一铃声,让白小白转过了弯,第一步,先检查是否登错账了。

一检查,问题就出来了,原来白小白粗心地把提现的 10 000 元记成了 20 000 元,其他都没错。知错就改呗。把登错的 20 000 元用红笔划掉,然后用黑色水笔在上面写上正确的 10 000元,改了之后,余额也相应地改掉。然后在边上盖上自己的名章(见图 6-13)。

现金日记账

2015年		凭证		摘要	借方金额	贷方金额	借或贷	余额	√
月	日	种类	号数		亿千百十万千百十元角分	亿千百十万千百十元角分		亿千百十万千百十元角分	
				……			借	2 6 4 9 7	
1	15	记		提取备用金	1 0 0 0 0 0 0 / 2 0 0 0 0 0 0	白小白	借	1 0 2 6 4 9 7 / 2 0 2 6 4 9 7	

图 6-13 现金日记账登错的处理

实训演练 24　小白账簿漏登了一行

白小白深感手工账的不容易,最开始做出纳的时候,不是这里登错了,就是那里登漏了,弄得都是红印子。上了年纪的会计们,记得账那叫一个漂亮。现在都是电脑记账了,难道还要"辛辛苦苦几十年,一夜回到了解放前"吗?

出纳日记账也要电子化才行了,稍不留神就错了。这一次,是跨行了。而且是在登完账、结出余额后才发现的。所以只能在那空白行盖章了。白小白找出了"此行空白"的印章盖上,然后在边上盖了自己的印章(见图 6-14)。

现金日记账

2015年		凭证		摘要	借方金额	贷方金额	借或贷	余额	√
月	日	种类	号数		亿千百十万千百十元角分	亿千百十万千百十元角分		亿千百十万千百十元角分	
				……			借	1 7 7 3 5	
1	16	记		提取备用金	1 0 0 0 0 0 0		借	1 0 1 7 7 3 5	
				此行空白　　白小白					
1	16	记		宁夏借采购备用金		5 0 0 0 0 0	借	5 1 7 7 3 5	

图 6-14 现金日记账漏登一行的处理

白小白有点怀念电子账了,错了就直接删除行,然后下拉一下公式就可以了。

这两天到底怎么了?白小白昨天登错账,今天登漏行,难道明天……

实训演练25　小白账簿漏登了一页

人生中最怕什么,预言说中了,难怪被说成是传说中的白半仙,这次是预料之中。自从前两天屡屡犯错后,白小白更加谨慎了。虽然登账没有出错,但是,避免不了账页多翻一张啊。虽然不能扼杀在错误之前,但还是可以补救的。

空白页要划对角线,表示此页空白,当然,最后还得盖上登账人的人名章(见图6-15)。

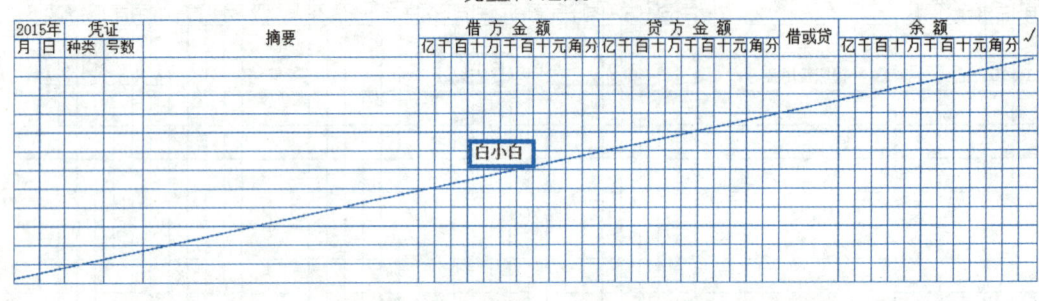

图6-15　现金日记账漏登一页的处理

实训演练26　小白的EXCEL日记账

白小白怎么都觉得手工记账麻烦,毕竟现在会计都用电脑记账了,所以她也做了个日记账的电子表格。

自称"表姐"的白小白做这个一点都不难。

先按照日记账的样式设置格式,如合并单元格等,但是金额数字部分还是用一个单元格为好,便于录入跟计算。然后把上年结转的金额登进账里(见图6-16)。

	A	B	C	D	E	F	G	H	I
1					现金日记账				
2									
3	2015年		凭证		摘　要	借方金额	贷方金额	借或贷	余　额
4	月	日	种类	号数					
5					上年结转			借	1,418.29
6	1	1	记					借	1,418.29
7									
8									
9									
10									
11									
12									
13									
14									

图6-16　现金日记账的电子表格

为了录入方便,日期部分设置为自动下拉框。

① 先设置"月"。选择 A 列。
② 点击"数据"下面的"有效性"(见图 6-17)。
③ 设置有效性(见图 6-18)。

当然,来源的"=＄K＄3：＄K＄14"就是 1～12。因为月只有 12 月,所以只设置到 12 就可以。同样的方法设置日,当然,日要设置到 31 了。

要在"借或贷"那列,即 H 列进行设置了,这个设置只需要简单引用一下 IF 函数公式就可以。如 H5 这个单元

图 6-17　有效性按钮

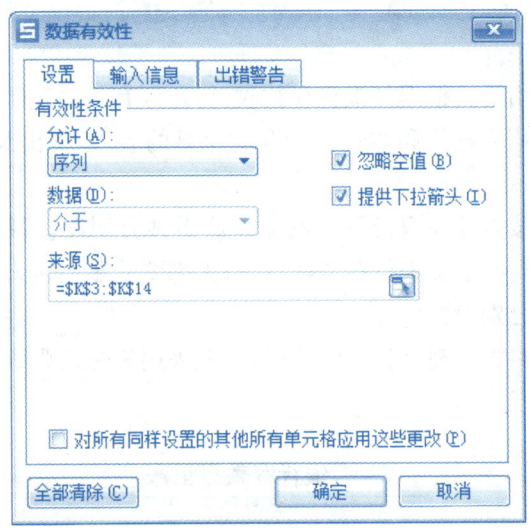

图 6-18　设置数据有效性

格,就可以直接引用 IF 函数公式"＝IF(I5＞0,"借",(IF(I5＝0,"平","贷")))"。

最后设置余额公式,直接用键盘上的"＝"、"＋"、"－"就可以了。当然,公式一下拉就可以复制了。

6.3　银行存款日记账的编写

银行存款日记账由出纳员根据与银行存款收、付业务有关的记账凭证,按时间先后顺序逐日逐笔进行登记。是用来核算和监督银行存款每日的收入、支出和结余情况的账簿。就跟存折记录差不多。

银行存款日记账应按企业在银行开立的账户或币种分别设置,每个银行账户设置一本日记账。正如小白的公司有很多银行存款账户,每天都要从账上转入转出,银行日记账就必须根据开户行账户不同分别设置。

银行存款日记账的格式与现金日记账相同,一般采用三栏式账簿(见图6-19)。

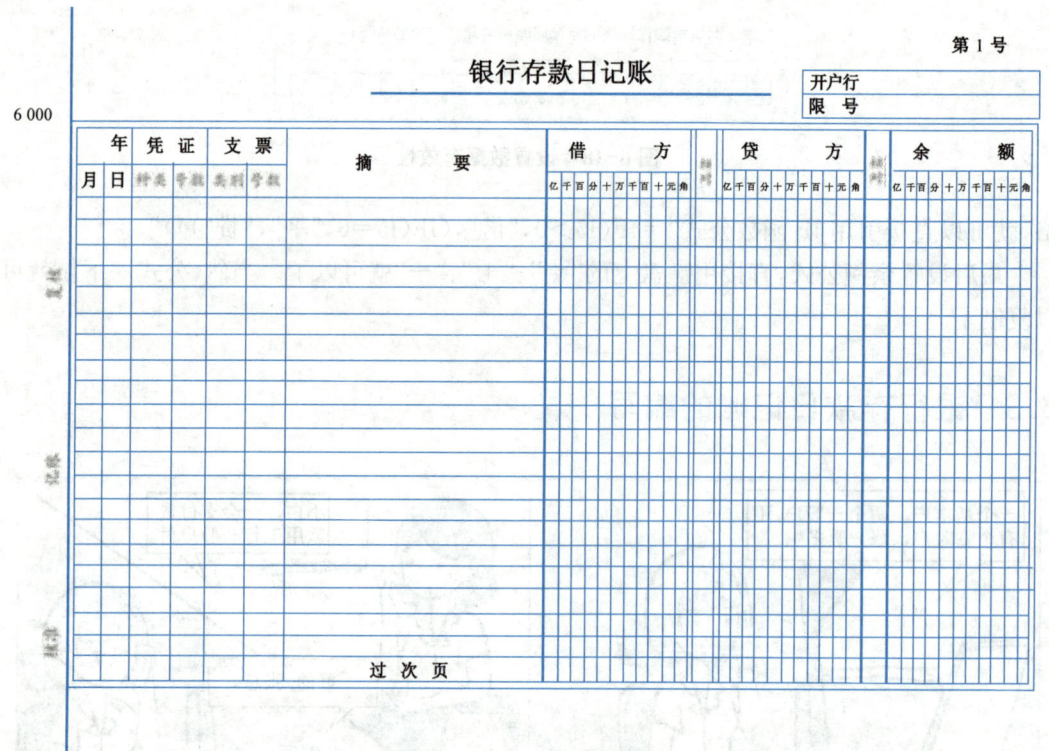

图6-19 三栏式银行存款日记账

第六章 账簿登记与管理

银行日记账的填写方式也与现金日记账基本类似，其作用也是帮助我们出纳管理好银行存款账户。在这里需要说明，我们出纳记录银行日记账是根据财务自身的账目来记录，而并非是银行，最终还是要以银行的对账单为准。

实训演练 27　小白进行银行日记账登记

登记完现金日记账又得进行银行日记账的登记了，当天的凭证与银行有关的也不多（见图 6-20）。

记账凭证　　第　号

单位：北海隆钜机器有限公司　　2015年1月23日

摘要	总账科目	明细科目	记账	借方 十亿千百十万千百十元角分	贷方 十亿千百十万千百十元角分
提取备用金	库存现金			2000000	
提取备用金	银行存款				2000000
合计				¥2000000	¥2000000

会计主管：　　记账：　　出纳：　　审核：　　制单：邹笑荔　　领缴款人：

附件 1 张

记账凭证　　第　号

单位：北海隆钜机器有限公司　　2015年1月23日

摘要	总账科目	明细科目	记账	借方 十亿千百十万千百十元角分	贷方 十亿千百十万千百十元角分
支付货费	预付账款	深圳零部件有限公司		2000000	
支付货费	银行存款				2000000
合计				¥2000000	¥2000000

会计主管：　　记账：　　出纳：　　审核：　　制单：邹笑荔　　领缴款人：

附件 2 张

记账凭证　　　　　　　　　　　第　号

单位：北海隆钜机器有限公司　　　2015年1月23日

摘要	总账科目	明细科目	记账	借方	贷方
支付电费	预付账款	北海供电局		3554433	
支付电费	银行存款				3554433
合计				¥3554433	¥3554433

会计主管：　　记账：　　出纳：　　审核：　　制单：邹笑荔　　领缴款人：

附件 2 张

记账凭证　　　　　　　　　　　第　号

单位：北海隆钜机器有限公司　　　2015年1月23日

摘要	总账科目	明细科目	记账	借方	贷方
支付手续费	财务费用	手续费		1150	
支付手续费	银行存款				1150
合计				¥1150	¥1150

会计主管：　　记账：　　出纳：　　审核：　　制单：邹笑荔　　领缴款人：

附件 2 张

图 6-20　与银行有关的凭证

登银行账的方法跟现金账一样。每登完一笔，白小白就会在"记账"那里打个勾。不一会，就登完了（见图6-21）。

银行日记账

2015年 月 日	凭证 种类 号数	摘要	借方金额	贷方金额	借或贷	余额	√
		……			借	5747438	
1 23	记	提取备用金	200000			5547438	
1 23	记	支付深州零部件有限公司货款		200000		5347438	
1 23	记	支付北海供电局电费		3554433		4992305	
1 23	记	支付手续费		1150		4991155	

图 6-21　当日银行日记账的登记

最后登一下网银,核对一下余额。相符。银行日记账也就这样登记完成了。

6.4 出纳工作月末总结

财务工作月末是最忙碌的时候,如果是 12 月底,财务部的每位成员更是忙得四脚朝天了。作为出纳而言,期末结账是整月工作中最为关键的时刻。出纳结的账是现金日记账和银行日记账。

《会计基础工作规范》第六十四条　各单位应当按照规定定期结账。

（一）结账前,必须将本期内所发生的各项经济业务全部登记入账。

（二）结账时,应当结出每个账户的期末余额。需要结出当月发生额的,应当在摘要栏内注明"本月合计"字样,并在下面通栏划单红线。需要结出本年累计发生额的,应当在摘要栏内注明"本年累计"字样,并在下面通栏划单红线;12 月末的"本年累计"就是全年累计发生额。全年累计发生额下面应当通栏划双红线。年度终了结账时,所有总账账户都应当结出全年发生额和年末余额。

（三）年度终了,要把各账户的余额结转到下一会计年度,并在摘要栏注明"结转下年"字样;在下一会计年度新建有关会计账簿的第一行余额栏内填写上年结转的余额,并在摘要栏注明"上年结转"字样。

有的也会把"本月合计"写成"本月小计""小计"等;"本年累计"也可以写成"累计"等。字不一样,意思是一样的。当然,最后年结双红线下还要注明"结转下年"字样,为的是下一年第一行写上"上年结转"字样。

在结账前有一项非常关键的事项,正如小白所说:各种"对"。大体包括三种对(见图6-22)。

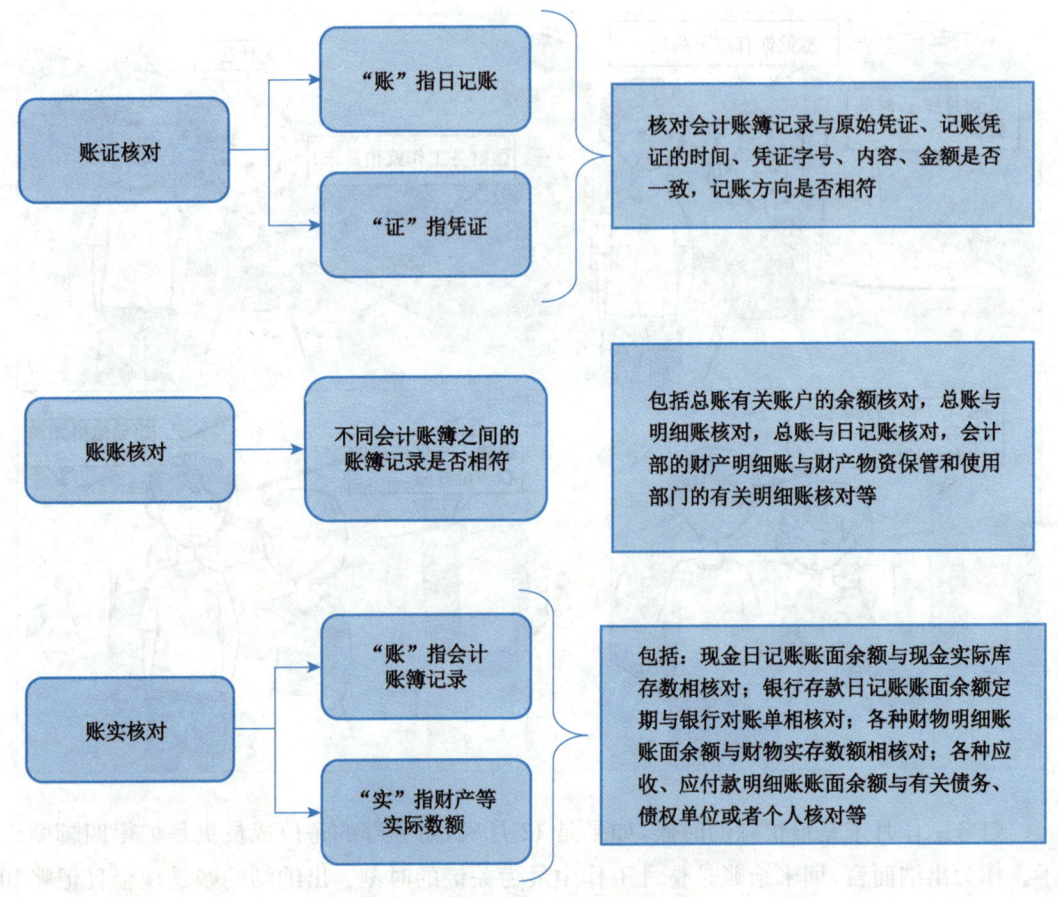

图6-22 对账的三种形式

这些对账工作需要出纳与会计一起来做。如果发现期末的库存现金或者银行存款日记账上的余额与会计总账或明细账不一样,就要查原因,如多算、多记、漏算、错算等要及时查明更正,而且出纳账与会计账必须要对得上,会计才能进行下一步操作。

实训演练28 小白与会计对账

月初跟会计对账本来是很简单的事,最怕是碰到新手呀。邹邹是第一次登记月记账。对账先对余额,余额对了,明细也差不了多少了。不看不知道,一看吓一跳,现金账相差102 364.57元,银行是几个账户,只有一个是对得上的,剩下的都错了。

怎么做啊?白小白可是跟实物对得上的。相差太多了。估计是邹邹记账时都弄乱了。正好程部长跟方圆会计都出差去了。唉!这可怎么对呀。

邹邹把现金和银行的明细表都导出来了。正好白小白的日记账也自己做了EXCEL版的,也是为了对账方便。本来想着可以用两个表比较,一个公式拉下来就能找出差距,谁知第一笔就错了。最后,邹邹总的检查了一次账。

检查的时候白小白也在边上,比起刚从事会计行业的邹邹来说,白小白还是有点会计经验的。先不管其他科目挂得对不对,现金跟银行的一定要挂对,这样会计与出纳就能对上了。还好只是一个总账模块,还是很容易找出原因修改的。

弄了半天,白小白终于跟会计的账对上了。白小白养成的每天记账、核对账实,所以跟会计对不上账的只有一个原因——会计的错。白小白突然想唱斯琴高丽的那首《犯错》,但还是算了,人嘛,不要太嘚瑟。

实训演练 29 月结,小白在账簿上划红线

过年的脚步慢慢走近,工作效率明显提高。2月上班的第一天,白小白就把1月的账跟会计全部对清了,可以进行结账了。1月的结账只需要"本月合计",月结分五步走。

第一步,在1月的最后一笔那里划了一条红线。

第二步,用"本月小计"的小印章在"摘要"那列盖上章。

第三步,分别计算出当月的借方合计与贷方合计,因为有承前页的数据,所以本月小计借方合计就是承前页的借方金额 341 503.50 元,加上本页1月借方发生额 5 000 元;同样,本月贷方合计为承前页贷方金额 342 678 元,加上本页1月贷方发生额 5 000 元。

第四步,计算余额,用1月月初的余额 1 418.29 元(也就是去年结转的金额)加上本月的借方合计 346 503.50 元,减去本月的贷方合计 347 678 元,最后得出了余额 243.79 元。

第五步,在"本月小计"行下划一条红线。

当然,这个余额与1月账的最后一个余额一定是一样的。

这样,1月份的账就算结了(见图 6-23)。虽然从2月份起,白小白开始正式用电脑记账了,但还是接着把2月份的凭证赶紧登进账里,怕就怕电脑罢工了。

现金日记账

2015年		凭证		摘要	借方金额	贷方金额	借或贷	余额
月	日	种类	号数		亿千百十万千百十元角分	亿千百十万千百十元角分		亿千百十万千百十元角分
				承前页	3 4 1 5 0 3 5 0	3 4 2 6 7 8 0 0	借	2 4 3 7 9
1	31	记		收货款	5 0 0 0 0 0		借	5 2 4 3 7 9
1	31	记		货款存入银行		5 0 0 0 0 0	借	2 4 3 7 9
				本月小计	3 4 6 5 0 3 5 0	3 4 7 6 7 8 0 0	借	2 4 3 7 9

图 6-23 现金日记账的月结

实训演练 30 年结,小白在账簿上划红线

跨年后的某一天,白小白收到了一个奇怪的短信:"新的一年开始啦,你知道我还在等你吗?"且不去追究短信的来源了,白小白真想把这句话转给会计呢。

虽然白小白1月份的账已经登了,但12月份的账还等着跟会计核对。所以迟迟未结,只是用铅笔在上面写数据而已。

其实年结与平时的月结也没什么区别的。

本月小计这行的填写见实训演练29。

累计这行填写的也就是本年累计,借方的累计就是用11月结账时的借方累计数加上12月的借方本月小计数;贷方的累计就是用11月结账时的贷方累计数加上12月贷方本月小计数(就跟平时2~11月的累计计算方法是一样的);余额这里就是用年初的余额加上本行的借方金额,再减去本行的贷方金额,当然,这个数也与上面最后一笔余额,还有本月合计那笔余额是相等的。

等全部与会计对好账后,用水笔描好数据就开始划红线了。因为12月末的"本年累计"下面应当通栏划双红线。最后划了通栏红线后并把金额结转下年,就是在摘要那里盖上"结转下年"的印章,然后把余额写上(见图6-24)。

现金日记账

2014年		凭证		摘要	借方金额	贷方金额	借或贷	余额	√
月	日	种类	号数		亿千百十万千百十元角分	亿千百十万千百十元角分		亿千百十万千百十元角分	
				……			借	3 9 6 3 2 9	
12	31	记		洪兵报销业务招待费		1 8 0 0 0 0	借	2 1 6 3 2 9	
12	31	记		龙绮丽报销差旅费		7 4 5 0 0	借	1 4 1 8 2 9	
				本月小计	4 0 8 1 2 4 8 4	4 0 7 2 4 7 2 0	借	1 4 1 8 2 9	
				累计	4 9 0 1 5 7 9 3 3	4 9 0 0 3 3 3 0 9	借	1 4 1 8 2 9	
				结转下年				1 4 1 8 2 9	

图 6-24 现金日记账的年结

6.5 银行对账单的意义和作用

月末出纳除了和会计对账外,还有一件非常重要的事情要做,那就是用银行存款日记账与银行对账单进行"挑账"。以此来查验公司财务账上的日记账与银行存款真实的发生情况是否有出入。譬如故事中的小白,120万是因为自己大意未在日记账中做登记。假如公司内部人员,有人恶意转移资金,通过"挑账"也可以在第一时间查验出来。

那么对账的原理是什么呢(见图6-25)?

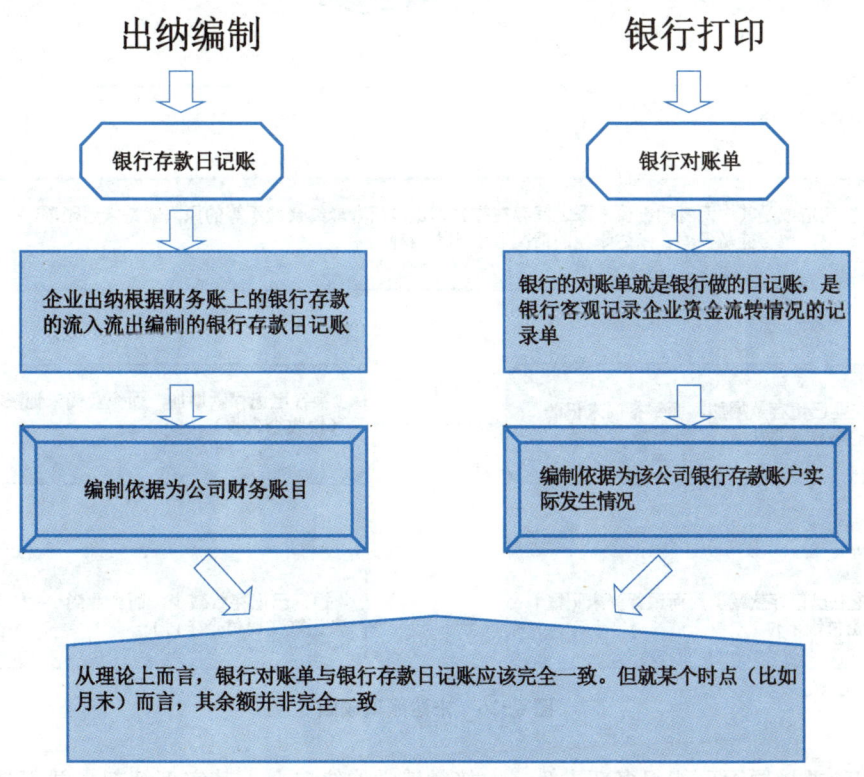

图 6-25　对账的原理

因为银行的对账单是银行和企业之间对资金流转情况进行核对和确认的凭单。就其特征来说,银行对账单具有客观性、真实性、全面性等基本特征。所以,对银行对账单我们出纳要给予足够重视!

当然，现在更多的是网上电子对账。不管是用哪种方法进行对账，对账的方法都一样的：用银行对账单与自己的银行日记账进行核对，找出其中银行账与自身账不相同的账务，也就是你有它无、它有你无的账务（是否存在未达账项）。将有疑问的账务逐笔同银行核对就行了。直到自己的银行日记账和银行的账一致。现在很多银行都要求进行网上对账了，开通也很简单。

1. 未开通网上企业银行的客户

客户须到开户网点申请开通网上企业银行服务，同时申请开通网上对账功能。

2. 已开通网上企业银行的客户

客户可直接在网上自助申请或到开户网点办理开通网上银企对账功能。

账目都对上，是我们出纳所期待的事情。但是对不上就会出现未达账项。那么什么是未达账项呢（见图 6-26）？

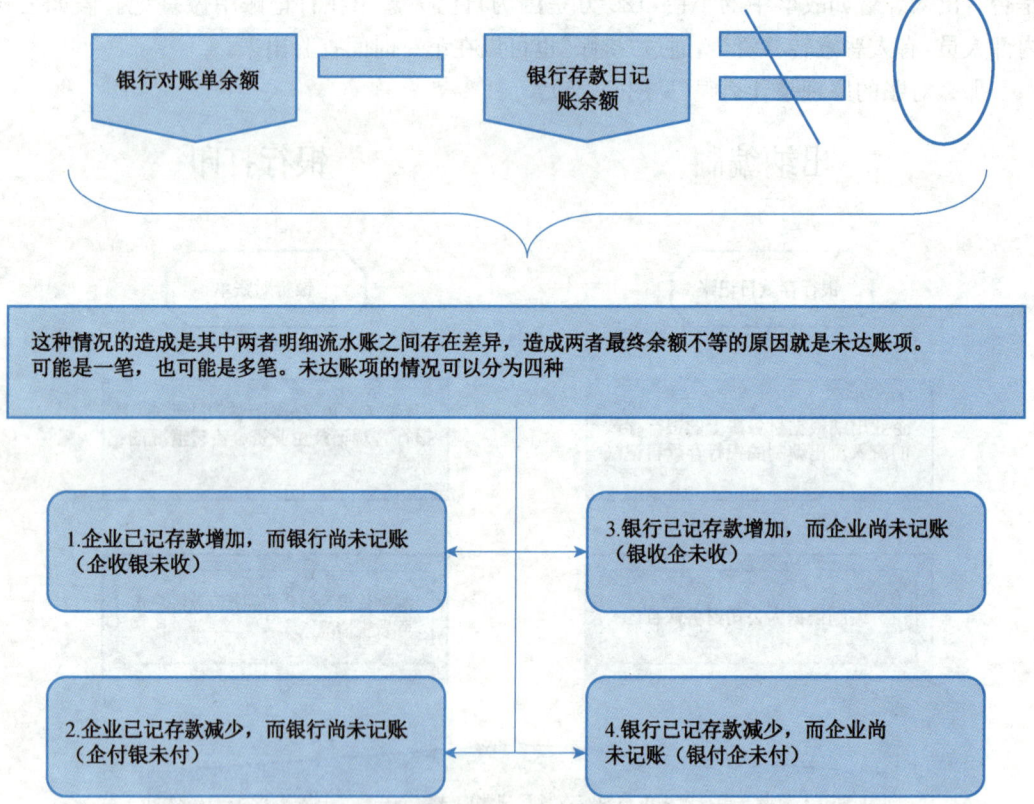

图 6-26　未达账项成因

这四种差异原因可能很多新人第一次接触感觉像绕口令。其实理解起来并不难。譬如我们 5 月 31 日给供应商开了一张转账支票，我们财务进行记账，并且在银行存款日记账上进行登记。然而这个供应商当天并没有将支票送交自己的开户银行，而是 6 月 1 日入账。那么我们公司银行对账单上 5 月 31 日并没有这笔支出，银行日记账上则不会出现这笔记录，造成"企付银未付"的情况。

如果出现未达账项,我们该如何处理(见图6-27)?

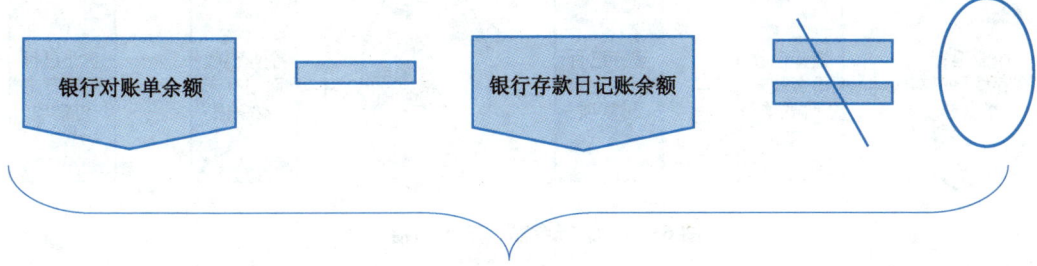

图 6-27　未达账项的处理

编制银行存款余额调节表是以双方各自账面余额为基础,各自加上对方已记增加而本单位尚未记账的事项,减去对方已记减少而本单位尚未记账的事项,最后双方的余额应该相等(见图6-28)。

银行余额调节表

编制公司:　　　　　　　　　　　　　　　　　　　　　　　编制日期:201＊年＊月

企业银行存款日记账余额		银行对账单余额	
加:银行已收,企业未收		加:企业已收,银行未收款	
日　　期	金　　额	日　　期	金　　额
减:银行已付,企业未付		减:企业已付,银行未付款	
日　　期	金　　额	日　　期	金　　额
调节后存款余额		调节后存款余额	

图 6-28　银行余额调节表

银行余额调节表内部存在一个勾稽关系(见图6-29)。

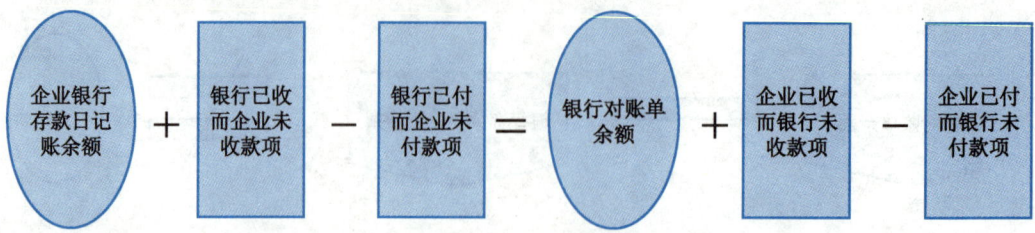

图6-29 银行余额调节表勾稽关系

在这里需要说明,企业编制银行存款余额调节表,主要用来查对双方记账有无错误,而不能作为记账的依据,这是为避免收到凭证后而重复记账(未达账应该在收到有关银行结算回单后再进行正常的账务处理)。

实训演练31　小白收到银行对账单

月初,要与银行对账了,对账单是邮递员送过来的,一般都是与账上相符就在回执联上盖上银行预留印鉴就交还邮递员带回去。但白小白这里是有流程的:对账单来了之后,出纳先核对好,再交由会计审核,对得上的话再交由财务部长盖银行预留印鉴。

今天收到的是其中一个一般户的对账单,流水也很少,不一会儿就对好了。于是,白小白撕下对账单,并在回执上打上勾,就交由会计核对了。

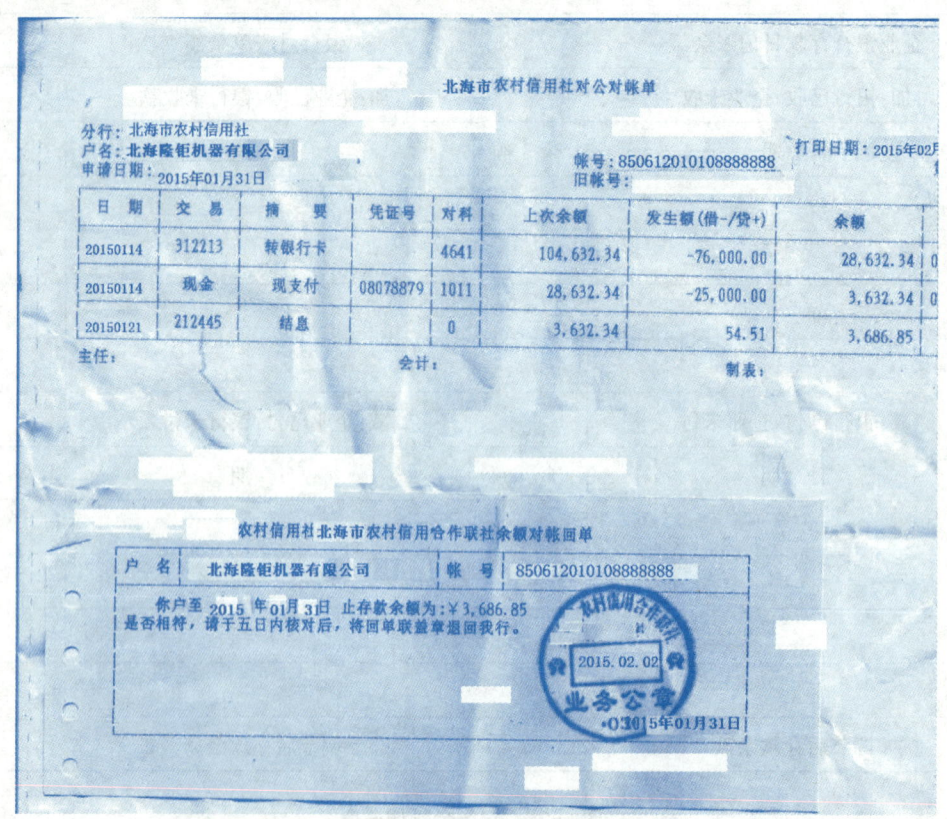

图6-30 银行对账单

最后,盖好章的回执联还得放进专用的信封中返还银行,这个,只要通知邮政小哥过来取就可以了。

实训演练 32　小白办理网上对账

因为公司已经开通了网银,银行也要求进行网上对账了。因为早上程部长要开会,所以早上白小白整理了一下办理网上对账要带的资料,咨询了银行,列了清单:农行开户许可证复印件、公司的资质复印件、《中国农业银行对账服务协议》、《中国农业银行银企对账要素表》原件、管理员和操作员的证书(U 盾)。当然,印章是程部长那里准备了。

下午一上班,白小白就和程部长一起到银行去办理这个网上对账业务了,因为以前开户的时候已经与银行签订了《中国农业银行对账服务协议》,所以这次只需要填一下《中国农业银行银企对账要素表》(见图 6-31)就可以了。填写也很简单,基本上就是抄。

中国农业银行　银企对账要素表

对账要素:□首次确认 ☑变更确认　网上银行网址:www.abchina.com　电话银行服务号码:95599

客户基本信息	单位名称	北海隆钜机器有限公司	收件人	
	纸质对账单寄送地址		邮政编码	
	对账联系人姓名	白小白	联系人手机	182********
	联系人电话	0779*******		
	经办人姓名	白小白	经办人证件号码	4505************

客户填写		账单号(变更确认时填写):		
	对账账户	账号	是否为网银注册账户	对账账户操作标志
		20-705101040088888	☑是 □否	☑新增 □删除
			□是 □否	□新增 □删除
			□是 □否	□新增 □删除
			□是 □否	□新增 □删除
			□是 □否	□新增 □删除
			□是 □否	□新增 □删除
			□是 □否	□新增 □删除
	对账方式	(纸质余额对账和电子余额对账方式只能二选一) □纸质余额对账:具体包括对账单的制作、寄递和收回。 ☑电子余额对账,请再选择(在□处画√,三选一): ☑网上银行对账 □现金管理银企通平台对账 □其他电子对账方式		
		选择纸质对账时,须填写以下要素		

对账签章	采用纸质对账方式的，客户在对账回执处加盖(二选其一，在□处划√,不必在此加盖签章)： □单位预留签章 □其他对账签章				
客户填写	选择网上银行对账时，须填写以下要素				
	网上银行版本			☑标准版　□普及版　□其他版	
	普及版操作员对账权限维护				
	姓名	证件类型	证件号码	对账权限	操作员设置标志
	程海峰	身份证	***	□录入 ☑复核 □不指定	☑新增 □删除 □更新
	白小白	身份证	***	☑录入 □复核 □不指定	☑新增 □删除 □更新
				□录入 □复核 □不指定	□新增 □删除 □更新
				□录入 □复核 □不指定	□新增 □删除 □更新
				□录入 □复核 □不指定	□新增 □删除 □更新

图 6-31　银行对账要素表

一番盖章、签字之后，就坐等柜台的人办理了。工作人员弄好后给了一份对账说明，说："开通以后还要用管理员的证书登录对操作员进行授权的，操作员对账，另一个复核。"

> **白小白的分享：**
> 网上银行银企对账业务是指客户通过企业网上银行获取账户余额对账单，对账户余额进行确认，并提交对账结果，即可在线完成银企对账。

实训演练 33　小白进行网上对账

白小白做完了 1 月份所有的账，也跟会计核对好了。今天就该在网上进行对账了。因为这几天登录了网银界面后，界面会如图 6-32 显示。

贵公司有待处理对账单，请及时核对！

图 6-32　网银对账提示

所以，不怕会忘记对账。但还是早对完账早轻松。

可以点击界面提示的链接进行对账，也可以选择"账户管理—银企对账—账户余额对账"进行对账（见图 6-33）。

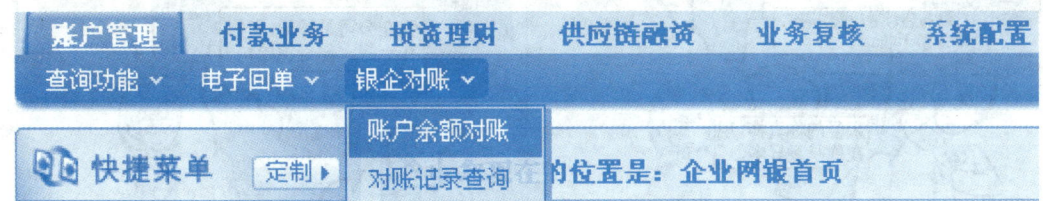

图 6-33　进入对账的操作步骤

白小白作为操作员,主要是进行余额对账录入,实际也不用录入,主要是点击看一个余额对得上的话就点击"确认"就可以了。

先点击"余额对账录入"(见图 6-34),然后就会弹出对账单编号(见图 6-35),点开,核对余额,选择点击"相符",然后"确定"(见图 6-36)。就完成了简单的录入工作。

图 6-34　点击"余额对账录入"

图 6-35　对账单编号

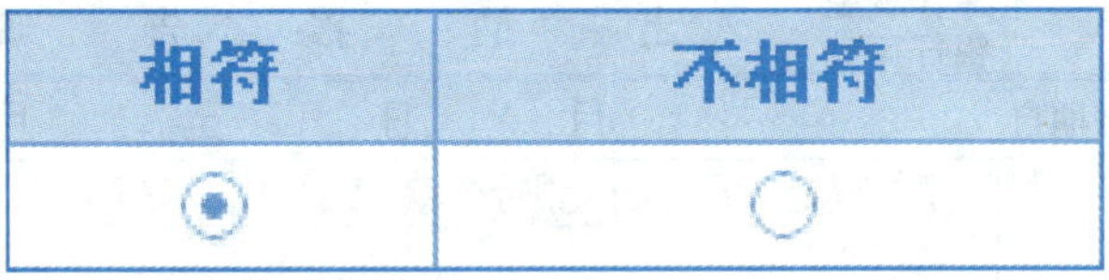

图 6-36　余额是否相符的选择

最后就可以通知程部长"复核"了。

6.6　出纳报告单的填写

相对于会计 N 个报表来说,出纳也有他们自己要报告的表格,也就是出纳报表,一般的出纳报表指——出纳报告单。

出纳各种报告单不仅可以让领导及时掌握公司实有资金状况,也会让出纳对现金收支情况、银行存款的收支情况有个清楚的记录,让出纳做到心中有数(见图 6-37)!

出纳报告单的编制,说白了就是把账簿上的数据抄于报告单中(见图 6-38)。

出纳报告单当然由出纳编制了,当然,还需要会计审核、财务负责人复核后,最终报给企业负责人。

关于上报方法,一般是打印纸质版,相关人员签章。当然,还要上报电子版,一般企业会直接发电子邮件,虽然文件也设密,但不太安全,建议还是用 U 盘来拷贝为好。

项目	库存现金（元）	银行存款（元）	备注
上期结存			
本期收入			
合计			
本期支出			
本期结存			

财务主管　　　　　记账　　　　　出纳　　　　　复核　　　　　制单

图 6-37　出纳报告单

实训演练 34　小白做日报

"白小白，快点咯～"财务部每月例行活动就定今晚，聚餐后的 K 歌可是邹邹的最爱。邹邹迫不及待了。

"我还有一点点，要不你们先走，我晚点到。"

"哎呀，不就是报告单吗？明早才交的。不急嘛。"

公司规定，每天上午 9 点前，要把前一天的出纳报告单报至财务部负责人那里。可白小白不想拖延，总会把六个字记心头——今日事，今日毕。每天把当天的日记账登完后就把出纳报告单给填了。

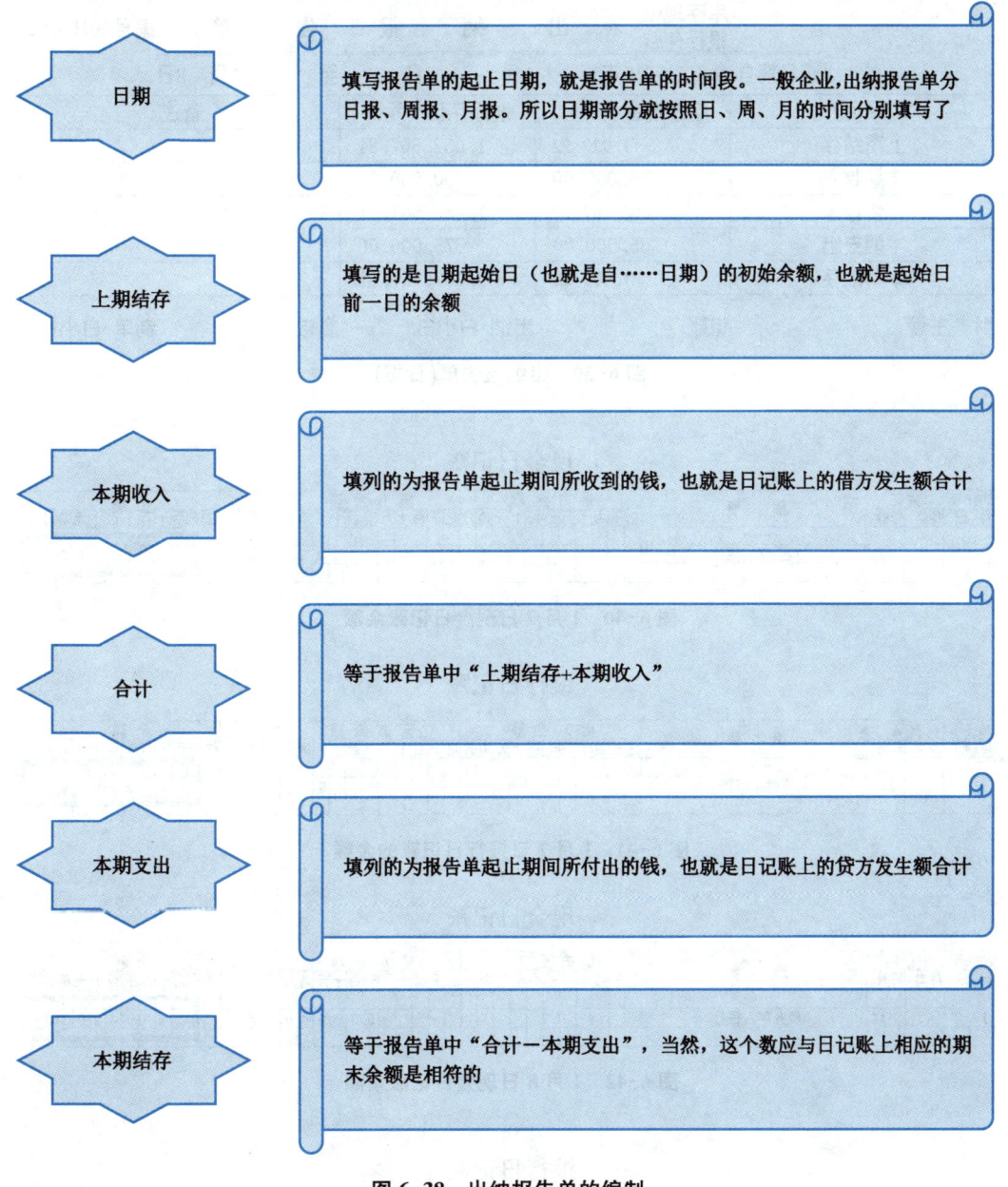

图 6-38　出纳报告单的编制

出纳报告单的日报（见图 6-39）很简单，完全的照日记账——抄。

上期结存就是日记账 7 号的余额（见图 6-40、图 6-41），本期收入就是 8 号的借方合计，合计就是"上期结存＋本期收入"，本期支出就是 8 号的贷方合计，本期结存就是"合计—本期支出"。当然，这个本期结存的数据与 8 号的余额是对应得上的（见图 6-42、图 6-43）。

出 纳 报 告 单 编号20150109

库存现金
银行存款

日期自 2015年 1月 8日 至 1月 8日

项目	库存现金（元）	银行存款（元）	备注
上期结存	1,927.22	1,032,567.81	
本期收入	35,000.00	400,000.00	
合计	36,957.22	1,432,567.81	
本期支出	35,500.00	375,000.00	
本期结存	1,457.22	1,057,567.81	

财务主管　　　　　记账　　　　出纳 白小白　　　复核　　　　制单 白小白

图6-39　出纳报告单(日报)

现金日记账

2015年		凭证		摘要	借方金额	贷方金额	借或贷	余额	√
月	日	种类	号数		亿千百十万千百十元角分	亿千百十万千百十元角分		亿千百十万千百十元角分	
				……					
1	7		12	现金存入银行		1 0 0 0 0 0 0	借	1 9 2 7 2 2	

图6-40　1月7日现金日记账余额

银行日记账

2015年		凭证		摘要	借方金额	贷方金额	借或贷	余额	√
月	日	种类	号数		亿千百十万千百十元角分	亿千百十万千百十元角分		亿千百十万千百十元角分	
				……					
1	7		10	支付手续费		5 5 0	借	1 0 3 2 5 6 7 8 1	

图6-41　1月7日银行日记账的余额

现金日记账

2015年		凭证		摘要	借方金额	贷方金额	借或贷	余额	√
月	日	种类	号数		亿千百十万千百十元角分	亿千百十万千百十元角分		亿千百十万千百十元角分	
				……					
1	8		17	现金存入银行		5 0 0 0 0 0	借	4 2 7 2 2	

图6-42　1月8日现金日记账余额

银行日记账

2015年		凭证		摘要	借方金额	贷方金额	借或贷	余额	√
月	日	种类	号数		亿千百十万千百十元角分	亿千百十万千百十元角分		亿千百十万千百十元角分	
				……					
1	8		15	收集团公司拨款	1 0 0 0 0 0 0 0		借	1 0 5 7 5 6 7 8 1	

图6-43　1月8日银行日记账余额

填好后，直接在制单、出纳处签上自己的名字。

收拾完东西，哦，时间不早了。白小白拿起包包赶紧往公车站跑。刚下楼，程部长的"两轮宝马"等着她呢。

"做完了吧。这个吃饭的点,我怕你搭不上车。"

"嗯,做完了。还是程部长好,爱死你了。"

"不要恨我就好。还有,工作之外,不要叫'部长'了,要不我真的'不长'了。"

实训演练 35　小白做周报

2015 年 1 月 17 日,又一个周末,白小白已经习惯了周六的"免费加班",虽然周六纯属是"混",但也得"混"够 7 个小时呀。

一般周六是没业务的,所以白小白总会把周一早上交的周报提前到周六完成。

做周报有两种方法,一是根据日记账,一是根据日报。

1. 根据日记账

根据日记账的方法跟日报是一样的。

上期结存:1 月 11 日的最后一笔余额(见图 6-44、图 6-45)。

现金日记账

2015年		凭证		摘　要	借方金额 亿千百十万千百十元角分	贷方金额 亿千百十万千百十元角分	借或贷	余　额 亿千百十万千百十元角分	√
月	日	种类	号数						
				……					
1	11		25	现金存入银行		1 5 0 0 0 0 0	借	1 0 3 3 6 6	

图 6-44　1 月 11 日现金日记账余额

银行日记账

2015年		凭证		摘　要	借方金额 亿千百十万千百十元角分	贷方金额 亿千百十万千百十元角分	借或贷	余　额 亿千百十万千百十元角分	√
月	日	种类	号数						
				……					
1	11		27	支付手续费		1 5 5 0	借	2 0 5 1 7 0 3 2 0	

图 6-45　1 月 11 日银行日记账余额

本期收入:1 月 12 日至 1 月 17 日的借方合计,如果是手工记账的话就用计算器一个一个加了,如果是电脑记账的话,鼠标一点一拉,看状态栏就可以了,或者直接公式引用(见图 6-46)。

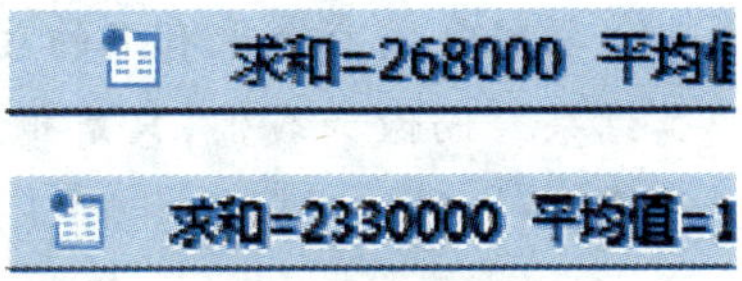

图 6-46　电脑记账求和结果显示

合计:用出纳报告单中的上期结存加上本期收入。

本期支出:跟本期收入的计算方法一样,只不过看的是 1 月 12 日至 1 月 17 日的贷方合计。

本期结存:等于出纳报告单中的合计减去本期支出,而且要与 1 月 17 日最后一笔的余额相等(见图 6-47、图 6-48)。

现金日记账

2015年		凭证		摘　要	借方金额 亿千百十万千百十元角分	贷方金额 亿千百十万千百十元角分	借或贷	余　额 亿千百十万千百十元角分	√
月	日	种类	号数						
				……					
1	17		44	支付李雨运输费		5 0 0 0 0 0	借	1 3 9 1 1 8	

图 6-47　1 月 17 日现金日记账余额

银行日记账

2015年		凭证		摘要	借方金额 亿千百十万千百十元角分	贷方金额 亿千百十万千百十元角分	借或贷	余额 亿千百十万千百十元角分	√
月	日	种类	号数						
				……					
1	17		50	转工商银行一般户往来		5 0 0 0 0 0 0 0	借	4 2 7 7 0 3 2 0	

图 6-48　1 月 18 日银行日记账余额

2. 根据日报

根据日报的方法就是把这一周的日报汇集起来填写本期收入、本期支出。

上期结存：与 1 月 12 日的日报相等。

本期结存：与 1 月 17 日的日报相等。

不管用哪种方法，最后的结果是一样的（见图 6-49）。

库存现金
银行存款

出　纳　报　告　单　编号20150120

日期自　　2015年　　1月　　12日　　至　　1月17日

项目	库存现金（元）	银行存款（元）	备注
上期结存	1,033.66	2,051,703.20	
本期收入	268,000.00	2,330,000.00	
合计	269,033.66	4,381,703.20	
本期支出	267,642.48	3,954,000.00	
本期结存	1,391.18	427,703.20	

财务主管　　　　　记账　　　　　出纳 白小白　　　　复核　　　　　制单 白小白

图 6-49　出纳报告单（周报）

> **小白如是说：**
>
> 　　联想集团有个很有名的理念："不重过程重结果，不重苦劳重功劳"。老板要的只是结果。而做为我们，只是想方设法的在保证结果相等的情况下，如何减少自己的工作量。

实训演练 36　小白做月报

又到月末结账时，作为出纳的白小白在每月最后一天是最忙的。1 月的最后一天更是，因为是周末，除了每天的日报，每星期的周报，还有每月的月报。但在会计面前，白小白可不敢说累了。

月报的编制同样也是根据日记账来的，所以直接按照日记账来填就可以了，后来有了电子日记账，直接公式引用，避免了手工录入的错误。

上期结存：就是结转至 1 月 1 日的余额，就是日记账的第一行"上年结转"的金额（见图 5-50、图 5-51）。

本期收入：就是 1 月借方的合计数，就是日记账中"本月合计"的借方金额（见图 6-52、图 6-53）。

现金日记账

2015年		凭证		摘要	借方金额										贷方金额										借或贷	余额										√
月	日	种类	号数		亿	千	百	十	万	千	百	十	元	角	分	亿	千	百	十	万	千	百	十	元	角	分		亿	千	百	十	万	千	百	十	元	角	分	
1	1			上年结转																							借							7	3	4	5	8	

图 6-50　现金日记账上年结转余额

银行日记账

2015年		凭证		摘要	借方金额											贷方金额											借或贷	余额											√
月	日	种类	号数		亿	千	百	十	万	千	百	十	元	角	分	亿	千	百	十	万	千	百	十	元	角	分		亿	千	百	十	万	千	百	十	元	角	分	
1	1			上年结转																							借			9	6	7	2	0	3	2	5	

图 6-51　银行日记账上年结转余额

现金日记账

2015年		凭证		摘要	借方金额											贷方金额											借或贷	余额											√
月	日	种类	号数		亿	千	百	十	万	千	百	十	元	角	分	亿	千	百	十	万	千	百	十	元	角	分		亿	千	百	十	万	千	百	十	元	角	分	
1	1			上年结转																							借							7	3	4	5	8	
				……																																			
1	31			本月合计				1	0	7	2	0	0	4	7	1				1	0	7	1	5	3	4	9	2	借					1	2	0	4	3	7	

图 6-52　现金日记账借方本月合计

银行日记账

2015年		凭证		摘要	借方金额											贷方金额											借或贷	余额											√
月	日	种类	号数		亿	千	百	十	万	千	百	十	元	角	分	亿	千	百	十	万	千	百	十	元	角	分		亿	千	百	十	万	千	百	十	元	角	分	
1	1			上年结转																							借			9	6	7	2	0	3	2	5	
				……																																			
1	31			本月合计				1	9	3	2	4	6	4	6	3	0			1	8	8	1	6	5	2	4	1	5	借			1	4	7	5	3	2	5	4	0	

图 6-53　银行日记账借方本月合计

合计:也就是出纳报告单中的上期结存加上本期收入。

本期支出:就是1月贷方的合计数(图6-54、图6-55)。

现金日记账

2015年		凭证		摘要	借方金额											贷方金额											借或贷	余额											√
月	日	种类	号数		亿	千	百	十	万	千	百	十	元	角	分	亿	千	百	十	万	千	百	十	元	角	分		亿	千	百	十	万	千	百	十	元	角	分	
1	1			上年结转																							借							7	3	4	5	8	
				……																																			
1	31			本月合计					1	0	7	2	0	0	4	7	1				1	0	7	1	5	3	4	9	2	借					1	2	0	4	3	7	

图 6-54　现金日记账贷方本月合计

银行日记账

2015年		凭证		摘要	借方金额											贷方金额											借或贷	余额											√
月	日	种类	号数		亿	千	百	十	万	千	百	十	元	角	分	亿	千	百	十	万	千	百	十	元	角	分		亿	千	百	十	万	千	百	十	元	角	分	
1	1			上年结转																							借			9	6	7	2	0	3	2	5	
				……																																			
1	31			本月合计				1	9	3	2	4	6	4	6	3	0			1	8	8	1	6	5	2	4	1	5	借			1	4	7	5	3	2	5	4	0	

图 6-55　银行日记账贷方本月合计

本期结存:用出纳报告单中的合计减去本期支出,而且与1月末的现金余额相等(见图5-56、图5-57)。

现金日记账

2015年		凭证		摘要	借方金额 亿千百十万千百十元角分	贷方金额 亿千百十万千百十元角分	借或贷	余额 亿千百十万千百十元角分
月	日	种类	号数					
1	1			上年结转				7 3 4 5 8
				……				
1	31			本月合计	1 0 7 2 0 0 4 7 1	1 0 7 1 5 3 4 9 2	借	

图 6-56 现金日记账余额本月合计

银行日记账

2015年		凭证		摘要	借方金额 亿千百十万千百十元角分	贷方金额 亿千百十万千百十元角分	借或贷	余额 亿千百十万千百十元角分	√
月	日	种类	号数						
1	1			上年结转				9 6 7 2 0 3 2 5	
				……					
1	31			本月合计	1 9 3 2 4 6 4 6 3 0	1 8 8 1 6 5 2 4 1 5	借	1 4 7 5 3 2 5 4 0	

图 6-57 银行日记账余额本月合计

库存现金
银行存款　　出　纳　报　告　单　编号20150137

日期自　　2015年　　1月　　1日　　至　　1月31日

项目	库存现金（元）	银行存款（元）	备注
上期结存	734.58	967,203.25	
本期收入	1,072,004.71	19,324,646.30	
合计	1,072,739.29	20,291,849.55	
本期支出	1,071,534.92	18,816,524.15	
本期结存	1,204.37	1,475,325.40	

财务主管　　　　记账　　　　出纳　　　　复核　　　　制单

图 6-58 出纳报告单(年报)

做完了报告单，1月也差不多告一段落了。2015年"DUANG"的一声就过去了十二分之一了。